TOEICテスト
英単語1語1秒

高木 義人 著

はじめに

　職場や学校で、準備期間が十分に取れずにTOEICを受験するように求められたら、たいていはあわててしまうでしょう。普段英語に接する機会が少ない場合には特にそうではないでしょうか。TOEICが実践的な英語力判定試験として採用されるようになってから、どのように試験対策すればよいのか、得点を上げるのに何が必要なのか、途方にくれている人も少なくないようです。

　企業や学校で求められるTOEICの目標点は550点から750点の場合が最も多いといえます。そこで、現在の得点が350点から550点前後で、最終的に730点を突破できる単語力を付けたいと思っている受験者を対象に、短期間で確実に単語力をつけられようにとの願いから作成されたのが本書です。

　この『TOEICテスト英単語1語1秒』は、現在の英語力にあまり自信がないか、あるいはしばらく英語から遠ざかっていた受験者が、TOEIC対策の単語を1語1秒で「覚え」、問題を「解き」、文章を「聴く」ことによって速習できるように工夫してあります。

　実際、TOEIC受験経験者の多くが、単語さえわかればもう少し成績が上げられると気づいているようです。TOEICの試験問題そのものは他の試験に比べると単純明快に作成されています。ですから、単語力をつければ目標点をクリアすることはそれほど難しいことではありません。

　本書を利用して、得点を上昇させるのに即効力があるといわれる単語力強化を行い、ぜひ目標点の突破を目指してください。

高木 義人

もくじ

はじめに ——————————————————————— 3
本書の構成と利用法 ————————————————— 5
CDの収録内容 ———————————————————— 7

LEVEL 1（UNIT 1～10）300語 ——————————————— 9
必修基礎レベル1：TOEIC500点を目標にする人が確実に覚えたい単語
　　UNITごとに日本語問題15題・英語問題15題・15例文

LEVEL 2（UNIT 11～20）300語 ————————————— 81
必修基礎レベル2：TOEIC500点を目標にする人が確実に覚えたい単語
　　UNITごとに日本語問題15題・英語問題15題・15例文

LEVEL 3（UNIT 21～30）300語 ————————————— 153
必修標準レベル：TOEIC600点を目標にする人が確実に覚えたい単語
　　UNITごとに日本語問題15題・英語問題15題・15例文

LEVEL 4（UNIT 31～40）300語 ————————————— 225
必修上級レベル：TOEIC700点以上を目標にする人が確実に覚えたい単語
　　UNITごとに日本語問題15題・英語問題15題・15例文

APPENDIX 1：理解して覚えるTOEIC単語 ———————— 297
Section 1 意外な意味を持つ単語43語 ————————— 297
Section 2 Key Word15語でまとめて覚える124表現 ——— 307
Section 3 慣用的な形容詞9表現 ——————————— 314
Section 4 外来語として日本語になっている英単語31語 —— 316
Section 5 語尾に-lyの付く形容詞9語 ————————— 318
Section 6 覚えておきたい必修副詞28語 ———————— 320

APPENDIX 2：基礎の基礎単語480語（UNIT 1～16） ——— 322

INDEX　索引 ————————————————————— 360

本書の構成と利用法

●一語一秒！リズムで覚える1200語

　本書の中核となる部分。CDを使って効率よく学ぶことが大切です。CDでは、最初にチャ、チャ、チャと1秒間隔のリズムが刻まれ、その後英語→日本語の順番で1語1秒の割合で読まれます。各UNITは30語で構成されています。トラック番号は15語ごとに挿入していますので、1 UNITで2つのトラックを聴きます。電車の中でも、わずかな休み時間でも、とにかく15語を一気に覚える心構えで聴いてみてください（1トラックは30秒、1 UNITは約60秒）。繰り返し聴いた後、今度はCDに合わせて一緒に声を出して読めばさらに効果的でしょう。ある程度暗記できたところで、今度はCDを使わないで英語・日本語の記憶チェックを行います。この方法なら暗記の嫌いな人、苦手な人、忙しい人でも飽きずに学習できるはずです。

LEVEL 1 300語	必修基礎レベル1	TOEIC 500点を目標にする人が確実に覚えたい単語。
LEVEL 2 300語	必修基礎レベル2	
LEVEL 3 300語	必修標準レベル	TOEIC 600点を目標にする人が確実に覚えたい単語。
LEVEL 4 300語	必修上級レベル	TOEIC 700点以上を目標にする人が確実に覚えたい単語。

●解いて覚える1200語

　1語1秒で覚えた単語が確実に身に付いているかをチェックする問題編です。1 UNIT（見開き2ページ分）の単語30語が日本語問題15題、英語問題15題で1200題出題されています。各セクションの問題は選択肢も含めて基本的に各UNIT（あるいは直前のUNIT）で学んだ単語で構成されています。正解をチェックしながら、該当UNIT全体の単語の理解度をチェックすることができます。

●聴いて理解する600例文

英語問題で使用した英文が自然な速さで読まれますので、英文を聴きながら単語の定着度をチェックします。また、例文はTOEICで頻出の生活関連文やビジネス関連文ですのでリスニング・リーディングの強化練習としても有効です。

●APPENDIX 1

1語1秒は1語1訳になっていますが、1語で2つ以上の訳語が必要な単語があります。また、グループ分けが出来る単語はまとめて覚えた方が暗記には有効です。約240語（表現）を覚えていきます。

●APPENDIX 2

1語1秒で学ぶ1200語の前に覚えておくべき「基礎の基礎単語」480語です。長い間英語から離れていた学習者や中学校レベルで学ぶ単語も一通り復習したいと感じている学習者にはぜひ習得していただきたい単語リストです。TOEICのリスニング問題のうちPart 1：写真描写問題、Part 2：応答問題、Part 3：会話問題などでは、意外と「基礎の基礎単語」を確実に理解していないために得点がアップできない受験者が多いといえます。TOEICの得点が500点以下の受験者や英語をしばらく勉強していなかった受験者はぜひ全単語を再チェックしてみてください。

赤シートで理解を確認

「1語1秒！リズムで覚える1200語」の各UNITでは日本語訳が赤字で印刷されています。また、APPENDIX 1の「理解して覚えるTOEIC単語」の各セクションでは見出し語の日本語訳が、APPENDIX 2の「基礎の基礎単語480語」では、見出し語の日本語訳と英文日本語訳の該当単語が赤字で印刷されています。単語や表現を覚える際に、また理解できたかを確認する際に赤シートを利用して効率良く暗記学習ができるようになっていますので、ぜひ活用してください。

本書の品詞の表記について

| 動 動詞 | 名 名詞 | 形 形容詞 | 副 副詞 |

CDの収録内容

添付のCDには、「1語1秒！リズムで覚える1200語」、「聴いて理解する600例文」、APPENDIX 1の各セクションとAPPENDIX 2の「基礎の基礎単語480語」の見出し語と日本語が収録されています。

```
1語1秒！リズムで覚える1200語 LEVEL 1 300語  …… UNIT  1～10
1語1秒！リズムで覚える1200語 LEVEL 2 300語  …… UNIT 11～20
1語1秒！リズムで覚える1200語 LEVEL 3 300語  …… UNIT 21～30
1語1秒！リズムで覚える1200語 LEVEL 4 300語  …… UNIT 31～40
聴いて理解する600例文 ……………………………………… Exercise  1～40
APPENDIX 1 ………………………………………………… Section  1～ 6
APPENDIX 2 ………………………………………………… UNIT  1～16
```

本書中の該当箇所にはCDの番号とトラック番号を表示しています。

CD 1

トラック01-20	1語1秒！リズムで覚える1200語	LEVEL 1
	※LEVEL 1～4は15語1トラックで1 UNITは2トラック。	
トラック21-40	1語1秒！リズムで覚える1200語	LEVEL 2
トラック41-60	1語1秒！リズムで覚える1200語	LEVEL 3
トラック61-80	1語1秒！リズムで覚える1200語	LEVEL 4
トラック81-98	APPENDIX 1：Section 1～6	

CD 2

トラック01-40	聴いて理解する600例文	Exercise 1～40
トラック41-72	APPENDIX 2：基礎の基礎単語480語	
	※15語1トラックで1 UNITは2トラック。	

1語1秒！リズムで覚える1200語①

LEVEL 1

必修基礎レベル1

TOEIC 500点を目標にする人が確実に覚えたい単語

300語 (0001-0300)

- **1語1秒！リズムで覚える**
  UNIT 1～10

- **解いて覚える**
  STEP 1 日本語問題
  STEP 2 英語問題

- **聴いて理解する**
  STEP 3 リスニング例文
  Exercise 1～10

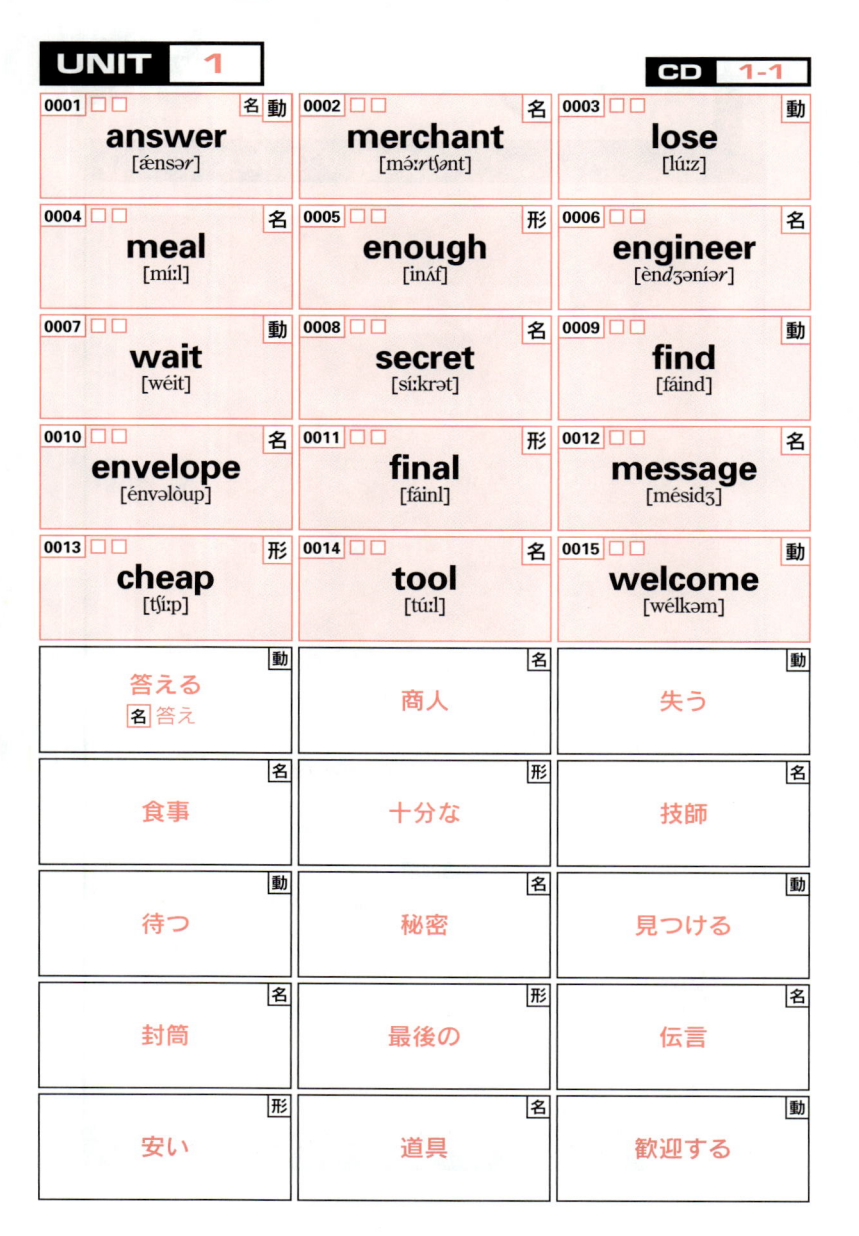

UNIT 1

0001 名動 **answer** [ænsər]	0002 名 **merchant** [mə́ːrtʃənt]	0003 動 **lose** [lúːz]
0004 名 **meal** [míːl]	0005 形 **enough** [ináf]	0006 名 **engineer** [èndʒəníər]
0007 動 **wait** [wéit]	0008 名 **secret** [síːkrət]	0009 動 **find** [fáind]
0010 名 **envelope** [énvəlòup]	0011 形 **final** [fáinl]	0012 名 **message** [mésidʒ]
0013 形 **cheap** [tʃíːp]	0014 名 **tool** [túːl]	0015 動 **welcome** [wélkəm]
動 答える 名 答え	名 商人	動 失う
名 食事	形 十分な	名 技師
動 待つ	名 秘密	動 見つける
名 封筒	形 最後の	名 伝言
形 安い	名 道具	動 歓迎する

0016 **market** [máːrkit] 名	0017 **marry** [mǽri] 動	0018 **science** [sáiəns] 名
0019 **send** [sénd] 動	0020 **hungry** [hʌ́ŋgri] 形	0021 **furniture** [fə́ːrnitʃər] 名
0022 **law** [lɔ́ː] 名	0023 **need** [níːd] 動	0024 **future** [fjúːtʃər] 名
0025 **limit** [límit] 名動	0026 **passenger** [pǽsəndʒər] 名	0027 **report** [ripɔ́ːrt] 動名
0028 **collect** [kəlékt] 動	0029 **error** [érər] 名	0030 **weak** [wíːk] 形
市場 名	結婚する 動	科学 名
送る 動	空腹な 形	家具 名
法律 名	必要とする 動	将来 名
制限する 動 / 名 制限	乗客 名	報告 名 / 動 報告する
集める 動	間違い 名	弱い 形

Exercise 1 UNIT 1

STEP 1 見出し語の英単語と同じ意味を持つ日本語を選びなさい。

1 lose
A 答える　　　B 待つ　　　　C 失う　　　　D 見つける

2 meal
A 食事　　　　B 商人　　　　C 秘密　　　　D 封筒

3 engineer
A 伝言　　　　B 道具　　　　C 市場　　　　D 技師

4 wait
A 失う　　　　B 待つ　　　　C 歓迎する　　D 結婚する

5 find
A 送る　　　　B 必要とする　C 制限する　　D 見つける

6 final
A 最後の　　　B 十分な　　　C 空腹な　　　D 安い

7 tool
A 科学　　　　B 道具　　　　C 家具　　　　D 法律

8 welcome
A 集める　　　B 見つける　　C 結婚する　　D 歓迎する

9 market
A 市場　　　　B 将来　　　　C 乗客　　　　D 報告

10 marry
A 送る　　　　B 必要とする　C 結婚する　　D 集める

11 hungry
A 最後の　　　B 空腹な　　　C 弱い　　　　D 十分な

12 law
A 間違い　　　B 法律　　　　C 商人　　　　D 食事

13 need
A 歓迎する　　B 必要とする　C 待つ　　　　D 制限する

14 future
A 技師　　　　B 秘密　　　　C 封筒　　　　D 将来

15 weak
A 弱い　　　　B 十分な　　　C 最後の　　　D 安い

解答　1 C　2 A　3 D　4 B　5 D　6 A　7 B　8 D　9 A　10 C　11 B　12 B　13 B　14 D　15 A

Exercise 1 UNIT 1

STEP 2 日本文を参考にして下線部に入れるのに最適な単語を選びなさい。

1 I will _____ your questions.
私はあなたの質問に答えます。
- A lose
- B wait
- C find
- D answer

2 Mr. Lee is a wealthy _____.
リー氏は裕福な商人です。
- A merchant
- B passenger
- C engineer
- D traveler

3 We don't have _____ money yet.
私たちはまだ十分なお金を持っていません。
- A final
- B hungry
- C enough
- D sharp

4 Daniel knew the _____ from the beginning.
ダニエルは初めからその秘密を知っていました。
- A secret
- B peace
- C message
- D homework

5 I enclosed a(n) _____ for your convenience.
あなたの便宜を考えて封筒を同封しました。
- A notebook
- B secret
- C curtain
- D envelope

解答 1 D 2 A 3 C 4 A 5 D

Exercise 1 UNIT 1

6 I will _____ the package by parcel post.
私は郵便でその小包を送ります。
A need
B wash
C pull
D send

7 Vegetables are very _____ in summer.
野菜は夏はとても安いです。
A enough
B cheap
C natural
D basic

8 I will leave you a(n) _____ .
あなたに伝言を残していきます。
A message
B tool
C ink
D album

9 _____ has brought about many changes in our lives.
科学は私たちの生活に多くの変化を与えました。
A Software
B Network
C Science
D Internet

10 Trees provide us with wood for fuel, _____ , and tools.
木は私たちに燃料、家具、道具を供給します。
A money
B furniture
C error
D power

解答 6 D 7 B 8 A 9 C 10 B

11 Seating is _____ to the first thirty people.
席は最初の30名に制限されています。
- A collected
- B worried
- C thrown
- D limited

12 The bus is capable of carrying fifty _____ .
そのバスは50名の乗客を運ぶことができます。
- A musicians
- B passengers
- C gardeners
- D merchants

13 The student _____ 350 Indian tales.
学生は350のインディアンの話を集めました。
- A answered
- B talked
- C collected
- D finished

14 We should avoid _____ .
私たちは間違いを防ぐべきです。
- A errors
- B meals
- C envelopes
- D furniture

15 I look forward to hearing your _____ .
私はあなたの報告を聞くのを楽しみにしています。
- A future
- B bottom
- C talent
- D report

解答　11 D　12 B　13 C　14 A　15 D

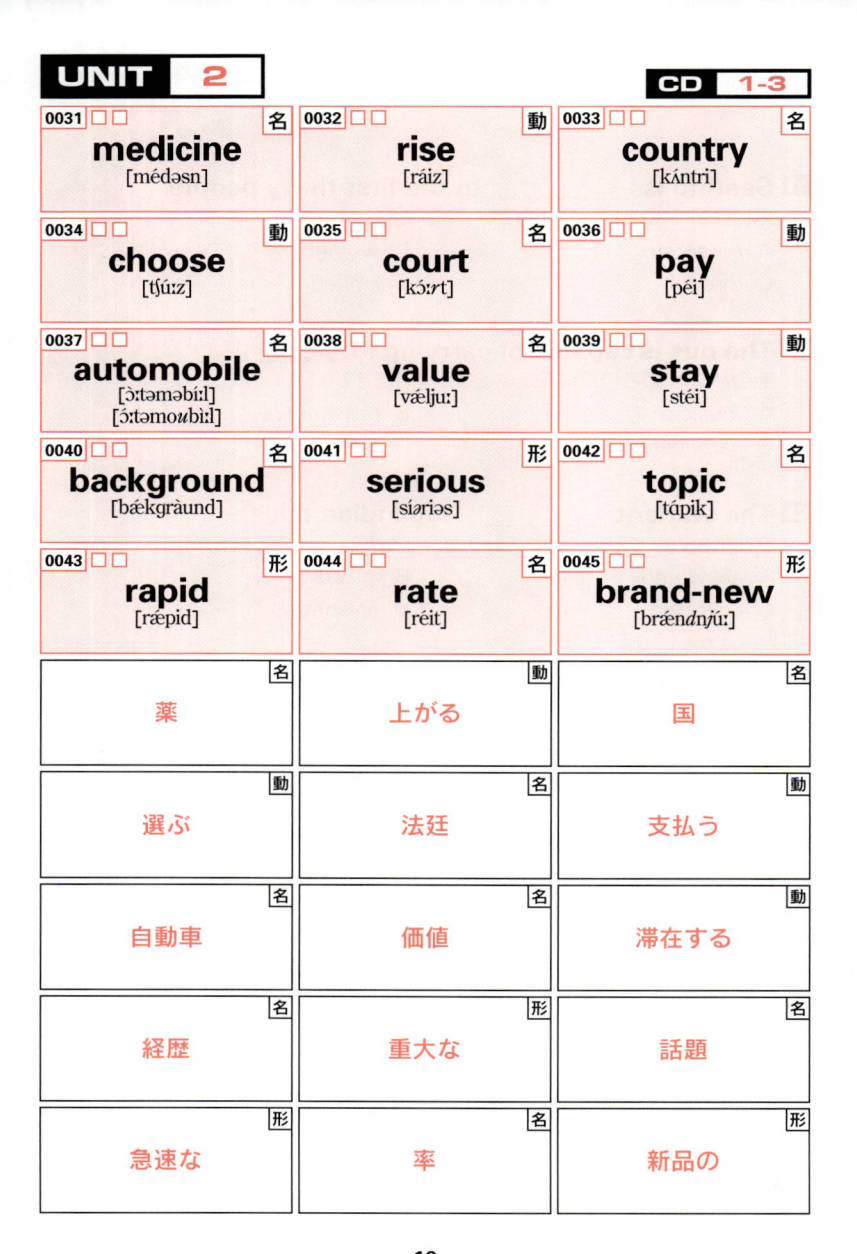

UNIT 2

0031	medicine	[médəsn]	名	薬
0032	rise	[ráiz]	動	上がる
0033	country	[kʌ́ntri]	名	国
0034	choose	[tʃúːz]	動	選ぶ
0035	court	[kɔ́ːrt]	名	法廷
0036	pay	[péi]	動	支払う
0037	automobile	[ɔ̀ːtəməbíːl] [ɔ́ːtəmoubìːl]	名	自動車
0038	value	[vǽljuː]	名	価値
0039	stay	[stéi]	動	滞在する
0040	background	[bǽkgràund]	名	経歴
0041	serious	[síəriəs]	形	重大な
0042	topic	[tápik]	名	話題
0043	rapid	[rǽpid]	形	急速な
0044	rate	[réit]	名	率
0045	brand-new	[brǽndnjúː]	形	新品の

CD 1-4		0031-0060/1200
0046 動 **ride** [ráid]	**0047** 名 **citizen** [sítəzn]	**0048** 動 **invite** [inváit]
0049 名 **reason** [ríːzn]	**0050** 形 **different** [dífərənt]	**0051** 名 **traffic** [trǽfik]
0052 名 **expert** [ékspəːrt]	**0053** 動 **arrive** [əráiv]	**0054** 形 **loud** [láud]
0055 名 **action** [ǽkʃən]	**0056** 名 **clinic** [klínik]	**0057** 動 **greet** [gríːt]
0058 名 **marriage** [mǽridʒ]	**0059** 名 **cab** [kǽb]	**0060** 名 **price** [práis]
動 乗る	名 市民	動 招待する
名 理由	形 異なった	名 交通
名 専門家	動 到着する	形 騒々しい
名 行動	名 診療所	動 あいさつする
名 結婚	名 タクシー	名 価格

Exercise 2 UNIT 2

STEP 1 見出し語の英単語と同じ意味を持つ日本語を選びなさい。

1 rise
A 乗る　　　　B 招待する　　　C 上がる　　　D あいさつする

2 court
A 率　　　　　B 法廷　　　　　C 交通　　　　D 自動車

3 automobile
A 自動車　　　B タクシー　　　C 法廷　　　　D 診療所

4 value
A 結婚　　　　B 自動車　　　　C 率　　　　　D 価値

5 rapid
A 騒々しい　　B 新品の　　　　C 急速な　　　D 安い

6 rate
A 法廷　　　　B 率　　　　　　C 診療所　　　D 結婚

7 brand-new
A 新品の　　　B 急速な　　　　C 安い　　　　D 騒々しい

8 ride
A 招待する　　B 上がる　　　　C 乗る　　　　D あいさつする

9 invite
A 上がる　　　B 招待する　　　C あいさつする　D 乗る

10 traffic
A 交通　　　　B 自動車　　　　C 価値　　　　D 率

11 loud
A 急速な　　　B 安い　　　　　C 新品の　　　D 騒々しい

12 clinic
A 交通　　　　B 診療所　　　　C 法廷　　　　D 価値

13 greet
A 上がる　　　B 乗る　　　　　C あいさつする　D 招待する

14 marriage
A 結婚　　　　B 法廷　　　　　C タクシー　　D 交通

15 cab
A 価値　　　　B タクシー　　　C 診療所　　　D 結婚

解答　1 C　2 B　3 A　4 D　5 C　6 B　7 A　8 C　9 B　10 A　11 D　12 B　13 C　14 A　15 B

Exercise 2 UNIT 2

STEP 2 日本文を参考にして下線部に入れるのに最適な単語を選びなさい。

1 We need no visa to enter the _____ .
この国に入国するにはビザは必要ありません。
A building　　　　　　　　B country
C hospital　　　　　　　　D cab

2 Please let us know what color you finally _____ before May 10.
5月10日前にあなたが最終的にどの色を選ぶのかを私たちに伝えて下さい。
A choose　　　　　　　　B buy
C touch　　　　　　　　　D send

3 Thank you for sending us the information regarding your _____ and experience.
あなたの経歴と経験についての情報を送付いただきありがとうございました。
A field　　　　　　　　　B hobby
C value　　　　　　　　　D background

4 We are in _____ financial trouble.
私たちは深刻な(重大な)経済的困難に陥っています。
A rapid　　　　　　　　　B serious
C straight　　　　　　　　D different

5 Your _____ are always interesting.
あなたの話題は常に面白いです。
A parents　　　　　　　　B countries
C comics　　　　　　　　D topics

解答　1 B　2 A　3 D　4 B　5 D

Exercise 2 UNIT 2

6 Our company has worked hard to serve the _____ of San Diego.

私どもの会社はサンディエゴの**市民**の皆さんに尽くすために一生懸命に働いてきました。

A citizens B engineers
C instructors D adults

7 I like your idea for many _____ .

私は多くの**理由**であなたの考えを気に入っています。

A stages B reasons
C samples D topics

8 We need a marketing _____ .

私たちは市場調査の**専門家**を必要としています。

A expert B captain
C chief D guest

9 We _____ at the hotel at 4:00.

私たちは4時にホテルに**到着しました**。

A laughed B ate
C walked D arrived

10 We have to decide what _____ to take by Friday.

どのような**行動**をとるかを金曜日までに決めなくてはなりません。

A law B action
C report D envelope

解答 6 A 7 B 8 A 9 D 10 B

11 You must _____ a debt right now.
あなたは借金をすぐに**支払わなくては**なりません。
A cover   B answer
C sell   D pay

12 Our driver took a _____ route.
私たちの運転手はいつもと**違った**道を通りました。
A simple B different
C weak   D short

13 Many of our modern _____ contain herbs.
現代の**薬**の多くは薬草を含んでいます。
A foods   B bakeries
C medicines D meals

14 We should _____ in town.
私たちは町に**滞在す**べきです。
A stay   B sleep
C sit down D travel

15 The _____ of this book is $10.
この本の**値段**は10ドルです。
A market B message
C price   D error

解答　11 D　12 B　13 C　14 A　15 C

Exercise 1 UNIT 1   CD 2-1

STEP 3 CDを聞きながら内容を確認してください。

1 I will **answer** your questions.

2 Mr. Lee is a wealthy **merchant**.

3 We don't have **enough** money yet.

4 Daniel knew the **secret** from the beginning.

5 I enclosed an **envelope** for your convenience.

6 I will **send** the package by parcel post.

7 Vegetables are very **cheap** in summer.

8 I will leave you a **message**.

9 **Science** has brought about many changes in our lives.

10 Trees provide us with wood for fuel, **furniture**, and tools.

11 Seating is **limited** to the first thirty people.

12 The bus is capable of carrying fifty **passengers**.

13 The student **collected** 350 Indian tales.

14 We should avoid **errors**.

15 I look forward to hearing your **report**.

Exercise 2 UNIT 2   CD 2-2

1 We need no visa to enter the **country**.

2 Please let us know what color you finally **choose** before May 10.

3 Thank you for sending us the information regarding your **background** and experience.

4 We are in **serious** financial trouble.

5 Your **topics** are always interesting.

6 Our company has worked hard to serve the **citizens** of San Diego.

7 I like your idea for many **reasons**.

8 We need a marketing **expert**.

9 We **arrived** at the hotel at 4:00.

10 We have to decide what **action** to take by Friday.

11 You must **pay** a debt right now.

12 Our driver took a **different** route.

13 Many of our modern **medicines** contain herbs.

14 We should **stay** in town.

15 The **price** of this book is $10.

UNIT 3

#	Word	品詞	意味
0061	visit [vízət]	名/動	訪問する / 名 訪問
0062	customer [kʌ́stəmər]	名	客
0063	main [méin]	形	主要な
0064	job [dʒáb]	名	仕事
0065	grow [gróu]	動	成長する
0066	foreigner [fɔ́ːrənər]	名	外国人
0067	modern [mádərn]	形	現代の
0068	join [dʒɔ́in]	動	加わる
0069	area [éəriə]	名	地域
0070	increase [inkríːs]	名/動	増加する / 名 増加
0071	factory [fǽktəri]	名	工場
0072	photograph [fóutəgrǽf]	名	写真
0073	former [fɔ́ːrmər]	形	以前の
0074	language [lǽŋgwidʒ]	名	言語
0075	wallet [wálət]	名	財布

0076 promise [práməs] 名動	0077 war [wɔ́ːr] 名	0078 false [fɔ́ːls] 形
0079 weather [wéðər] 名	0080 enjoy [endʒɔ́i] 動	0081 space [spéis] 名
0082 famous [féiməs] 形	0083 solve [sálv] 動	0084 luck [lʌ́k] 名
0085 several [sévərəl] 形	0086 health [hélθ] 名	0087 forever [fərévər] 副
0088 lawyer [lɔ́ːjər] 名	0089 position [pəzíʃən] 名	0090 favorite [féivərət] 形
約束する 動 / 名 約束	戦争 名	うその 形
天気 名	楽しむ 動	空間 名
有名な 形	解く 動	幸運 名
いくつかの 形	健康 名	永久に 副
弁護士 名	地位 名	お気に入りの 形

Exercise 3 UNIT 3

STEP 1 見出し語の英単語と同じ意味を持つ日本語を選びなさい。

1 visit
A 増加する　　B 成長する　　C あいさつする　　D 訪問する

2 main
A 現代の　　B 主要な　　C 有名な　　D いくつかの

3 grow
A あいさつする　　B 訪問する　　C 成長する　　D 乗る

4 foreigner
A 外国人　　B 戦争　　C 空間　　D 写真

5 modern
A お気に入りの　　B 現代の　　C 主要な　　D いくつかの

6 area
A 地域　　B 外国人　　C 戦争　　D 健康

7 increase
A 訪問する　　B 招待する　　C あいさつする　　D 増加する

8 photograph
A 写真　　B 地域　　C 外国人　　D 地域

9 war
A 健康　　B 写真　　C 戦争　　D 空間

10 space
A 戦争　　B 空間　　C 写真　　D 健康

11 famous
A 現代の　　B 主要な　　C お気に入りの　　D 有名な

12 several
A いくつかの　　B お気に入りの　　C 主要な　　D 有名な

13 health
A 外国人　　B 健康　　C 地域　　D 空間

14 forever
A 再び　　B 一緒に　　C 永久に　　D 本当に

15 favorite
A 有名な　　B お気に入りの　　C 現代の　　D いくつかの

解答　1 D　2 B　3 C　4 A　5 B　6 A　7 D　8 A　9 C　10 B　11 D　12 A　13 B　14 C　15 B

Exercise 3 UNIT 3

STEP 2 日本文を参考にして下線部に入れるのに最適な単語を選びなさい。

1 Do you mind if I _____ you?.
あなたがたの仲間に**加わって**もいいですか。
A ask B welcome
C marry D join

2 Our _____ is located at 3515 Johnson Street.
私たちの**工場**はジョンソンストリート3515番にあります。
A factory B mountain
C background D station

3 My native _____ is English.
私の母国**語**は英語です。
A report B position
C language D music

4 I _____ to give you a present.
あなたにプレゼントをあげることを**約束します**。
A grow B promise
C begin D decide

5 I _____ hiking and camping in my free time.
私は時間があるときにハイキングやキャンプを**楽しみます**。
A solve B join
C enjoy D visit

解答 1D 2A 3C 4B 5C

Exercise 3　UNIT 3

6 I believe we can _____ the problem.
この問題を**解決する**ことができると信じています。
- A solve
- B build
- C pay
- D invite

7 I wish you good _____ .
幸運を祈ります。
- A smile
- B action
- C marriage
- D luck

8 I cannot find a _____ in New York.
ニューヨークでは**仕事**を見つけることができません。
- A reason
- B job
- C clinic
- D factory

9 I am sending a copy of this letter to my _____ .
弁護士にこの手紙のコピーを送るつもりです。
- A designer
- B lawyer
- C assistant
- D boss

10 Jim is a _____ employee of the firm.
ジムはこの会社の**以前の**従業員です。
- A former
- B modern
- C main
- D serious

解答　6 A　7 D　8 B　9 B　10 A

11 We will have good _____ tomorrow.
明日はよい**天気**でしょう。

A time　　　　　　　　B automobile
C customer　　　　　　D weather

12 Kent lost his _____ .
ケントは**財布**をなくしました。

A wallet　　　　　　　B gun
C textbook　　　　　　D photograph

13 Mr. Brown is a regular _____ of this restaurant.
ブラウンさんはこのレストランの常連の**客**です。

A worker　　　　　　　B actress
C customer　　　　　　D foreigner

14 Paul's story turned out to be _____ .
ポールの話は**うそだ**とわかりました。

A false　　　　　　　　B interesting
C famous　　　　　　　D loud

15 I am satisfied with my current _____ .
私は現在の**地位**に満足しています。

A job　　　　　　　　　B weather
C position　　　　　　 D space

解答　11 D　12 A　13 C　14 A　15 C

UNIT 4

0091 secretary [sékrətèri] 名	0092 spend [spénd] 動	0093 chairman [tʃéərmən] 名
0094 cloudy [kláudi] 形	0095 abroad [əbrɔ́ːd] 副	0096 owner [óunər] 名
0097 introduce [intrəd(j)úːs] 動	0098 wedding [wédiŋ] 名	0099 difficult [dífikʌ̀lt] 形
0100 female [fíːmeil] 名	0101 forget [fərgét] 動	0102 winner [wínər] 名
0103 angry [ǽŋgri] 形	0104 stair [stéər] 名	0105 complain [kəmpléin] 動
秘書 名	費やす 動	議長 名
曇りの 形	海外で 副	所有者 名
紹介する 動	結婚式 名	難しい 形
女性 名	忘れる 動	勝者 名
怒っている 形	階段 名	文句を言う 動

0106 people [píːpl] 名	0107 local [lóukl] 形	0108 visitor [vízətər] 名
0109 careful [kéərfl] 形	0110 male [méil] 名	0111 enter [éntər] 動
0112 alarm [əláːrm] 名	0113 useful [júːsfl] 形	0114 servant [sáːrvənt] 名
0115 memory [méməri] 名	0116 assist [əsíst] 動	0117 empty [émpti] 形
0118 slowdown [slóudàun] 名	0119 weave [wíːv] 動	0120 advice [ədváis] 名
人々 名	地方の 形	訪問者 名
注意深い 形	男性 名	入る 動
警報 名	役に立つ 形	召使 名
記憶 名	援助する 動	からの 形
減速 名	編む 動	助言 名

Exercise 4 UNIT 4

STEP 1 　見出し語の英単語と同じ意味を持つ日本語を選びなさい。

1 spend
A 編む　　B 訪問する　　C 費やす　　D 入る

2 chairman
A 議長　　B 警報　　C 召使　　D 減速

3 cloudy
A 空の　　B 主要な　　C 地方の　　D 曇りの

4 female
A 減速　　B 議長　　C 女性　　D 男性

5 stair
A 階段　　B 女性　　C 議長　　D 減速

6 people
A 女性　　B 階段　　C 助言　　D 人々

7 local
A 現代の　　B 地方の　　C 曇りの　　D 空の

8 male
A 男性　　B 召使　　C 警報　　D 女性

9 enter
A 編む　　B 費やす　　C 入る　　D 成長する

10 alarm
A 階段　　B 警報　　C 助言　　D 召使

11 servant
A 人々　　B 助言　　C 召使　　D 男性

12 empty
A からの　　B 曇りの　　C 地方の　　D 有名な

13 slowdown
A 減速　　B 人々　　C 男性　　D 警報

14 weave
A 費やす　　B 入る　　C 増加する　　D 編む

15 advice
A 人々　　B 助言　　C 階段　　D 議長

解答　1 C　2 A　3 D　4 C　5 A　6 D　7 B　8 A　9 C　10 B　11 C　12 A　13 A　14 D　15 B

Exercise 4　UNIT 4

STEP 2　日本文を参考にして下線部に入れるのに最適な単語を選びなさい。

1 I have been teaching English _____ for three years.
私は海外で3年間英語を教えてきました。
- A　abroad
- B　locally
- C　carefully
- D　angrily

2 I will _____ you to the staff.
あなたを職員に紹介します。
- A　select
- B　invite
- C　introduce
- D　advertise

3 The question is very _____ .
この質問はとても難しい。
- A　cloudy
- B　difficult
- C　useful
- D　unique

4 Don't _____ to call me this morning.
今朝私に電話することを忘れないで下さい。
- A　ask
- B　try
- C　remember
- D　forget

5 I am pleased to receive _____ .
訪問者が来てくれて私はうれしい。
- A　actors
- B　visitors
- C　brides
- D　tourists

解答　1 A　2 C　3 B　4 D　5 B

Exercise 4 UNIT 4

6 Jeff is a _____ driver.
ジェフは**注意深い**運転手です。
A careful B difficult
C brand-new D favorite

7 I hope this idea will be _____ .
この考えが**役に立つ**ことを願っています。
A careful B enough
C important D useful

8 The _____ of the shop died last year.
その船の**所有者**は昨年亡くなりました。
A chairman B visitor
C owner D servant

9 The _____ of the race seemed very happy.
そのレースの**勝者**はとても幸せそうに見えました。
A owner B visitor
C winner D passenger

10 We are planning a July _____ .
私たちは7月に**結婚式**を計画しています。
A party B wedding
C meeting D ceremony

解答 6 A 7 D 8 C 9 C 10 B

11 I am sorry, but I have a poor _____ .
ごめんなさい。私は**記憶**力が悪いのです。
- A future
- B tool
- C background
- D memory

12 They _____ about Tom's very loud parties.
彼らはトムのとてもうるさいパーティーについて**文句を言いました**。
- A complained
- B knew
- C introduced
- D thought

13 The office manager must _____ the new clerks.
その事務所のマネージャーは新人の事務員を**援助し**なくてはなりません。
- A spend
- B shoot
- C assist
- D hit

14 Tom got very _____ at what I said.
トムは私の言ったことに対してひどく**怒りました**。
- A angry
- B difficult
- C useful
- D serious

15 Please call my _____ to set up an appointment.
約束の日取りを決める時には私の**秘書**に電話してください。
- A chef
- B host
- C secretary
- D husband

解答 11 D 12 A 13 C 14 A 15 C

Exercise 3 UNIT 3

STEP 3 CDを聞きながら内容を確認してください。

1 Do you mind if I **join** you?

2 Our **factory** is located at 3515 Johnson Street.

3 My native **language** is English.

4 I **promise** to give you a present.

5 I **enjoy** hiking and camping in my free time.

6 I believe we can **solve** the problem.

7 I wish you good **luck**.

8 I cannot find a **job** in New York.

9 I am sending a copy of this letter to my **lawyer**.

10 Jim is a **former** employee of the firm.

11 We will have good **weather** tomorrow.

12 Kent lost his **wallet**.

13 Mr. Brown is a regular **customer** of this restaurant.

14 Paul's story turned out to be **false**.

15 I am satisfied with my current **position**.

Exercise 4 UNIT 4 CD 2-4

1 I have been teaching English **abroad** for three years.

2 I will **introduce** you to the staff.

3 The question is very **difficult**.

4 Don't **forget** to call me this morning.

5 I am pleased to receive **visitors**.

6 Jeff is a **careful** driver.

7 I hope this idea will be **useful**.

8 The **owner** of the shop died last year.

9 The **winner** of the race seemed very happy.

10 We are planning a July **wedding**.

11 am sorry, but I have a poor **memory**.

12 They **complained** about Tom's very loud parties.

13 The office manager must **assist** the new clerks.

14 Tom got very **angry** at what I said.

15 Please call my **secretary** to set up an appointment.

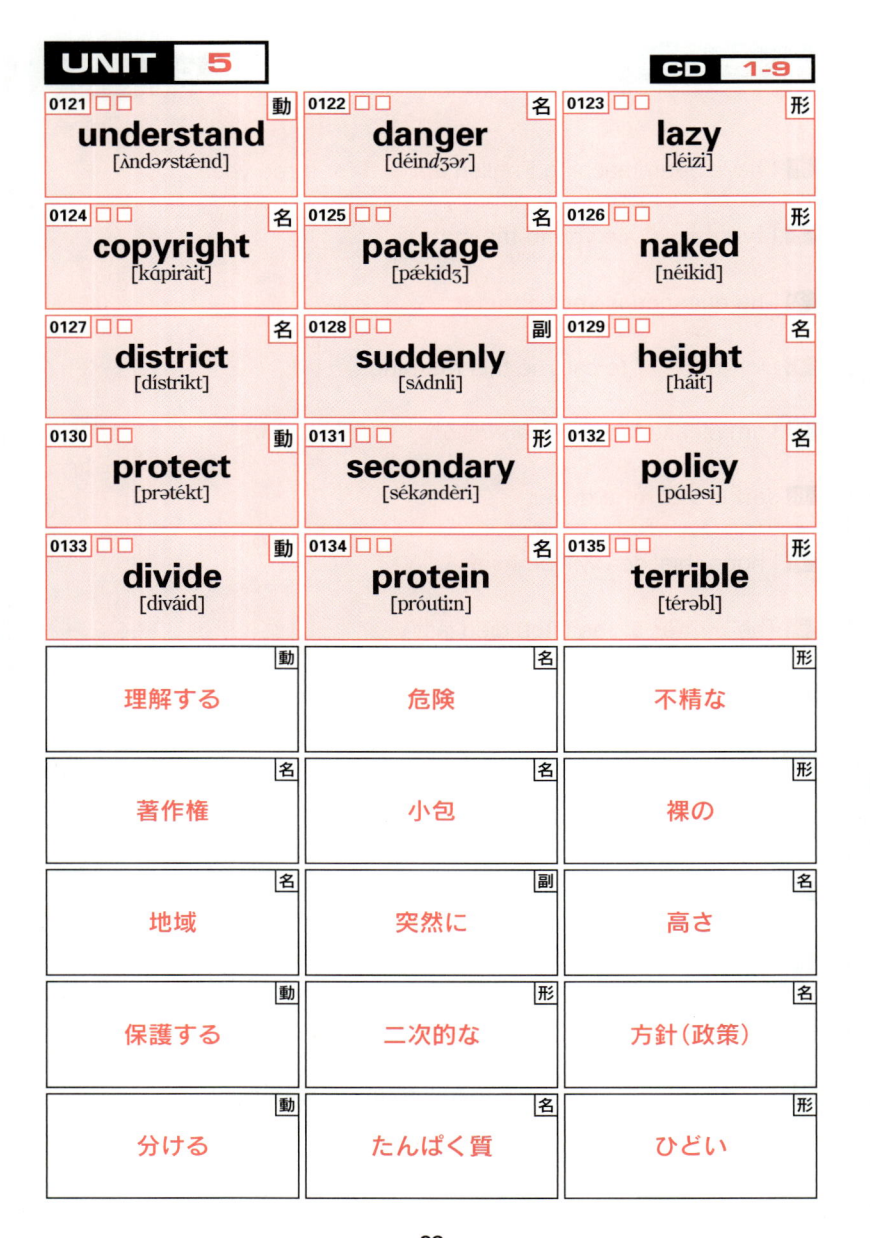

UNIT 5

0121	understand	[ʌ̀ndərstǽnd]	動	理解する
0122	danger	[déindʒər]	名	危険
0123	lazy	[léizi]	形	不精な
0124	copyright	[kápiràit]	名	著作権
0125	package	[pǽkidʒ]	名	小包
0126	naked	[néikid]	形	裸の
0127	district	[dístrikt]	名	地域
0128	suddenly	[sʌ́dnli]	副	突然に
0129	height	[háit]	名	高さ
0130	protect	[prətékt]	動	保護する
0131	secondary	[sékəndèri]	形	二次的な
0132	policy	[páləsi]	名	方針(政策)
0133	divide	[diváid]	動	分ける
0134	protein	[próuti:n]	名	たんぱく質
0135	terrible	[térəbl]	形	ひどい

0121-0150 / 1200

0136 favor [féivər] 名	0137 polish [páliʃ] 動	0138 union [júːnjən] 名
0139 raw [rɔ́ː] 形	0140 standard [stǽndərd] 形 名	0141 suggest [sʌdʒést] 動
0142 corridor [kɔ́ːrədər] 名	0143 hide [háid] 動	0144 demand [dimǽnd] 名 動
0145 sum [sʌ́m] 名	0146 assistance [əsístəns] 名	0147 prove [prúːv] 動
0148 unique [juːníːk] 形	0149 division [divíʒən] 名	0150 polite [pəláit] 形
好意 名	磨く 動	組合 名
生の 形	水準(基準) 名 / 形 基準となる	提案する 動
廊下 名	隠す 動	要求する 動 / 名 要求
合計 名	援助 名	証明する 動
独自の 形	部門 名	礼儀正しい 形

Exercise 5 UNIT 5

STEP 1 見出し語の英単語と同じ意味を持つ日本語を選びなさい。

1 understand
A 分ける B 費やす C 理解する D 磨く

2 danger
A 危険 B 地域 C 高さ D たんぱく質

3 lazy
A 裸の B 不精な C 二次的な D 独自の

4 copyright
A 高さ B たんぱく質 C 著作権 D 危険

5 naked
A 不精な B 生の C 礼儀正しい D 裸の

6 district
A たんぱく質 B 地域 C 廊下 D 著作権

7 height
A 高さ B 危険 C 地域 D 廊下

8 secondary
A 裸の B 礼儀正しい C 二次的な D 不精な

9 divide
A 入る B 理解する C 磨く D 分ける

10 protein
A 著作権 B たんぱく質 C 廊下 D 高さ

11 polish
A 磨く B 分ける C 編む D 理解する

12 raw
A 二次的な B 生の C 独自の D 礼儀正しい

13 corridor
A 廊下 B 著作権 C 地域 D 危険

14 unique
A 二次的な B 独自の C 裸の D 生の

15 polite
A 不精な B 生の C 独自の D 礼儀正しい

解答 1 C 2 A 3 B 4 C 5 D 6 B 7 A 8 C 9 D 10 B 11 A 12 B 13 A 14 B 15 D

Exercise 5 UNIT 5

STEP 2 日本文を参考にして下線部に入れるのに最適な単語を選びなさい。

1 I _____ that you discuss the matter with your staff.
この件に関してあなたのスタッフと討議することを提案します。
- A suggest
- B understand
- C prove
- D define

2 I don't remember whether there was sufficient postage on the _____ .
小包に十分な切手を貼ったかどうか覚えていません。
- A medicine
- B package
- C automobile
- D furniture

3 This company makes an effort to _____ the environment.
この会社は環境を保護する努力をしています。
- A tell
- B listen to
- C admit
- D protect

4 I want to see the manager to complain about the _____ food in this restaurant.
このレストランのひどい食事について苦情を言いたいのでマネージャーにお会いしたいのです。
- A nice
- B super
- C terrible
- D cheap

5 Would you do me a(n) _____ ?
お願いがあるのですが。（私に好意を示してくれますか。）
- A suggestion
- B favor
- C action
- D job

解答 1 A 2 B 3 D 4 C 5 B

Exercise 5   UNIT 5

6 After World War II the _____ of living improved.
第2次世界大戦の後、生活**水準**が改善されました。
- A memory
- B slowdown
- C policy
- D standard

7 The manager _____ some important documents in a locked drawer.
マネージャーは重要書類を鍵付きの引き出しに**隠します**。
- A helps
- B cleans
- C hides
- D suggests

8 Our _____ is outlined on page twelve of the Employee Handbook.
私たちの**方針**は従業員用ハンドブックの12ページに書かれています。
- A policy
- B favor
- C sum
- D district

9 You owe us $120, and we _____ immediate payment.
あなたは120ドルを借りていますので、すぐに支払うことを**要求します**。
- A print
- B demand
- C listen to
- D invite

10 You should pay the entire _____ at once.
あなたはすぐに**合計**額のすべてを支払うべきです。
- A value
- B rate
- C price
- D sum

解答 6 D 7 C 8 A 9 B 10 D

11 If I can be of further _____ , please let me know.
もしさらにお役に立てること(**援助**が必要なこと)がありましたら、どうぞお知らせください。
- A assistance
- B alarm
- C winner
- D standard

12 The evidence _____ him to be innocent.
その証拠は彼が無実であることを**証明しました**。
- A believed
- B compared
- C proved
- D attempted

13 Bill is a member of the local labor _____ .
ビルは地方の労働**組合**のメンバーです。
- A district
- B package
- C division
- D union

14 Mr. Taylor _____ stopped talking.
テーラーさんは**突然**話をするのをやめました。
- A suddenly
- B slightly
- C particularly
- D gradually

15 This _____ has performed well in the past.
この**部門**の過去の成績はとても良いです。
- A union
- B alarm
- C division
- D memory

解答 11 A 12 C 13 D 14 A 15 C

UNIT 6

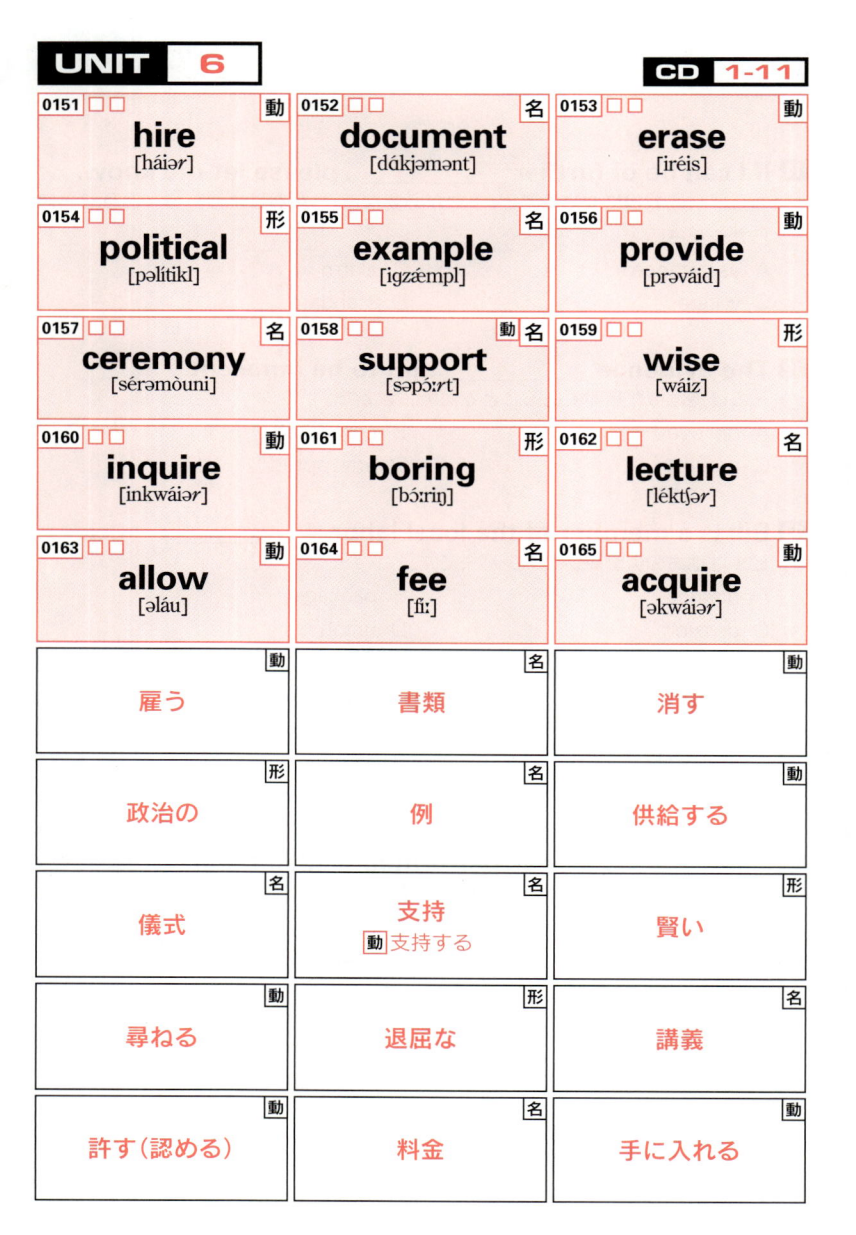

0151 動 **hire** [háiər]	0152 名 **document** [dákjəmənt]	0153 動 **erase** [iréis]
0154 形 **political** [pəlítikl]	0155 名 **example** [igzémpl]	0156 動 **provide** [prəváid]
0157 名 **ceremony** [sérəmòuni]	0158 動/名 **support** [səpɔ́ːrt]	0159 形 **wise** [wáiz]
0160 動 **inquire** [inkwáiər]	0161 形 **boring** [bɔ́ːriŋ]	0162 名 **lecture** [léktʃər]
0163 動 **allow** [əláu]	0164 名 **fee** [fíː]	0165 動 **acquire** [əkwáiər]
動 雇う	名 書類	動 消す
形 政治の	名 例	動 供給する
名 儀式	名 支持 / 動 支持する	形 賢い
動 尋ねる	形 退屈な	名 講義
動 許す(認める)	名 料金	動 手に入れる

44

0151-0180/1200

CD 1-12

No.	Word	Pronunciation	Type	Meaning
0166	neighbor	[néibər]	名	隣人
0167	gain	[géin]	名/動	得る / 名 利益
0168	summary	[sʌ́məri]	名	要約
0169	unusual	[ʌnjúːʒuəl]	形	異常な
0170	attire	[ətáiər]	名	衣装
0171	lean	[líːn]	動	寄り掛かる
0172	gap	[gǽp]	名	溝
0173	publish	[pʌ́bliʃ]	動	出版する
0174	maximum	[mǽksəməm]	名/形	最大の / 名 最大
0175	select	[səlékt]	動	選ぶ
0176	population	[pɑ̀pjəléiʃən]	名	人口
0177	absent	[ǽbsənt]	形	欠席の
0178	renewal	[rin(j)úːəl]	名	更新
0179	honest	[ɑ́nəst]	形	正直な
0180	lease	[líːs]	動/名	賃貸借契約 / 動 賃貸(賃借り)する

Exercise 6 UNIT 6

STEP 1 　見出し語の英単語と同じ意味を持つ日本語を選びなさい。

1 hire
A 寄り掛かる　　B 消す　　C 雇う　　D 得る

2 document
A 料金　　B 更新　　C 隣人　　D 書類

3 erase
A 消す　　B 得る　　C 寄り掛かる　　D 雇う

4 political
A 最大の　　B 政治の　　C 不精な　　D 賢い

5 wise
A 政治の　　B 最大の　　C 賢い　　D 裸の

6 lecture
A 賃貸借契約　　B 隣人　　C 書類　　D 講義

7 fee
A 溝　　B 書類　　C 料金　　D 更新

8 neighbor
A 賃貸借契約　　B 隣人　　C 要約　　D 料金

9 gain
A 得る　　B 雇う　　C 消す　　D 寄り掛かる

10 summary
A 書類　　B 要約　　C 溝　　D 更新

11 lean
A 雇う　　B 消す　　C 寄り掛かる　　D 得る

12 gap
A 要約　　B 賃貸借契約　　C 講義　　D 溝

13 maximum
A 二次的な　　B 賢い　　C 政治の　　D 最大の

14 renewal
A 講義　　B 更新　　C 溝　　D 要約

15 lease
A 賃貸借契約　　B 隣人　　C 講義　　D 料金

解答　1 C　2 D　3 A　4 B　5 C　6 D　7 C　8 B　9 A　10 B　11 C　12 D　13 D　14 B　15 A

Exercise 6 UNIT 6

STEP 2 日本文を参考にして下線部に入れるのに最適な単語を選びなさい。

1 It did not take her long to come up with a very good _____ .

彼女がこのような良い例を思いつくのにそれほど時間はかかりませんでした。

A science　　　　　　　　B law
C example　　　　　　　　D court

2 I will be pleased to _____ you with a letter of recommendation.

あなたには喜んで推薦状を書いて(供給して)あげます。

A provide　　　　　　　　B approach
C appoint　　　　　　　　D contact

3 Mr. Clark will earn broad _____ in the community.

クラーク氏は地域社会で幅広い支持を得るでしょう。

A document　　　　　　　B summary
C example　　　　　　　　D support

4 For more specific information on the position, _____ at the personnel office.

この役職の詳細については人事課にお問い合わせ(尋ねて)ください。

A inquire　　　　　　　　B acquire
C publish　　　　　　　　D select

5 Robots do jobs that would be dangerous or _____ for people to do.

ロボットは人間がやるには危険であったり退屈な仕事をしてくれます。

A polite　　　　　　　　B wise
C honest　　　　　　　　D boring

解答 1C 2A 3D 4A 5D

Exercise 6 UNIT 6

6 I need a visa that will _____ me to work in New York for one year.

私は1年間ニューヨークで働くのを認めて(許して)くれるビザが必要です。

A hire
B allow
C gain
D choose

7 The parents have complete control over the child's _____ .

親は子供の着るもの(衣装)に対して完全な支配権を持っています。

A support
B document
C example
D attire

8 The company _____ a special booklet for its 100th anniversary celebration.

その会社は100周年を記念する特別な小冊子を出版しました。

A allowed
B inquired
C published
D erased

9 You can _____ a method that works well for you.

あなた本人にとってうまくいくと思われる方法を選ぶことができます。

A select
B acquire
C hire
D provide

10 The _____ of the country is increasing at an annual rate of 2.5 percent.

この国の人口は年間2.5%で上昇しています。

A neighbor
B support
C gap
D population

解答 6 B 7 D 8 C 9 A 10 D

11 I regret that I will be _____ from this morning's meeting.
今朝の会合に**欠席**しなくてはならないのが残念です。

A unusual B different
C absent D false

12 Jeff is always _____ with his customers.
ジェフは自分の顧客に対していつも**正直です**。

A famous B honest
C main D weak

13 Our company has enjoyed _____ prosperity during the past year.
ここ1年で私たちの会社は**異常な**くらい繁栄しました。

A unusual B final
C rapid D false

14 Please advise me how to _____ the appropriate visa.
適当なビザがどのように**手に入れ**られるのかを教えてください。

A visit B acquire
C join D promise

15 I will be happy to attend the _____ tomorrow evening at 7:30.
私は明日の晩7時半の**儀式**に喜んで参加します。

A conference B meeting
C ceremony D union

解答 11 C 12 B 13 A 14 B 15 C

Exercise 5 UNIT 5 CD 2-5

STEP 3 CDを聞きながら内容を確認してください。

1 I **suggest** that you discuss the matter with your staff.

2 I don't remember whether there was sufficient postage on the **package**.

3 This company makes an effort to **protect** the environment.

4 I want to see the manager to complain about the **terrible** food in this restaurant.

5 Would you do me a **favor**?

6 After World War II the **standard** of living improved.

7 The manager **hides** some important documents in a locked drawer.

8 Our **policy** is outlined on page twelve of the Employee Handbook.

9 You owe us $120, and we **demand** immediate payment.

10 You should pay the entire **sum** at once.

11 If I can be of further **assistance**, please let me know.

12 The evidence **proved** him to be innocent.

13 Bill is a member of the local labor **union**.

14 Mr. Taylor **suddenly** stopped talking.

15 This **division** has performed well in the past.

Exercise 6 UNIT 6 CD 2-6

1 It did not take her long to come up with a very good **example**.

2 I will be pleased to **provide** you with a letter of recommendation.

3 Mr. Clark will earn broad **support** in the community.

4 For more specific information on the position, **inquire** at the personnel office.

5 Robots do jobs that would be dangerous or **boring** for people to do.

6 I need a visa that will **allow** me to work in New York for one year.

7 The parents have complete control over the child's **attire**.

8 The company **published** a special booklet for its 100th anniversary celebration.

9 You can **select** a method that works well for you.

10 The **population** of the country is increasing at an annual rate of 2.5 percent.

11 I regret that I will be **absent** from this morning's meeting.

12 Jeff is always **honest** with his customers.

13 Our company has enjoyed **unusual** prosperity during the past year.

14 Please advise me how to **acquire** the appropriate visa.

15 I will be happy to attend the **ceremony** tomorrow evening at 7:30.

UNIT 7

No.	英単語	発音	品詞	意味
0181	semester	[səméstər]	名	学期
0182	legal	[líːgl]	形	法的な
0183	purchase	[pə́ːrtʃəs]	動	購入する
0184	necessary	[nésəsèri]	形	必要な
0185	challenge	[tʃǽlindʒ]	動名	挑戦／動 挑戦する
0186	separate	[sépərət]	形	別々の
0187	mechanic	[məkǽnik]	名	機械工
0188	repeat	[ripíːt]	動	繰り返す
0189	purpose	[pə́ːrpəs]	名	目的
0190	accept	[əksépt]	動	受け入れる
0191	possible	[pásəbl]	形	可能な
0192	reply	[riplái]	動名	応答（返事）／動 応答する
0193	thief	[θíːf]	名	どろぼう
0194	accident	[ǽksədənt]	名	事故
0195	thirsty	[θə́ːrsti]	形	のどのかわいた

0196	**departure** [dipáːrtʃər] 名	出発
0197	**household** [háushòuld] 名 形	家庭の / 名 家庭
0198	**audience** [ɔ́ːdiəns] 名	聴衆
0199	**borrow** [bɔ́(ː)rou] 動	借りる
0200	**harbor** [háːrbər] 名	港
0201	**lend** [lénd] 動	貸す
0202	**death** [déθ] 名	死亡
0203	**paste** [péist] 名 動	貼る / 名 のり
0204	**huge** [hjúːdʒ] 形	巨大な
0205	**request** [rikwést] 名 動	要求する / 名 依頼
0206	**evident** [évidənt] 形	明白な
0207	**auditorium** [ɔ̀ːdətɔ́ːriəm] 名	講堂
0208	**normal** [nɔ́ːrml] 形	通常の
0209	**spread** [spréd] 動	広がる
0210	**ambulance** [ǽmbjələns] 名	救急車

Exercise 7 UNIT 7

STEP 1 見出し語の英単語と同じ意味を持つ日本語を選びなさい。

1 semester
A 死亡　　　B 学期　　　C どろぼう　　　D 救急車

2 legal
A 法的な　　B 家庭の　　C 可能な　　　D 別々の

3 purchase
A 貼る　　　B 購入する　C 繰り返す　　D 雇う

4 necessary
A 家庭の　　B 別々の　　C 必要な　　　D 法的な

5 separate
A 別々の　　B 法的な　　C 必要な　　　D 可能な

6 repeat
A 購入する　B 貼る　　　C 消す　　　　D 繰り返す

7 purpose
A 聴衆　　　B 死亡　　　C 学期　　　　D 目的

8 possible
A 家庭の　　B 必要な　　C 可能な　　　D 別々の

9 thief
A 救急車　　B どろぼう　C 目的　　　　D 港

10 household
A 法的な　　B 必要な　　C 家庭の　　　D 可能な

11 audience
A 学期　　　B 救急車　　C どろぼう　　D 聴衆

12 harbor
A 港　　　　B 目的　　　C 死亡　　　　D どろぼう

13 death
A 目的　　　B 死亡　　　C 聴衆　　　　D 港

14 paste
A 寄り掛かる　B 繰り返す　C 貼る　　　D 購入する

15 ambulance
A 聴衆　　　B 救急車　　C 港　　　　　D 学期

解答　1 B　2 A　3 B　4 C　5 A　6 D　7 D　8 C　9 B　10 C　11 D　12 A　13 B　14 C　15 B

Exercise 7 UNIT 7

STEP 2 日本文を参考にして下線部に入れるのに最適な単語を選びなさい。

1 I am looking for new _____ in the field of bridge design and highway engineering.
私は橋のデザインと高速道路の技術の分野での新しい挑戦を目指しています。
A challenges   B replies
C semesters   D purposes

2 Mr. Brown is a superb _____ .
ブラウン氏はすばらしい機械工です。
A thief   B mechanic
C lawyer   D merchant

3 I have decided to _____ an offer from another company.
私は他の会社からの申し出を受け入れることに決めました。
A refuse   B advertise
C accept   D discuss

4 I would like to thank you for your prompt _____ .
あなたの迅速なご返事（応答）に感謝します。
A challenge   B reply
C departure   D lecture

5 My wife was involved in a serious automobile _____ .
私の妻は重大な自動車事故に巻き込まれました。
A accident   B gap
C attire   D summary

解答 1 A 2 B 3 C 4 B 5 A

Exercise 7 UNIT 7

6 I'd like to _____ a book for the weekend.
週末の間、本を1冊**借りたい**と思います。
A increase　　　　　　B grow
C introduce　　　　　D borrow

7 Will you _____ me some money?
お金を**貸して**くれませんか。
A borrow　　　　　　B lend
C obtain　　　　　　D advertise

8 It is _____ that smoking is not good for our health.
喫煙が健康に良くないのは**明白です**。
A interesting　　　　B fortunate
C terrible　　　　　D evident

9 The news _____ quickly all over the world.
そのニュースはすぐに世界中に**広がりました**。
A divided　　　　　　B spread
C consulted　　　　　D competed

10 Canada has _____ reserves of oil, coal, and natural gas.
カナダは原油、石炭、天然ガスの**巨大な**貯蔵量を誇っています。
A huge　　　　　　　B empty
C naked　　　　　　 D secondary

解答　6 D　7 B　8 D　9 B　10 A

11 The secretary will confirm the flight 24 hours before _____ .

秘書は**出発**の24時間前に飛行機の予約を確認するでしょう。

A audience B wedding
C death D departure

12 I am very _____ ; so, I want to drink something cold.

私はとても**のどがかわいています**。それで何か冷たいものが飲みたいのです。

A angry B thirsty
C lazy D normal

13 I am enclosing the airline tickets, which you _____ several days ago.

数日前に**要望（要求）のあった**航空券を同封してあります。

A committed B stirred
C requested D cancelled

14 We will hold meetings in the _____ at 9:00 a.m.

私たちは午前9時に**講堂**で集会を行います。

A restaurant B auditorium
C conference D region

15 To prevent catching a cold, a person should follow _____ health rules and avoid people who have colds.

風邪の予防には、**通常の**健康のためのルールを守り、風邪をひいている人を避けるべきです。

A natural B normal
C ill D fortunate

解答 11 D 12 B 13 C 14 B 15 B

UNIT 8

0211 humid [hjúːmid] 形	0212 path [pǽθ] 名	0213 memorize [méməràiz] 動
0214 recent [ríːsnt] 形	0215 happen [hǽpn] 動	0216 humorous [hjúːmərəs] 形
0217 parcel [páːrsl] 名	0218 quiet [kwáiət] 形	0219 serve [sə́ːrv] 動
0220 intention [inténʃən] 名	0221 worldwide [wə́ːrldwáid] 形	0222 vacation [veikéiʃən] 名
0223 hurt [hə́ːrt] 動	0224 session [séʃən] 名	0225 cheerful [tʃíərfl] 形

湿った 形	小道 名	暗記する 動
最近の 形	起こる 動	こっけいな 形
小包 名	静かな 形	仕える 動
意図 名	世界的な 形	休暇 名
傷つける 動	会合 名	陽気な 形

#	英単語	発音	品詞	意味
0226	politician	[pàlətíʃən]	名	政治家
0227	mention	[ménʃən]	動	言及する
0228	worth	[wə́ːrθ]	名/形	価値 / 価値がある
0229	brief	[bríːf]	形	簡潔な
0230	pause	[pɔ́ːz]	名	中断
0231	quit	[kwít]	動	やめる
0232	accountant	[əkáuntənt]	名	会計士
0233	wrap	[rǽp]	動	包装する
0234	average	[ǽvəridʒ]	名	平均
0235	chemical	[kémikl]	形	化学の
0236	idea	[aidíːə]	名	考え
0237	broad	[brɔ́ːd]	形	広い
0238	practice	[prǽktis]	動/名	練習 / 練習する
0239	drug	[drʌ́g]	名	薬
0240	available	[əvéiləbl]	形	利用可能な

Exercise 8 UNIT 8

STEP 1 　見出し語の英単語と同じ意味を持つ日本語を選びなさい。

1 humid
A 湿った　　B 世界的な　　C 化学の　　D 最近の

2 path
A 中断　　B 小道　　C 会計士　　D 価値

3 memorize
A 仕える　　B 購入する　　C 暗記する　　D 包装する

4 recent
A 化学の　　B 最近の　　C 湿った　　D 静かな

5 quiet
A 静かな　　B 化学の　　C 利用可能な　　D 最近の

6 serve
A 繰り返す　　B 暗記する　　C 包装する　　D 仕える

7 worldwide
A 最近の　　B 湿った　　C 世界的な　　D 利用可能な

8 politician
A 平均　　B 政治家　　C 小道　　D 会計士

9 worth
A 価値　　B 平均　　C 政治家　　D 小道

10 pause
A 政治家　　B 中断　　C 価値　　D 会計士

11 accountant
A 会計士　　B 価値　　C 中断　　D 平均

12 wrap
A 暗記する　　B 貼る　　C 仕える　　D 包装する

13 average
A 政治家　　B 小道　　C 平均　　D 中断

14 chemical
A 世界的な　　B 静かな　　C 利用可能な　　D 化学の

15 available
A 湿った　　B 利用可能な　　C 世界的な　　D 静かな

解答　1 A　2 B　3 C　4 B　5 A　6 D　7 C　8 B　9 A　10 B　11 A　12 D　13 C　14 D　15 B

Exercise 8 UNIT 8

STEP 2 日本文を参考にして下線部に入れるのに最適な単語を選びなさい。

1 If anything bad should _____ , let me know.
万が一何か悪いことが起こったら教えてください。
- A happen
- B retire
- C follow
- D spill

2 The conclusion of his speech was quite _____ .
彼の話の結論はとても面白かった(こっけいでした)。
- A brief
- B quiet
- C accurate
- D humorous

3 Someone handed in this _____ this morning.
誰かが今朝この小包を手渡しました。
- A parcel
- B idea
- C drug
- D summary

4 Jennifer had no _____ of spending the rest of her life working as a waitress.
ジェニファーは人生の残りをウエイトレスとして過ごすつもり(意図)はありませんでした。
- A practice
- B vacation
- C intention
- D path

5 My coworker _____ that your corporation may be able to help us.
あなたの会社が私たちに手を貸してくれる可能性があると同僚が言って(言及して)いました。
- A promised
- B demanded
- C broadcasted
- D mentioned

解答 1 A 2 D 3 A 4 C 5 D

Exercise 8 UNIT 8

6 There was no opportunity for us to have even a _____ chat.
私たちにはちょっとした(簡潔な)おしゃべりをする機会もありませんでした。
A brief   B cheerful
C humorous   D recent

7 It isn't my intention to _____ your feelings.
あなたの感情を傷つけることは私の意図ではありません。
A mention   B memorize
C hurt   D wrap

8 I will be on _____ during the first two weeks of August.
8月の最初の2週間は休暇をとっています。
A session   B automobile
C standard   D vacation

9 Why do you want to _____ your job, Mr. White?
ホワイトさん、なぜあなたは現在の仕事を辞めたいのですか。
A serve   B quit
C memorize   D mention

10 Does anyone have a good _____ ?
誰か良い考えがある人はいますか。
A idea   B memory
C topic   D action

解答 6 A 7 C 8 D 9 B 10 A

11 You can expect a _____ range of job opportunities both in this country and overseas.

あなたは国内と海外の両方の広い範囲で仕事の機会を期待できます。

A brief　　　　　　　　　B broad
C secondary　　　　　　　D political

12 Learning a foreign language requires continual _____ .

外国語を学ぶには継続した練習が必要です。

A intention　　　　　　　B idea
C value　　　　　　　　　D practice

13 We will hold a special training _____ for area representatives on Friday.

金曜日に地域代表のための特別養成会議(会合)を開催します。

A reason　　　　　　　　B favor
C session　　　　　　　　D area

14 Our manager is _____ and energetic.

私たちのマネージャーは陽気でエネルギッシュです。

A honest　　　　　　　　B cheerful
C polite　　　　　　　　　D unusual

15 This _____ is now used worldwide for the treatment of lung cancer.

現在この薬は肺がんの治療薬として世界中で使われています。

A drug　　　　　　　　　B wallet
C memory　　　　　　　　D secret

解答　11 B　12 D　13 C　14 B　15 A

Exercise 7 UNIT 7 CD 2-7

STEP 3 CDを聞きながら内容を確認してください。

1 I am looking for new **challenges** in the field of bridge design and highway engineering.

2 Mr. Brown is a superb **mechanic**.

3 I have decided to **accept** an offer from another company.

4 I would like to thank you for your prompt **reply**.

5 My wife was involved in a serious automobile **accident**.

6 I'd like to **borrow** a book for the weekend.

7 Will you **lend** me some money?

8 It is **evident** that smoking is not good for our health.

9 The news **spread** quickly all over the world.

10 Canada has **huge** reserves of oil, coal, and natural gas.

11 The secretary will confirm the flight 24 hours before **departure**.

12 I am very **thirsty**; so, I want to drink something cold.

13 I am enclosing the airline tickets, which you **requested** several days ago.

14 We will hold meetings in the **auditorium** at 9:00 a.m.

15 To prevent catching a cold, a person should follow **normal** health rules and avoid people who have colds.

Exercise 8 UNIT 8

1. If anything bad should **happen**, let me know.

2. The conclusion of his speech was quite **humorous**.

3. Someone handed in this **parcel** this morning.

4. Jennifer had no **intention** of spending the rest of her life working as a waitress.

5. My coworker **mentioned** that your corporation may be able to help us.

6. There was no opportunity for us to have even a **brief** chat.

7. It isn't my intention to **hurt** your feelings.

8. I will be on **vacation** during the first two weeks of August.

9. Why do you want to **quit** your job, Mr. White?

10. Does anyone have a good **idea**?

11. You can expect a **broad** range of job opportunities both in this country and overseas.

12. Learning a foreign language requires continual **practice**.

13. We will hold a special training **session** for area representatives on Friday.

14. Our manager is **cheerful** and energetic.

15. This **drug** is now used worldwide for the treatment of lung cancer.

UNIT 9

0241 動 **praise** [préiz]	0242 形 **important** [impɔ́ːrtənt]	0243 名 **payment** [péimənt]
0244 動 **announce** [ənáuns]	0245 名 **survey** [sə́ːrvei]	0246 形 **exciting** [iksáitiŋ]
0247 名動 **share** [ʃéər]	0248 名 **youngster** [jʌ́ŋstər]	0249 動 **annoy** [ənɔ́i]
0250 形 **accurate** [ǽkjərət]	0251 名 **choice** [tʃɔ́is]	0252 動 **broadcast** [brɔ́ːdkæst]
0253 名 **ability** [əbíləti]	0254 動 **prefer** [prifə́ːr]	0255 名 **brochure** [brouʃúər]
動 ほめる	形 大切な	名 支払い
動 発表する	名 調査	形 刺激的な
動 共有する 名 分け前	名 若者	動 困らせる
形 正確な	名 選択	動 放送する
名 能力	動 好む	名 パンフレット

0256 形 **flat** [flǽt]	0257 名 **executive** [igzékjətiv]	0258 動 **belong** [bilɔ́(ː)ŋ]
0259 名 **interview** [íntərvjùː]	0260 形 **occasional** [əkéiʒənl]	0261 名 **dust** [dÁst]
0262 名 **microscope** [máikrəskòup]	0263 動 **exhibit** [igzíbit]	0264 名 **vehicle** [víːəkl]
0265 動 **retire** [ritáiər]	0266 名 **mineral** [mínərəl]	0267 形 **active** [ǽktiv]
0268 名 **flood** [flÁd]	0269 動 **invent** [invént]	0270 名 **exit** [éksit] [égzit]
形 平らな	名 重役	動 所属する
名 面接	形 時折の	名 ほこり
名 顕微鏡	動 展示する	名 乗り物
動 退職する	名 鉱物	形 活発な
名 洪水	動 発明する	名 出口

Exercise 9 UNIT 9

STEP 1 見出し語の英単語と同じ意味を持つ日本語を選びなさい。

1 praise
A 展示する　　B 暗記する　　C ほめる　　D 発表する

2 important
A 平らな　　B 時折の　　C 正確な　　D 大切な

3 payment
A 支払い　　B 鉱物　　C ほこり　　D 顕微鏡

4 announce
A ほめる　　B 発表する　　C 仕える　　D 展示する

5 youngster
A 顕微鏡　　B 支払い　　C 若者　　D 鉱物

6 accurate
A 時折の　　B 正確な　　C 大切な　　D 平らな

7 ability
A 能力　　B 若者　　C 鉱物　　D 支払い

8 flat
A 平らな　　B 大切な　　C 正確な　　D 時折の

9 occasional
A 大切な　　B 時折の　　C 平らな　　D 正確な

10 dust
A 出口　　B 能力　　C ほこり　　D 乗り物

11 microscope
A 若者　　B 出口　　C 能力　　D 顕微鏡

12 exhibit
A 発表する　　B 包装する　　C 展示する　　D ほめる

13 vehicle
A 出口　　B 乗り物　　C 支払い　　D 能力

14 mineral
A 鉱物　　B ほこり　　C 顕微鏡　　D 乗り物

15 exit
A 出口　　B 乗り物　　C ほこり　　D 若者

解答　1 C　2 D　3 A　4 B　5 C　6 B　7 A　8 A　9 B　10 C　11 D　12 C　13 B　14 A　15 A

Exercise 9 UNIT 9

STEP 2 日本文を参考にして下線部に入れるのに最適な単語を選びなさい。

1 _____ indicate that Americans have returned to the movies as a form of family entertainment.
調査によると、家族の娯楽の形態として、アメリカ人が映画に戻ったことを示しています。
- A Payments
- B Choices
- C Interviews
- D Surveys

2 Far from being bored, I had a(n) _____ time.
退屈などころか、私はわくわくするような（刺激的な）時間を過ごしました。
- A humid
- B exciting
- C accurate
- D unusual

3 There is only one bathroom, so I have to _____ it with the others.
バスルームは1つしかないので他の人と共有しなくてはなりません。
- A praise
- B announce
- C share
- D exhibit

4 His noisy neighbors often _____ him.
そうぞうしい隣人はしばしば彼を困らせます。
- A annoy
- B protect
- C accept
- D polish

5 Betty was fortunate in her _____ of a husband.
ベティーは夫の選択に関しては幸運でした。
- A reason
- B position
- C choice
- D alarm

解答 1 D 2 B 3 C 4 A 5 C

Exercise 9 UNIT 9

6 The result of the election was _____ by the TV station.
選挙の結果はテレビで**放送されました**。
- A understood
- B repeated
- C memorized
- D broadcasted

7 I _____ baseball to football in my childhood.
子供の頃私はフットボールより野球が**好きでした**。
- A preferred
- B acquired
- C spent
- D entered

8 Mrs. Green can effectively communicate with _____ .
グリーンさんは**重役**と効果的に話をするのがうまいです。
- A experts
- B executives
- C customers
- D foreigners

9 Mr. Wright _____ at the age of sixty and led a quiet life in his native town.
生まれ故郷で静かな生活を送るためにライト氏は60歳で**退職**しました。
- A promoted
- B retired
- C served
- D inquired

10 The president played a(n) _____ part during his administration.
その社長は自分が経営者の時に**活発な**役割を果たしました。
- A important
- B normal
- C active
- D occasional

解答 6 D 7 A 8 B 9 B 10 C

11 Dams prevent _____ .
ダムは**洪水**を防ぎます。
A dusts B floods
C vehicles D surveys

12 Graham Bell _____ the telephone in 1876.
1876年にグラハム・ベルは電話を**発明しました**。
A invented B shared
C broadcasted D preferred

13 The _____ you created for us was a huge success.
あなたが私たちのために作ってくれた**パンフレット**は大変な成功でした。
A brochure B vehicle
C mineral D exit

14 American workers _____ trade unions.
アメリカ人労働者は労働組合に**所属しています**。
A invent B annoy
C prefer D belong to

15 I will call next Monday to see if I can schedule _____ .
面接の予定が入れられるかどうか次の月曜日に電話をします。
A a survey B a package
C an interview D a trip

解答 11 B 12 A 13 A 14 D 15 C

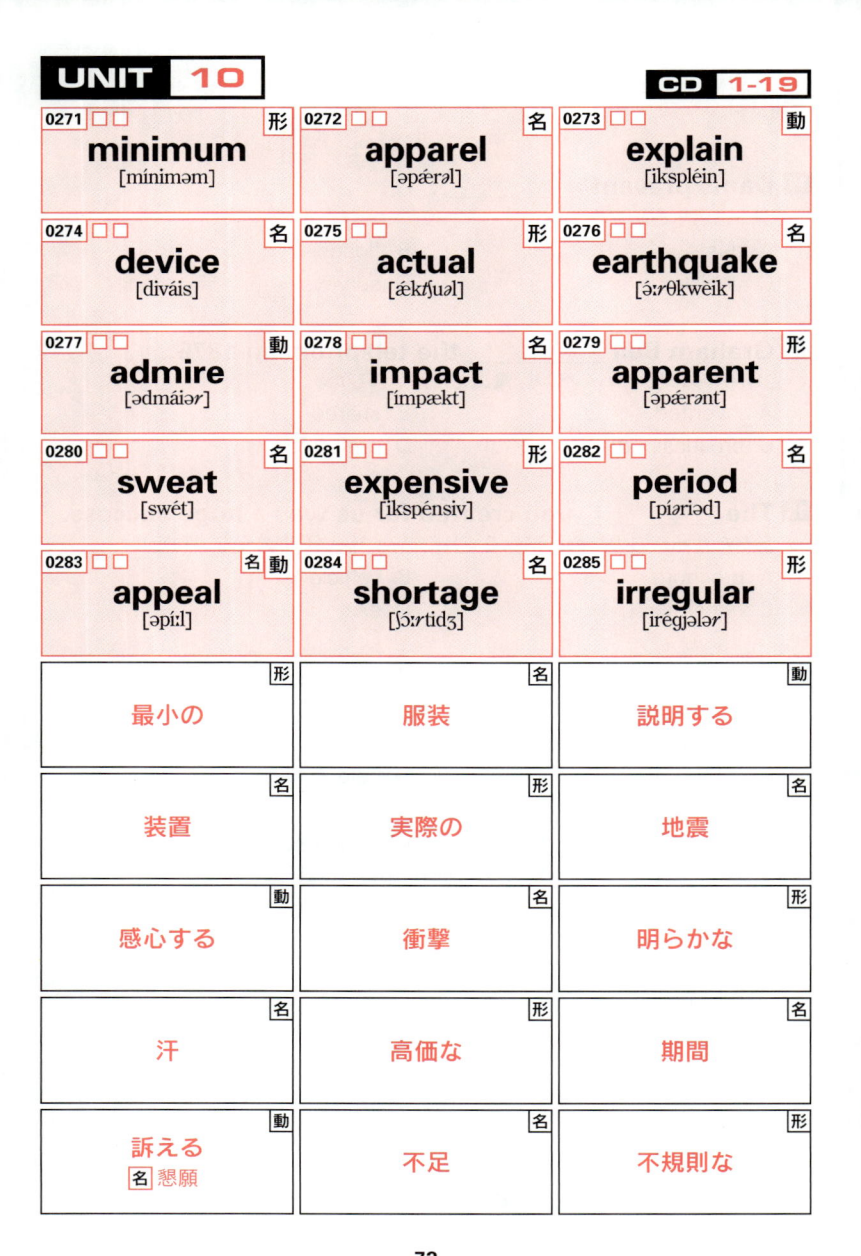

UNIT 10

0271	minimum [mínəməm]	形	最小の
0272	apparel [əpǽrəl]	名	服装
0273	explain [ikspléin]	動	説明する
0274	device [diváis]	名	装置
0275	actual [ǽktʃuəl]	形	実際の
0276	earthquake [ə́:rθkwèik]	名	地震
0277	admire [ədmáiər]	動	感心する
0278	impact [ímpækt]	名	衝撃
0279	apparent [əpǽrənt]	形	明らかな
0280	sweat [swét]	名	汗
0281	expensive [ikspénsiv]	形	高価な
0282	period [píəriəd]	名	期間
0283	appeal [əpíːl]	名 動	訴える / 名 懇願
0284	shortage [ʃɔ́ːrtidʒ]	名	不足
0285	irregular [irégjələr]	形	不規則な

0286 miracle [mírəkl] 名	0287 perfect [pə́ːrfikt] 形	0288 pressure [préʃər] 名
0289 dislike [disláik] 動	0290 experience [ikspíəriəns] 名	0291 impolite [impəláit] 形
0292 cure [kjúər] 名	0293 arrival [əráivl] 名	0294 add [ǽd] 動
0295 experiment [ikspérəmənt] 名	0296 ideal [aidíːəl] 形	0297 receipt [risíːt] 名
0298 import [impɔ́ːrt] 名動	0299 grain [gréin] 名	0300 permanent [pə́ːrmənənt] 形
奇跡 名	完全な 形	圧力 名
嫌う 動	経験 名	無礼な 形
治療法 名	到着 名	加える 動
実験 名	理想的な 形	領収書 名
輸入する 動 / 名 輸入	穀物 名	永久的な 形

Exercise 10 UNIT 10

STEP 1 見出し語の英単語と同じ意味を持つ日本語を選びなさい。

1 apparent
A 永久的な　　B 無礼な　　C 明らかな　　D 実際の

2 sweat
A 装置　　B 圧力　　C 奇跡　　D 汗

3 irregular
A 明らかな　　B 不規則な　　C 実際の　　D 最小の

4 miracle
A 奇跡　　B 装置　　C 汗　　D 圧力

5 pressure
A 汗　　B 圧力　　C 装置　　D 奇跡

6 dislike
A 輸入する　　B 訴える　　C 嫌う　　D 説明する

7 impolite
A 不規則な　　B 永久的な　　C 明らかな　　D 無礼な

8 import
A 加える　　B 説明する　　C 輸入する　　D 嫌う

9 permanent
A 最小の　　B 明らかな　　C 永久的な　　D 不規則な

10 minimum
A 不規則な　　B 最小の　　C 永久的な　　D 無礼な

11 explain
A 説明する　　B 嫌う　　C 加える　　D 訴える

12 device
A 圧力　　B 奇跡　　C 装置　　D 汗

13 actual
A 不規則な　　B 無礼な　　C 実際の　　D 最小の

14 appeal
A 輸入する　　B 訴える　　C 説明する　　D 加える

15 add
A 加える　　B 輸入する　　C 嫌う　　D 訴える

解答　1 C　2 D　3 B　4 A　5 B　6 C　7 D　8 C　9 C　10 B　11 A　12 C　13 C　14 B　15 A

Exercise 10 UNIT 10

STEP 2 日本文を参考にして下線部に入れるのに最適な単語を選びなさい。

1 The severe weather had a significant _____ on sales.
厳しい天候は売り上げに重大な衝撃を与えました。
- A shortage
- B experiment
- C period
- D impact

2 Not much money is spent on preparing for _____.
地震の備えにはそれほど多くのお金は使われていません。
- A floods
- B accidents
- C earthquakes
- D ceremonies

3 It is very _____ to stay in that hotel.
あのホテルは宿泊費が高いです。
- A cheap
- B expensive
- C normal
- D evident

4 The machine is in almost _____ condition.
この機械はほぼ完全な状態です。
- A perfect
- B terrible
- C available
- D active

5 I am sure that your training and _____ in these areas will help us tremendously.
これらの分野でのあなたのトレーニングと経験は私たちの大変な助けになります。
- A sweat
- B experience
- C pressure
- D language

解答 1 D 2 C 3 B 4 A 5 B

Exercise 10 UNIT 10

6 We cannot guarantee the punctual _____ of the train in this foggy weather.
この霧の天候では電車の定刻の到着は保障できません。
A arrival　　　　　　　　B period
C device　　　　　　　　D shortage

7 We think you are the _____ person to take on these responsibilities.
これらの責務を行うのにあなたは理想的な人だと私たちは考えます。
A irregular　　　　　　　B actual
C ideal　　　　　　　　　D honest

8 Will you kindly send me a _____ for the refrigerator I bought yesterday?
昨日買った冷蔵庫の領収書を送っていただけませんか。
A brochure　　　　　　　B cure
C policy　　　　　　　　D receipt

9 I _____ your skill as a public speaker.
あなたの演説家としての技術に感心しています。
A protect　　　　　　　　B provide
C admire　　　　　　　　D inquire

10 Physicists conduct _____ and then think of a theory that explains the results.
物理学者は実験を行い、その結果を説明するための理論を考えます。
A experiments　　　　　B devices
C miracles　　　　　　　D experiences

解答　6 A　7 C　8 D　9 C　10 A

11 Americans eat lots of wheat, oats, rye, and other _____ .
アメリカ人は小麦、オートムギ、ライムギやその他の**穀物**をたくさん食べます。
- A receipts
- B vegetables
- C minerals
- D grains

12 My subscription is for a(n) _____ of one year.
私の予約購読**期間**は1年です。
- A future
- B period
- C district
- D example

13 Scientists are constantly working to understand the causes of diseases and find possible _____ .
科学者は病気の原因を理解し、可能な**治療法**を見つけるために常に働いています。
- A backgrounds
- B experiences
- C cures
- D miracles

14 Despite a(n) _____ of steel, industrial output has increased by five per cent.
鋼鉄の**不足**にもかかわらず、工業生産高は5％上昇しました。
- A pressure
- B choice
- C exit
- D shortage

15 My boss always _____ to his employees to work hard.
私の上司は従業員に一生懸命働くように常に**訴えます**。
- A appeals
- B promises
- C complains
- D announces

解答　11 D　12 B　13 C　14 D　15 A

Exercise 9 UNIT 9 CD 2-9

STEP 3 CDを聞きながら内容を確認してください。

1 **Surveys** indicate that Americans have returned to the movies as a form of family entertainment.

2 Far from being bored, I had an **exciting** time.

3 There is only one bathroom, so I have to **share** it with the others.

4 His noisy neighbors often **annoy** him.

5 Betty was fortunate in her **choice** of a husband.

6 The result of the election was **broadcasted** by the TV station.

7 I **preferred** baseball to football in my childhood.

8 Mrs. Green can effectively communicate with **executives**.

9 Mr. Wright **retired** at the age of sixty and led a quiet life in his native town.

10 The president played an **active** part during his administration.

11 Dams prevent **floods**.

12 Graham Bell **invented** the telephone in 1876.

13 The **brochure** you created for us was a huge success.

14 American workers **belong to** trade unions.

15 I will call next Monday to see if I can schedule an **interview**.

Exercise 10 UNIT 10

1 The severe weather had a significant **impact** on sales.

2 Not much money is spent on preparing for **earthquakes**.

3 It is very **expensive** to stay in that hotel.

4 The machine is in almost **perfect** condition.

5 I am sure that your training and **experience** in these areas will help us tremendously.

6 We cannot guarantee the punctual **arrival** of the train in this foggy weather.

7 We think you are the **ideal** person to take on these responsibilities.

8 Will you kindly send me a **receipt** for the refrigerator I bought yesterday?

9 I **admire** your skill as a public speaker.

10 Physicists conduct **experiments** and then think of a theory that explains the results.

11 Americans eat lots of wheat, oats, rye, and other **grains**.

12 My subscription is for a **period** of one year.

13 Scientists are constantly working to understand the causes of diseases and find possible **cures**.

14 Despite a **shortage** of steel, industrial output has increased by five per cent.

15 My boss always **appeals** to his employees to work hard.

1語1秒！リズムで覚える1200語②

LEVEL 2

必修基礎レベル2

TOEIC 500点を目標にする人が確実に覚えたい単語

300語 (0301-0600)

- **1語1秒！リズムで覚える**
  UNIT 11〜20

- **解いて覚える**
  STEP 1 日本語問題
  STEP 2 英語問題

- **聴いて理解する**
  STEP 3 リスニング例文
  Exercise 11〜20

UNIT 11

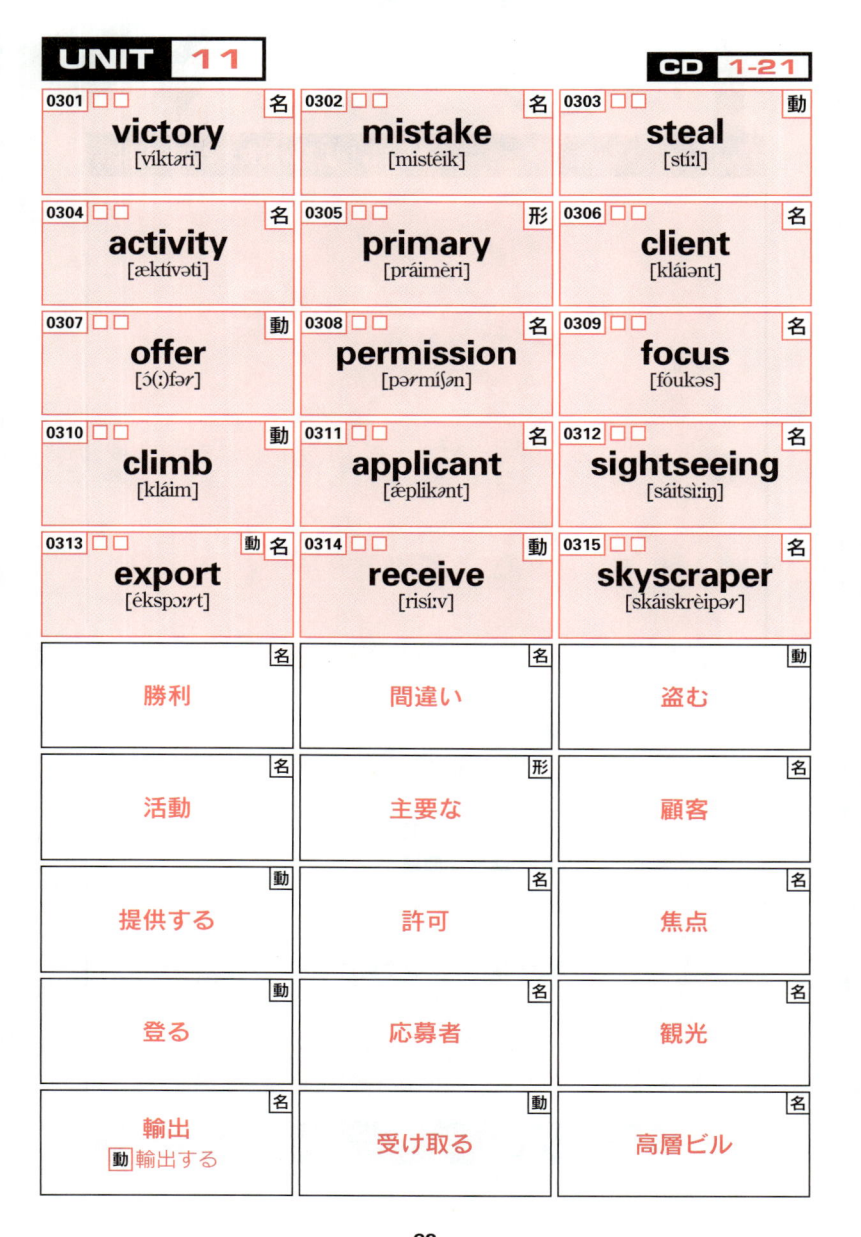

0301 victory [víktəri] 名	0302 mistake [mistéik] 名	0303 steal [stíːl] 動
0304 activity [æktívəti] 名	0305 primary [práimèri] 形	0306 client [kláiənt] 名
0307 offer [ɔ́(ː)fər] 動	0308 permission [pərmíʃən] 名	0309 focus [fóukəs] 名
0310 climb [kláim] 動	0311 applicant [ǽplikənt] 名	0312 sightseeing [sáitsiːiŋ] 名
0313 export [ékspɔːrt] 動 名	0314 receive [risíːv] 動	0315 skyscraper [skáiskrèipər] 名
勝利 名	間違い 名	盗む 動
活動 名	主要な 形	顧客 名
提供する 動	許可 名	焦点 名
登る 動	応募者 名	観光 名
輸出 名 / 動 輸出する	受け取る 動	高層ビル 名

0316	**climate** [kláimət] 名	気候
0317	**constant** [kánstənt] 形	一定の
0318	**basis** [béisis] 名	基礎
0319	**fold** [fóuld] 動	折りたたむ
0320	**greeting** [gríːtiŋ] 名	あいさつ
0321	**omit** [oumít] 動	省略する
0322	**risk** [rísk] 名	危険
0323	**agree** [əgríː] 動	同意する
0324	**pride** [práid] 名	誇り
0325	**consume** [kəns(j)úːm] 動	消費する
0326	**impossible** [impásəbl] 形	不可能な
0327	**loss** [lɔ́(ː)s] 名	損失
0328	**construct** [kənstrʌ́kt] 動	建設する
0329	**lottery** [látəri] 名	宝くじ
0330	**receptionist** [risépʃənist] 名	応接係

Exercise 11 UNIT 11

STEP 1 見出し語の英単語と同じ意味を持つ日本語を選びなさい。

1 victory
A 活動　　B 応募者　　C 勝利　　D 輸出

2 mistake
A あいさつ　　B 勝利　　C 観光　　D 間違い

3 steal
A 折りたたむ　　B 盗む　　C 登る　　D 建設する

4 activity
A 活動　　B あいさつ　　C 勝利　　D 応募者

5 primary
A 一定の　　B 主要な　　C 無礼な　　D 永久的な

6 focus
A 危険　　B 間違い　　C 焦点　　D 観光

7 climb
A 建設する　　B 折りたたむ　　C 盗む　　D 登る

8 applicant
A 勝利　　B 焦点　　C 応募者　　D 危険

9 sightseeing
A 輸出　　B 観光　　C 危険　　D 間違い

10 export
A 焦点　　B あいさつ　　C 輸出　　D 観光

11 constant
A 明らかな　　B 不規則な　　C 主要な　　D 一定の

12 fold
A 盗む　　B 建設する　　C 登る　　D 折りたたむ

13 greeting
A 間違い　　B 輸出　　C 活動　　D あいさつ

14 risk
A 応募者　　B 焦点　　C 危険　　D 活動

15 construct
A 登る　　B 建設する　　C 盗む　　D 折りたたむ

解答　1C　2D　3B　4A　5B　6C　7D　8C　9B　10C　11D　12D　13D　14C　15B

Exercise 11 UNIT 11

STEP 2 日本文を参考にして下線部に入れるのに最適な単語を選びなさい。

1 Lawyers give legal advice to their _____ .
弁護士は顧客に対し法律に関するアドバイスをします。
- A representatives
- B passengers
- C clients
- D employers

2 This copy machine _____ one of the highest ratings.
このコピー機はもっとも高い評価の1つを受けました。
- A received
- B promised
- C published
- D invented

3 Efficient workers _____ sensible advice and practical solutions.
有能は働き手はもっともなアドバイスと実際的な解決法を提供します。
- A follow
- B omit
- C construct
- D offer

4 Employees need _____ from the Accounting Section to work overtime.
従業員は残業をする際には経理部門からの許可が必要です。
- A focus
- B permission
- C activity
- D victory

5 Chicago was the first city to build _____ .
シカゴは高層ビルを建てた最初の町でした。
- A skyscrapers
- B spaces
- C corridors
- D documents

解答 1 C 2 A 3 D 4 B 5 A

Exercise 11 UNIT 11

6 New Mexico is noted for its dry, sunny _____ .
ニューメキシコ州は乾燥した、晴れの多い気候で知られています。
A food   B traffic
C climate   D district

7 It's _____ to tell the difference between the original and the copy.
オリジナルとコピーの違いを述べるのは不可能です。
A difficult   B important
C unusual   D impossible

8 The important information was _____ from the invoice when it was typed in our offices.
事務所でタイプをした時、送り状から重要な情報が落ちて(省略されて)いました。
A omitted   B stolen
C solved   D exported

9 The transportation industry _____ about one third of the aluminum produced in the United States.
輸送産業はアメリカで産出されるアルミの約3分の1を消費します。
A consumes   B invents
C divides   D mentions

10 Ted sometimes forms an opinion which I don't _____ with.
テッドは時々私には同意できない考えを持ちます。
A agree   B assist
C inquire   D provide

解答 6 C 7 D 8 A 9 A 10 A

11 We will make up for the _____ .

私たちはその損失を埋め合わせなくてはなりません。

A lottery　　　　　　　　B risk
C climate　　　　　　　　D loss

12 The _____ will give you a visitor's tag.

応接係があなたに訪問者用名札をお渡しします。

A client　　　　　　　　B customer
C lawyer　　　　　　　　D receptionist

13 Our company takes _____ in meeting its production schedules.

私たちの会社は生産スケジュールに間に合わせることに誇りを持っています。

A future　　　　　　　　B pride
C permission　　　　　　D focus

14 Rates for moving freight are charged on the _____ of distance and quantity shipped.

貨物輸送料金は、距離と輸送される荷物の量を基準（基礎）として請求されます。

A activity　　　　　　　B mistake
C sightseeing　　　　　　D basis

15 What would you do if you won ten million dollars in the _____ ?

宝くじで1,000万ドル当たったらどうしますか。

A market　　　　　　　　B lottery
C factory　　　　　　　　D policy

解答　11 D　12 D　13 B　14 D　15 B

UNIT 12

0331	stir	[stə́ːr]	動	かき回す
0332	jewel	[dʒúːəl]	名	宝石
0333	follow	[fɑ́lou]	動	従う
0334	advantage	[ədvǽntidʒ]	名	利点（利益）
0335	recommend	[rèkəménd]	動	薦める（推薦する）
0336	journal	[dʒə́ːrnl]	名	雑誌
0337	foreign	[fɔ́ːrən]	形	外国の
0338	approach	[əpróutʃ]	名 動	近づく／名 接近
0339	dirty	[də́ːrti]	形	汚い
0340	consumer	[kənsúːmər]	名	消費者
0341	beforehand	[bifɔ́ːrhænd]	副	前もって
0342	storage	[stɔ́ːridʒ]	名	貯蔵
0343	consult	[kənsʌ́lt]	動	相談する
0344	approve	[əprúːv]	動	承認する
0345	transportation	[trænspərtéiʃən]	名	交通機関

0346 pharmacy [fáːrməsi] 名	0347 visual [víʒuəl] 形	0348 admit [ədmít] 動
0349 opportunity [ὰpərt(j)úːnəti] 名	0350 cancel [kǽnsəl] 名/動	0351 luggage [lʌ́gidʒ] 名
0352 believe [bilíːv] 動	0353 moment [móumənt] 名	0354 contain [kəntéin] 動
0355 trend [trénd] 名	0356 appoint [əpɔ́int] 動	0357 formal [fɔ́ːrməl] 形
0358 stranger [stréindʒər] 名	0359 prize [práiz] 名	0360 talented [tǽləntid] 形
薬局 名	視覚の 形	認める 動
機会 名	取り消す 動 / 名 取り消し	荷物 名
信じる 動	瞬間 名	含む 動
傾向 名	指名する 動	公式の 形
他人 名	賞金 名	才能のある 形

Exercise 12 UNIT 12

STEP 1　見出し語の英単語と同じ意味を持つ日本語を選びなさい。

1 stir
A かき回す　　B 含む　　C 相談する　　D 近づく

2 journal
A 薬局　　B 雑誌　　C 瞬間　　D 傾向

3 approach
A 近づく　　B かき回す　　C 信じる　　D 含む

4 dirty
A 視覚の　　B 公式の　　C 汚い　　D 才能のある

5 consult
A 指名する　　B 信じる　　C かき回す　　D 相談する

6 pharmacy
A 賞金　　B 傾向　　C 薬局　　D 雑誌

7 visual
A 才能のある　　B 視覚の　　C 公式の　　D 汚い

8 believe
A 信じる　　B 近づく　　C 相談する　　D 指名する

9 moment
A 雑誌　　B 瞬間　　C 薬局　　D 賞金

10 contain
A 指名する　　B 相談する　　C 含む　　D 近づく

11 trend
A 薬局　　B 賞金　　C 瞬間　　D 傾向

12 appoint
A 含む　　B 指名する　　C 信じる　　D かき回す

13 formal
A 公式の　　B 汚い　　C 視覚の　　D 才能のある

14 prize
A 傾向　　B 賞金　　C 雑誌　　D 瞬間

15 talented
A 汚い　　B 公式の　　C 才能のある　　D 視覚の

解答　1 A　2 B　3 A　4 C　5 D　6 C　7 B　8 A　9 B　10 C　11 D　12 B　13 A　14 B　15 C

Exercise 12 UNIT 12

STEP 2 日本文を参考にして下線部に入れるのに最適な単語を選びなさい。

1 This _____ appears costly.
その**宝石**は高価に見えます。
A luggage
B trend
C jewel
D opportunity

2 If she had _____ his advice at that time, she would be happy now.
あのとき彼女が彼の忠告に**従っていれば**、今頃彼女は幸せであるはずなのに。
A exported
B introduced
C followed
D memorized

3 Biotechnology will offer great _____ to the whole world.
バイオテクノロジーは全世界に大変な**恩恵(利点)**を与えることができます。
A trends
B markets
C fees
D advantages

4 _____ hope that more effort will be made to lower prices.
消費者は価格を引き下げるための更なる努力を希望しています。
A Receptionists
B Consumers
C Employers
D Employees

5 We _____ that you consider a different plan.
あなたが前とは異なった計画を立てることを**お薦めします**。
A recommend
B feel
C promise
D believe

解答 1 C 2 C 3 D 4 B 5 A

Exercise 12 UNIT 12

6 My basement serves as a _____ area.
私の家の地下室は貯蔵所の役割をしています。
A transportation B population
C health D storage

7 Some people collect old coins or _____ stamps.
古いコインや外国の切手を収集している人がいます。
A foreign B dirty
C visual D formal

8 The peace treaty will be _____ by the government.
平和条約は政府によって承認されるでしょう。
A consulted B canceled
C approved D appointed

9 The two girls are so alike that _____ find it hard to tell one from the other.
2人の女の子はとてもよく似ているので他人には2人を区別するのが難しいでしょう。
A citizens B strangers
C partners D journalists

10 Angry passengers complained about lost _____ .
紛失した荷物について怒った乗客は文句を言いました。
A luggage B prize
C opportunity D moment

解答 6 D 7 A 8 C 9 B 10 A

11. I had to _____ my trip because of the strike.
ストライキがあったので私は旅行を**取り消し**しなくてはなりませんでした。

A request　　　　　　　　B assist
C cancel　　　　　　　　 D approve

12. Thank you again for this exciting _____ . I am anxious to begin work.
このようなすばらしい**機会**をありがとうございました。私はすぐにでも仕事を始めたい気持ちで一杯です。

A opportunity　　　　　　B advantage
C package　　　　　　　 D luggage

13. Technology has improved and expanded communication and _____ systems.
科学技術は通信システムと**交通（機関）**システムを改善し拡張しました。

A storage　　　　　　　　B transportat on
C policy　　　　　　　　 D assistance

14. I _____ having stolen the money.
私はお金を盗んだことを**認めます**。

A conclude　　　　　　　 B demand
C admit　　　　　　　　　D discover

15. If John had discussed the plans with Linda _____ , he would not have upset her.
もしジョーンが**前もって**その計画についてリンダと話をしていれば、彼女をびっくりさせることはなかったでしょうに。

A together　　　　　　　 B beforehand
C alone　　　　　　　　　D soon

解答　11 C　12 A　13 B　14 C　15 B

Exercise 11 UNIT 11　CD 2-11

STEP 3　CDを聞きながら内容を確認してください。

1 Lawyers give legal advice to their **clients**.

2 This copy machine **received** one of the highest ratings.

3 Efficient workers **offer** sensible advice and practical solutions.

4 Employees need **permission** from the Accounting Section to work overtime.

5 Chicago was the first city to build **skyscrapers**.

6 New Mexico is noted for its dry, sunny **climate.**

7 It's **impossible** to tell the difference between the original and the copy.

8 The important information was **omitted** from the invoice when it was typed in our offices.

9 The transportation industry **consumes** about one third of the aluminum produced in the United States.

10 Ted sometimes forms an opinion which I don't **agree** with.

11 We will make up for the **loss**.

12 The **receptionist** will give you a visitor's tag.

13 Our company takes **pride** in meeting its production schedules.

14 Rates for moving freight are charged on the **basis** of distance and quantity shipped.

15 What would you do if you won ten million dollars in the **lottery**?

Exercise 12 UNIT 12

1. This **jewel** appears costly.

2. If she had **followed** his advice at that time, she would be happy now.

3. Biotechnology will offer great **advantages** to the whole world.

4. **Consumers** hope that more effort will be made to lower prices.

5. We **recommend** that you consider a different plan.

6. My basement serves as a **storage** area.

7. Some people collect old coins or **foreign** stamps.

8. The peace treaty will be **approved** by the government.

9. The two girls are so alike that **strangers** find it hard to tell one from the other.

10. Angry passengers complained about lost **luggage**.

11. I had to **cancel** my trip because of the strike.

12. Thank you again for this exciting **opportunity**. I am anxious to begin work.

13. Technology has improved and expanded communication and **transportation** systems.

14. I **admit** having stolen the money.

15. If John had discussed the plans with Linda **beforehand**, he would not have upset her.

UNIT 13

#	英単語	発音	品詞	意味
0361	strange	[stréindʒ]	形	奇妙な
0362	belongings	[bilɔ́(:)ŋiŋz]	名	所持品
0363	contact	[kɑ́ntækt]	名 動	連絡する / 名 接触
0364	target	[tɑ́ːrgət]	名	目標
0365	temperature	[témpərtʃər]	名	温度
0366	deadline	[dédlàin]	名	締め切り
0367	decide	[disáid]	動	決定する
0368	judgment	[dʒʌ́dʒmənt]	名	判断
0369	task	[tǽsk]	名	仕事
0370	advertise	[ǽdvərtàiz]	動	宣伝する
0371	compete	[kəmpíːt]	動	競争する
0372	habit	[hǽbit]	名	習慣
0373	arrest	[ərést]	名 動	逮捕する / 名 逮捕
0374	strength	[stréŋkθ]	名	強さ
0375	fact	[fǽkt]	名	事実

0376 vote [vóut] 名 動	0377 status [stéitəs] 名	0378 entertainment [èntərtéinmənt] 名
0379 slightly [sláitli] 副	0380 trouble [trʌ́bl] 名	0381 machinery [məʃíːnəri] 名
0382 discover [diskʌ́vər] 動	0383 muscle [mʌ́sl] 名	0384 reform [rifɔ́ːrm] 動 名
0385 trust [trʌ́st] 名 動	0386 beverage [bévəridʒ] 名	0387 obstacle [ɑ́bstəkl] 名
0388 occur [əkə́ːr] 動	0389 voyage [vɔ́idʒ] 名	0390 organization [ɔ̀ːrɡənəzéiʃən] 名
投票する 動 / 名 投票	地位 名	娯楽 名
わずかに 副	迷惑 名	機械 名
発見する 動	筋肉 名	改革 名 / 動 改革する
信頼する 動 / 名 信頼	飲み物 名	障害 名
起こる 動	航海 名	組織 名

Exercise 13 UNIT 13

STEP 1 見出し語の英単語と同じ意味を持つ日本語を選びなさい。

1 strange
A 汚い B 奇妙な C 視覚の D 公式の

2 target
A 目標 B 強さ C 改革 D 筋肉

3 temperature
A 娯楽 B 障害 C 温度 D 地位

4 compete
A 起こる B かき回す C 投票する D 競争する

5 strength
A 改革 B 目標 C 強さ D 航海

6 vote
A 投票する B 競争する C 近づく D 起こる

7 status
A 障害 B 地位 C 筋肉 D 温度

8 entertainment
A 組織 B 障害 C 娯楽 D 目標

9 slightly
A 一緒に B 本当に C 再び D わずかに

10 muscle
A 筋肉 B 温度 C 組織 D 航海

11 reform
A 航海 B 改革 C 地位 D 強さ

12 obstacle
A 障害 B 目標 C 娯楽 D 組織

13 occur
A 相談する B 投票する C 起こる D 競争する

14 voyage
A 娯楽 B 強さ C 筋肉 D 航海

15 organization
A 改革 B 温度 C 組織 D 地位

解答 1 B 2 A 3 C 4 D 5 C 6 A 7 B 8 C 9 D 10 A 11 B 12 A 13 C 14 D 15 C

Exercise 13 UNIT 13

STEP 2 日本文を参考にして下線部に入れるのに最適な単語を選びなさい。

1 We will keep your resume on file and _____ you as soon as an opportunity arises.
私たちはあなたの履歴書をファイルに保存しておき、機会があった際にはすぐに連絡をします。
A decide　　　　　　　　　B arrest
C trust　　　　　　　　　　D contact

2 Despite all his efforts, he could not turn in the assignment by the _____ .
努力したのにもかかわらず彼は締め切りまでにその課題を提出できませんでした。
A target　　　　　　　　　B fact
C deadline　　　　　　　　D voyage

3 David _____ to turn over his business to his son.
デビッドは息子に自分の事業を引き渡すことに決めました。
A promised　　　　　　　 B decided
C requested　　　　　　　D mentioned

4 The situation calls for a sound _____ .
その状況は私たちの健全な判断を求めています。
A judgment　　　　　　　 B habit
C reform　　　　　　　　　D policy

5 We have to work quickly to complete the _____ by tomorrow.
明日までに仕事を終えるために急いで働かなくてはなりません。
A fact　　　　　　　　　　B task
C deadline　　　　　　　　D status

解答　1 D　2 C　3 B　4 A　5 B

Exercise 13 UNIT 13

6 Publishers _____ books and distribute them through bookstores.
出版社は本を**宣伝し**、書店を通じて流通させます。
A discover B introduce
C advertise D provide

7 I'm sorry to give you all this _____ .
このような**迷惑**をおかけしてすみません。
A deadline B status
C trouble D slowdown

8 John's drinking _____ brought him to an early death.
ジョーンの飲酒の**習慣**が彼を早死にさせました。
A advice B standard
C ceremony D habit

9 The police _____ the man for murder.
警察はその男を殺人罪で**逮捕しました**。
A trusted B contacted
C arrested D advertised

10 His failure to grasp the _____ caused a lot of trouble.
彼が**事実**を把握しそこなったことが多くの問題を引き起こしました。
A fact B deadline
C entertainment D error

解答 6 C 7 C 8 D 9 C 10 A

11 I've lost some of my _____ .
私は**所持品**のいくつかをなくしました。
- A positions
- B belongings
- C obstacles
- D muscles

12 You should not _____ that new employee too much.
あなたは新しい従業員をあまり**信頼し**すぎてはいけません。
- A advertise
- B trust
- C hurt
- D assist

13 We use _____ to avoid hard physical labor.
私たちはきつい肉体労働を避けるために**機械**を使います。
- A machinery
- B automobiles
- C experts
- D foreigners

14 Our manager went over the plan again and _____ one serious mistake.
マネージャーはその計画をもう一度見直し、重大な誤りを**発見しました**。
- A annoyed
- B arrested
- C repeated
- D discovered

15 They drank alcoholic _____ in the office.
彼らは事務所で**アルコール飲料（飲物）**を飲みました。
- A protein
- B juice
- C beverages
- D water

解答　11 B　12 B　13 A　14 D　15 C

UNIT 14

0391 comfortable [kʌ́mftəbl] 形	0392 wage [wéidʒ] 名	0393 encourage [enkə́:ridʒ] 動
0394 decade [dékeid] 名	0395 safety [séifti] 名	0396 discuss [diskʌ́s] 動
0397 individual [ìndəvídʒuəl] 名	0398 enclose [enklóuz] 動	0399 landmark [lǽndmàːrk] 名
0400 career [kəríər] 名	0401 outdoors [àutdɔ́ːrz] 副	0402 disease [dizíːz] 名
0403 comment [kάment] 名	0404 handle [hǽndl] 動	0405 region [ríːdʒən] 名
快適な 形	賃金 名	励ます 動
10年 名	安全 名	議論する 動
個人 名	同封する 動	目印 名
経歴 名	戸外で 副	病気 名
意見 名	扱う 動	地区 名

0406	**careless** [kéərləs] 形	不注意な
0407	**warehouse** [wéərhàus] 名	倉庫
0408	**satellite** [sǽtəlàit] 名	衛星
0409	**commercial** [kəmə́ːrʃl] 形	商業の
0410	**regret** [rigrét] 名 動	後悔する / 名 後悔
0411	**warn** [wɔ́ːrn] 動	警告する
0412	**agency** [éidʒənsi] 名	代理店
0413	**decorate** [dékərèit] 動	飾る
0414	**biography** [baiágrəfi] 名	伝記
0415	**typical** [típikl] 形	典型的な
0416	**movement** [múːvmənt] 名	運動
0417	**society** [səsáiəti] 名	社会
0418	**decrease** [dìːkríːs] 名 動	減少する / 名 減少
0419	**waste** [wéist] 動 名	浪費 / 動 浪費する
0420	**soldier** [sóuldʒər] 名	兵士

Exercise 14 UNIT 14

STEP 1 　見出し語の英単語と同じ意味を持つ日本語を選びなさい。

1 comfortable
A 快適な　　　B 商業の　　　C 典型的な　　　D 不注意な

2 encourage
A 飾る　　　B 励ます　　　C 後悔する　　　D 競争する

3 landmark
A 社会　　　B 倉庫　　　C 目印　　　D 兵士

4 outdoors
A わずかに　　　B 再び　　　C 戸外で　　　D じきに

5 region
A 伝記　　　B 目印　　　C 地区　　　D 社会

6 careless
A 商業の　　　B 不注意な　　　C 快適な　　　D 典型的な

7 warehouse
A 倉庫　　　B 兵士　　　C 伝記　　　D 衛星

8 satellite
A 衛星　　　B 社会　　　C 地区　　　D 兵士

9 commercial
A 典型的な　　　B 商業の　　　C 不注意な　　　D 快適な

10 regret
A 投票する　　　B 飾る　　　C 励ます　　　D 後悔する

11 decorate
A 後悔する　　　B 起こる　　　C 飾る　　　D 励ます

12 biography
A 地区　　　B 伝記　　　C 倉庫　　　D 目印

13 typical
A 典型的な　　　B 快適な　　　C 商業の　　　D 不注意な

14 society
A 伝記　　　B 社会　　　C 衛星　　　D 地区

15 soldier
A 倉庫　　　B 衛星　　　C 目印　　　D 兵士

解答　1 A　2 B　3 C　4 C　5 C　6 B　7 A　8 A　9 B　10 D　11 C　12 B　13 A　14 B　15 D

Exercise 14 UNIT 14

STEP 2 日本文を参考にして下線部に入れるのに最適な単語を選びなさい。

1 The average _____ in this country is $800 per month.
この国の平均**賃金**は月800ドルです。
- A task
- B wage
- C trouble
- D obstacle

2 The small country has achieved an economic miracle for the past _____ .
この小さな国は過去**10年**で経済的奇跡を成し遂げました。
- A decade
- B action
- C favor
- D war

3 The new _____ rules came into force.
新しい**安全**規則が施行されました。
- A union
- B safety
- C policy
- D expert

4 I have _____ the information you requested about my hobbies and interests.
貴社が求めていた私の趣味と関心のあるものについての情報を**同封しました**。
- A memorized
- B announced
- C enclosed
- D praised

5 We should not _____ the problem over the phone.
私たちは電話でこの問題を**議論する**べきではありません。
- A discuss
- B publish
- C broadcast
- D exhibit

解答 1 B 2 A 3 B 4 C 5 A

Exercise 14 UNIT 14

6 Poor living conditions can cause _____ .
粗末な生活状況は**病気**を引き起こします。
- A medicines
- B values
- C wastes
- D diseases

7 My doctor keeps _____ me not to eat too much.
医者は私に食べすぎないように**警告し**続けています。
- A encouraging
- B warning
- C enclosing
- D decorating

8 You _____ everything as I would have done myself.
私が自分でやったらこうしたであろうようにあなたはすべてを**扱いました**。
- A greeted
- B memorized
- C handled
- D admired

9 We always appreciate customer _____ .
私たちはいつでも顧客の**意見**をありがたいと思います。
- A comments
- B renewals
- C purposes
- D attires

10 The large advertising _____ has as many as a thousand employees.
大きな広告**代理店**には何千人という従業員がいます。
- A executive
- B audience
- C union
- D agency

解答 6 D 7 B 8 C 9 A 10 D

11 The number of traffic accidents in the city is _____ .
その町の交通事故の数は**減少しています**。
- A increasing
- B climbing
- C discouraging
- D decreasing

12 No _____ has exactly the same concepts as another person.
他の人と全く同じ考え方をする**(個)人**はいません。
- A intention
- B individual
- C solider
- D politician

13 Elizabeth devoted her life to the equal rights _____ for women.
エリザベスは女性のための平等権**運動**のために自分の生涯を捧げました。
- A movement
- B accident
- C comment
- D permission

14 Please accept our best wishes for further success in your _____ .
あなたの**経歴**に更なる成功を祈っております。
- A career
- B individual
- C region
- D society

15 It is a _____ of time to search for the wallet you lost.
紛失した財布を捜すのは時間の**無駄(浪費)**です。
- A safety
- B session
- C waste
- D arrival

解答 11 D 12 B 13 A 14 A 15 C

Exercise 13 UNIT 13   CD 2-13

STEP 3 CDを聞きながら内容を確認してください。

1. We will keep your resume on file and **contact** you as soon as an opportunity arises.

2. Despite all his efforts, he could not turn in the assignment by the **deadline**.

3. David **decided** to turn over his business to his son.

4. The situation calls for a sound **judgment**.

5. We have to work quickly to complete the **task** by tomorrow.

6. Publishers **advertise** books and distribute them through bookstores.

7. I'm sorry to give you all this **trouble**.

8. John's drinking **habit** brought him to an early death.

9. The police **arrested** the man for murder.

10. His failure to grasp the **fact** caused a lot of trouble.

11. I've lost some of my **belongings**.

12. You should not **trust** that new employee too much.

13. We use **machinery** to avoid hard physical labor.

14. Our manager went over the plan again and **discovered** one serious mistake.

15. They drank alcoholic **beverages** in the office.

Exercise 14 UNIT 14 CD 2-14

1 The average **wage** in this country is $800 per month.

2 The small country has achieved an economic miracle for the past **decade**.

3 The new **safety** rules came into force.

4 I have **enclosed** the information you requested about my hobbies and interests.

5 We should not **discuss** the problem over the phone.

6 Poor living conditions can cause **diseases**.

7 My doctor keeps **warning** me not to eat too much.

8 You **handled** everything as I would have done myself.

9 We always appreciate customer **comments**.

10 The large advertising **agency** has as many as a thousand employees.

11 The number of traffic accidents in the city is **decreasing**.

12 No **individual** has exactly the same concepts as another person.

13 Elizabeth devoted her life to the equal rights **movement** for women.

14 Please accept our best wishes for further success in your **career**.

15 It is a **waste** of time to search for the wallet you lost.

UNIT 15

0421 profession [prəféʃən] 名	0422 harmful [hɑ́ːrmfl] 形	0423 conversation [kɑ̀nvərséiʃən] 名
0424 enlarge [enlɑ́ːrdʒ] 動	0425 ordinary [ɔ́ːrdənèri] 形	0426 wealthy [wélθi] 形
0427 cashier [kæʃíər] 名	0428 assignment [əsáinmənt] 名	0429 scientific [sàiəntífik] 形
0430 information [ìnfərméiʃən] 名	0431 manual [mǽnjuəl] 名	0432 achieve [ətʃíːv] 動
0433 fuel [fjúːəl] 名	0434 absurd [əbsə́ːrd] 形	0435 aid [éid] 名
職業 名	有害な 形	会話 名
拡大する 動	普通の 形	裕福な 形
レジ係 名	課題 名	科学的な 形
情報 名	案内書（手引書） 名	達成する 動
燃料 名	愚かな 形	援助 名

0436 proper [prápər] 形	0437 distance [dístəns] 名	0438 charming [tʃá:rmiŋ] 形
0439 compare [kəmpéər] 動	0440 companion [kəmpǽnjən] 名	0441 search [sə́:rtʃ] 名 動
0442 bold [bóuld] 形	0443 fashionable [fǽʃənəbl] 形	0444 undertake [ʌ̀ndərtéik] 動
0445 garbage [gá:rbidʒ] 名	0446 global [glóubl] 形	0447 blood [blʌ́d] 名
0448 define [difáin] 動	0449 souvenir [sù:vəníər] 名	0450 commuter [kəmjú:tər] 名

適切な 形	距離 名	魅力的な 形
比較する 動	仲間 名	捜索する 動　名 捜索
大胆な 形	流行の 形	引き受ける 動
ごみ 名	世界的な 形	血 名
定義する 動	みやげ 名	通勤者 名

Exercise 15 UNIT 15

STEP 1 見出し語の英単語と同じ意味を持つ日本語を選びなさい。

1 profession
A 情報　　B 援助　　C 職業　　D 距離

2 enlarge
A 捜索する　　B 拡大する　　C 達成する　　D 励ます

3 ordinary
A 普通の　　B 裕福な　　C 科学的な　　D 魅力的な

4 wealthy
A 科学的な　　B 裕福な　　C 普通の　　D 流行の

5 cashier
A 職業　　B 血　　C レジ係　　D 情報

6 scientific
A 魅力的な　　B 普通の　　C 流行の　　D 科学的な

7 information
A レジ係　　B 情報　　C 血　　D 距離

8 achieve
A 達成する　　B 捜索する　　C 後悔する　　D 拡大する

9 aid
A 通勤者　　B 血　　C 援助　　D 職業

10 distance
A 援助　　B 距離　　C レジ係　　D 通勤者

11 charming
A 流行の　　B 裕福な　　C 普通の　　D 魅力的な

12 search
A 飾る　　B 拡大する　　C 捜索する　　D 達成する

13 fashionable
A 流行の　　B 科学的な　　C 魅力的な　　D 裕福な

14 blood
A 血　　B 職業　　C 通勤者　　D 距離

15 commuter
A 情報　　B 通勤者　　C レジ係　　D 援助

解答　1 C　2 B　3 A　4 B　5 C　6 D　7 B　8 A　9 C　10 B　11 D　12 C　13 A　14 A　15 B

Exercise 15 UNIT 15

STEP 2 日本文を参考にして下線部に入れるのに最適な単語を選びなさい。

1 Excessive drinking is _____ to health.
お酒の飲みすぎは健康には**有害です**。
- A harmful
- B cheerful
- C absurd
- D proper

2 They brought home a beautiful glass vase as a _____ of their holiday in Venice.
ベニスでの彼らの休暇の**みやげ**としてきれいなガラス製の花瓶を家に持ち帰りました。
- A manual
- B souvenir
- C companion
- D purpose

3 Casual _____ are a useful way of making friends with the other people in your office.
普段の**会話**は事務所の他の人と友達になる有益な方法です。
- A distances
- B experiences
- C conversations
- D advantages

4 The deadline of the _____ is October 10.
その**課題**の締切は10月10日です。
- A brochure
- B document
- C device
- D assignment

5 During the 19th century, coal was the world's most important _____ .
19世紀には石炭は世界で最も重要な**燃料**でした。
- A grains
- B activity
- C fuel
- D opportunity

解答 1 A 2 B 3 C 4 D 5 C

Exercise 15 UNIT 15

6 A(n) _____ diet is important to maintain good health.
適切な食事はよい健康を保つのに重要です。
- A absurd
- B scientific
- C charming
- D proper

7 These issues should be discussed on a(n) _____ basis.
これらの問題は世界的規模で討議されるべきです。
- A bold
- B wealthy
- C global
- D ordinary

8 They cleaned up the _____ in the park.
彼らは公園のごみを清掃しました。
- A manual
- B garbage
- C souvenir
- D beverage

9 We should _____ the task.
私たちはその仕事を引き受けるべきです。
- A undertake
- B enlarge
- C compare
- D define

10 I know you can handle a larger number of transactions than your _____ .
あなたが同僚(仲間)よりもたくさんの契約を扱うことができることを私は知っています。
- A consumers
- B companions
- C clients
- D manager

解答 6 D 7 C 8 B 9 A 10 B

11 We have to stop this _____ war.
私たちはこの愚かな戦争をやめなくてはなりません。
A humorous	B active
C apparent	D absurd

12 The _____ explains the basic operation of the CD player.
その案内書はCDプレーヤーの基本的な操作を説明しています。
A beverage	B activity
C manual	D assignment

13 You'd better _____ this computer with others before you decide which one to buy.
このコンピューターを買う前に他のものと比較したほうがいいですよ。
A divide	B share
C compare	D achieve

14 Paul was _____ enough to take the initiative in the new enterprise.
ポールは大胆にもその新しい事業計画を先導することになりました。
A impolite	B bold
C absurd	D wealthy

15 Some words are hard to _____ because they have many different uses.
単語によっては多くの異なった意味があって定義するのが難しいものがあります。
A define	B handle
C invent	D mention

解答　11 D　12 C　13 C　14 B　15 A

UNIT 16

0451 **agenda** [ədʒéndə] 名	0452 **informal** [infɔ́ːrml] 形	0453 **suburb** [sʌ́bəːrb] 名
0454 **intermediate** [ìntərmíːdiət] 形	0455 **furnish** [fə́ːrniʃ] 動	0456 **fault** [fɔ́ːlt] 名
0457 **cordial** [kɔ́ːrdʒəl] 形	0458 **secondhand** [sékəndhǽnd] 形	0459 **inhabitant** [inhǽbətənt] 名
0460 **attract** [ətrǽkt] 動	0461 **athlete** [ǽθliːt] 名	0462 **obtain** [əbtéin] 動
0463 **competent** [kámpətnt] 形	0464 **celebrate** [séləbrèit] 動	0465 **grocery** [gróusəri] 名
議題 名	非公式の 形	郊外 名
中間の 形	供給する 動	欠点 名
心からの 形	中古の 形	住民 名
惹きつける 動	運動選手 名	手に入れる 動
有能な 形	祝う 動	食料品店 名

0466 **suffer** [sʌ́fər] 動	0467 **remarkable** [rimáːrkəbl] 形	0468 **alien** [éiliən] 名
0469 **specific** [spəsífik] 形	0470 **delay** [diléi] 名	0471 **sufficient** [səfíʃənt] 形
0472 **latest** [léitist] 形	0473 **fund** [fʌ́nd] 名	0474 **suitable** [súːtəbl] 形
0475 **delete** [dilíːt] 動	0476 **territory** [térətɔ̀ːri] 名	0477 **parallel** [pǽrəlèl] 形
0478 **divorce** [divɔ́ːrs] 動名	0479 **sector** [séktər] 名	0480 **reluctant** [rilʌ́ktənt] 形
苦しむ 動	注目すべき 形	外国人 名
特定の 形	遅れ 名	十分な 形
最近の 形	基金 名	適している 形
削除する 動	領域 名	平行な 形
離婚 名 / 動 離婚する	部門 名	不承不承の 形

CD 1-32 0451-0480／1200

レベル 2

Exercise 16 UNIT 16

STEP 1 見出し語の英単語と同じ意味を持つ日本語を選びなさい。

1 informal
A 非公式の B 特定の C 不承不承の D 注目すべき

2 intermediate
A 不承不承の B 非公式の C 中間の D 平行な

3 furnish
A 拡大する B 抗議する C 捜索する D 供給する

4 secondhand
A 平行な B 中古の C 非公式の D 中間の

5 inhabitant
A 住民 B 運動選手 C 領域 D 食料品店

6 protest
A 供給する B 励ます C 抗議する D 達成する

7 athlete
A 食料品店 B 領域 C 部門 D 運動選手

8 grocery
A 外国人 B 部門 C 食料品店 D 住民

9 remarkable
A 注目すべき B 中間の C 中古の D 非公式の

10 alien
A 住民 B 外国人 C 領域 D 部門

11 specific
A 不承不承の B 中古の C 特定の D 中間の

12 territory
A 運動選手 B 食料品店 C 外国人 D 領域

13 parallel
A 平行な B 特定の C 注目すべき D 中古の

14 sector
A 外国人 B 部門 C 運動選手 D 住民

15 reluctant
A 不承不承の B 平行な C 特定の D 注目すべき

解答 1 A 2 C 3 D 4 B 5 A 6 C 7 D 8 C 9 A 10 B 11 C 12 D 13 A 14 B 15 A

Exercise 16 UNIT 16

STEP 2 日本文を参考にして下線部に入れるのに最適な単語を選びなさい。

1 Most people prefer to build homes in the _____ .
多くの人々は**郊外**に家を建てることを好みます。
- A distance
- B territory
- C suburbs
- D grocery

2 Dr. Wilson is a very _____ doctor.
ウイルソン博士はとても**有能な**医師です。
- A competent
- B ordinary
- C latest
- D reluctant

3 I have asked Mr. Brown to put this matter on the _____ .
私はブラウン氏にこの件を**議題**にするように頼みました。
- A innovation
- B agenda
- C fault
- D assignment

4 I want to thank you for the _____ reception you gave me yesterday.
昨日のあなたの**心からの**歓待にお礼を述べたいのです。
- A absurd
- B informal
- C strange
- D cordial

5 Mr. Martin is totally aware of his own _____ as well as virtues.
マーチン氏は自分の長所と共に**欠点**もよくわかっています。
- A faults
- B comments
- C blood
- D manuals

解答 1 C 2 A 3 B 4 D 5 A

Exercise 16 UNIT 16

6 There are some kinds of information that we cannot _____ without help.
援助なしには**手に入れる**ことのできないような情報が存在します。
A regret   B define
C attract   D obtain

7 To _____ the event, we are offering a 20% discount on all merchandise that we have in stock.
その行事を**祝う**ために私たちは在庫の全商品を20％引きで提供しています。
A furnish   B celebrate
C define   D delete

8 The strike has caused _____ throughout the trucking industry.
ストライキはトラック輸送業界に**遅れ**を引き起こしました。
A diseases   B aids
C delays   D divorces

9 Mr. Jones has been _____ from slight headaches for a few months.
ここ数ヶ月ジョーンズさんは軽い頭痛に**苦しんでいます**。
A deleting   B obtaining
C undertaking   D suffering

10 The developing country does not have _____ natural resources.
開発途上国は**十分な**天然資源を持っていません。
A cordial   B parallel
C sufficient   D remarkable

解答 6 D 7 B 8 C 9 D 10 C

11 Britain has the highest _____ rate in Europe.
イギリスはヨーロッパで離婚率が一番高い。
- A fund
- B divorce
- C commuter
- D sector

12 In this age of information, it is vital to get access to the _____ news around the world.
この情報の時代では世界の最新情報を手に入れることが大切です。
- A latest
- B intermediate
- C competent
- D informal

13 _____ open space for recreation is hard to find in cities.
都会でリクレーションのための適切な広い場所を見つけるのは難しい。
- A Parallel
- B Global
- C Suitable
- D Typical

14 The organization now provides _____ for children's education and health care across the world.
その財団は現在世界中の子供たちのための教育、健康維持のための基金を提供しています。
- A funds
- B commuters
- C athletes
- D biographies

15 All computerized records will be _____ after five years.
すべてのコンピューター化された記録は5年後に削除されます。
- A celebrated
- B furnished
- C obtained
- D deleted

解答 11 B 12 A 13 C 14 A 15 D

Exercise 15 UNIT 15

STEP 3 CDを聞きながら内容を確認してください。

1 Excessive drinking is **harmful** to health.

2 They brought home a beautiful glass vase as a **souvenir** of their holiday in Venice.

3 Casual **conversations** are a useful way of making friends with the other people in your office.

4 The deadline of the **assignment** is October 10.

5 During the 19th century, coal was the world's most important **fuel**.

6 A **proper** diet is important to maintain good health.

7 These issues should be discussed on a **global** basis.

8 They cleaned up the **garbage** in the park.

9 We should **undertake** the task.

10 I know you can handle a larger number of transactions than your **companions**.

11 We have to stop this **absurd** war.

12 The **manual** explains the basic operation of the CD player.

13 You'd better **compare** this computer with others before you decide which one to buy.

14 Paul was **bold** enough to take the initiative in the new enterprise.

15 Some words are hard to **define** because they have many different uses.

Exercise 16 UNIT 16

1 Most people prefer to build homes in the **suburbs**.

2 Dr. Wilson is a very **competent** doctor.

3 I have asked Mr. Brown to put this matter on the **agenda**.

4 I want to thank you for the **cordial** reception you gave me yesterday.

5 Mr. Martin is totally aware of his own **faults** as well as virtues.

6 There are some kinds of information that we cannot **obtain** without help.

7 To **celebrate** the event, we are offering a 20% discount on all merchandise that we have in stock.

8 The strike has caused **delays** throughout the trucking industry.

9 Mr. Jones has been **suffering** from slight headaches for a few months.

10 The developing country does not have **sufficient** natural resources.

11 Britain has the highest **divorce** rate in Europe.

12 In this age of information, it is vital to get access to the **latest** news around the world.

13 **Suitable** open space for recreation is hard to find in cities.

14 The organization now provides **funds** for children's education and health care across the world.

15 All computerized records will be **deleted** after five years.

UNIT 17

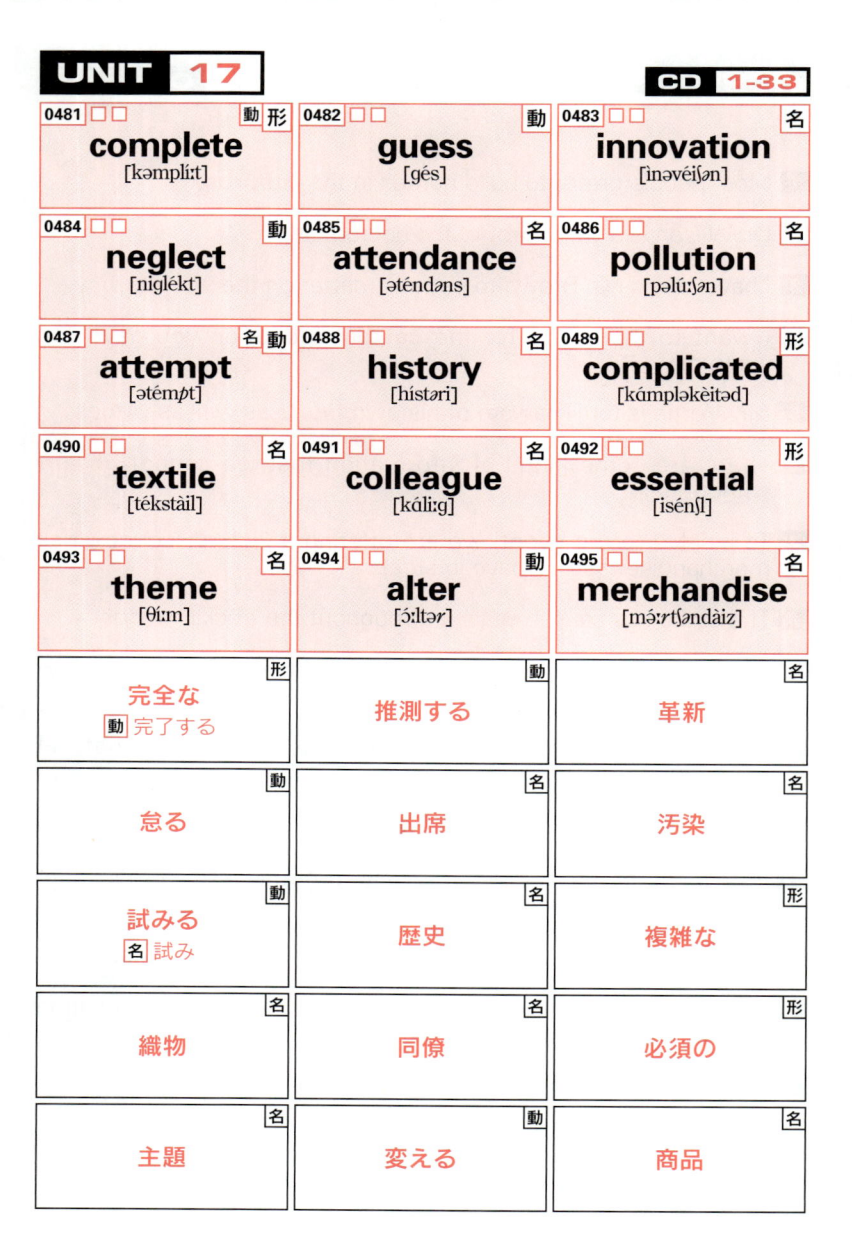

0481 complete [kəmplíːt] 動/形	0482 guess [gés] 動	0483 innovation [ìnəvéiʃən] 名
0484 neglect [niglékt] 動	0485 attendance [əténdəns] 名	0486 pollution [pəlúːʃən] 名
0487 attempt [ətémpt] 名/動	0488 history [hístəri] 名	0489 complicated [kámpləkèitəd] 形
0490 textile [tékstàil] 名	0491 colleague [káliːg] 名	0492 essential [isénʃl] 形
0493 theme [θíːm] 名	0494 alter [ɔ́ːltər] 動	0495 merchandise [məːrtʃəndàiz] 名
完全な [形] / 完了する [動]	推測する [動]	革新 [名]
怠る [動]	出席 [名]	汚染 [名]
試みる [動] / 試み [名]	歴史 [名]	複雑な [形]
織物 [名]	同僚 [名]	必須の [形]
主題 [名]	変える [動]	商品 [名]

0496 **insist** [insíst] 動	0497 **certificate** [sərtífikət] 名	0493 **spill** [spíl] 動
0499 **border** [bɔ́ːrdər] 名	0500 **nervous** [nə́ːrvəs] 形	0501 **publication** [pʌ̀blikéiʃən] 名
0502 **participate** [pɑːrtísəpèit] 動	0503 **attitude** [ǽtət(j)ùːd] 名	0504 **absolutely** [ǽbsəlùːtli] 副
0505 **establish** [istǽbliʃ] 動	0506 **council** [káunsl] 名	0507 **particularly** [pərtíkjələrli] 副
0508 **inspection** [inspékʃən] 名	0509 **neutral** [n(j)úːtrl] 形	0510 **estimate** [éstəmèit] 名 動
主張する 動	証明書 名	こぼす 動
国境線 名	不安な(緊張して) 形	出版 名
参加する 動	態度 名	絶対に 副
設立する 動	議会 名	特に 副
検査 名	中立の 形	見積もる 動 / 名 見積もり

レベル2

Exercise 17 UNIT 17

STEP 1 見出し語の英単語と同じ意味を持つ日本語を選びなさい。

1 innovation
A 織物　　B 国境線　　C 革新　　D 歴史

2 pollution
A 革新　　B 汚染　　C 出版　　D 主題

3 attempt
A 試みる　　B 供給する　　C 抗議する　　D こぼす

4 history
A 主題　　B 歴史　　C 議会　　D 汚染

5 textile
A 歴史　　B 証明書　　C 織物　　D 出版

6 essential
A 必須の　　B 非公式の　　C 中間の　　D 中立の

7 theme
A 国境線　　B 革新　　C 議会　　D 主題

8 certificate
A 汚染　　B 織物　　C 証明書　　D 議会

9 spill
A 抗議する　　B こぼす　　C 試みる　　D 供給する

10 border
A 出版　　B 証明書　　C 国境線　　D 革新

11 publication
A 主題　　B 国境線　　C 汚染　　D 出版

12 absolutely
A 一緒に　　B じきに　　C 絶対に　　D 戸外で

13 council
A 歴史　　B 議会　　C 織物　　D 証明書

14 particularly
A 特に　　B わずかに　　C 本当に　　D 再び

15 neutral
A 中古の　　B 中立の　　C 必須の　　D 注目すべき

解答　1 C　2 B　3 A　4 B　5 C　6 A　7 D　8 C　9 B　10 C　11 D　12 C　13 B　14 A　15 B

Exercise 17 UNIT 17

STEP 2 日本文を参考にして下線部に入れるのに最適な単語を選びなさい。

1 You are required to maintain a good _____ record.
あなたは良い**出席**記録を維持する必要があります。
- A pollution
- B attendance
- C inspection
- D attitude

2 _____ information on Europe's road signs is available from motor organizations.
ヨーロッパの道路標識についての**完全な**情報は自動車協会のものを利用できます。
- A Complicated
- B Complete
- C Essential
- D Nervous

3 Joseph tried to _____ how much money had been stolen.
ジョセフはどのくらいの金額のお金が盗まれたのかを**推測して**みました。
- A insist on
- B establish
- C guess
- D spill

4 Bank notes have _____ designs to make copying difficult.
お札は複製するのが難しいように**複雑な**デザインでできています。
- A neutral
- B essential
- C complicated
- D secondhand

5 There are many people who assert their rights but _____ their duties.
権利を主張しても義務を**怠る**という人がたくさんいます。
- A neglect
- B attempt
- C establish
- D estimate

解答 1B 2B 3C 4C 5A

Exercise 17 UNIT 17

6 **You should be frank and open with your _____ .**
あなたは**同僚**に対しては率直で隠しごとをしないようにすべきです。
- A commuters
- B colleagues
- C athletes
- D aliens

7 **Occasional fires rapidly _____ the forest's appearance.**
頻繁な火事が森の様子を急速に**変えました**。
- A defined
- B regretted
- C altered
- D decorated

8 **We want to _____ three more information centers in the state.**
私たちは州内にあと3つ情報センターを**設立し**たいのです。
- A estimate
- B establish
- C celebrate
- D compare

9 **I don't care for his _____ . He criticizes almost everyone.**
私は彼の**態度**が気に入りません。ほとんどすべての人を批判するからです。
- A publication
- B merchandise
- C attendance
- D attitude

10 **We should make careful regular quality _____ .**
私たちは品質の慎重な定期**検査**を行うべきです。
- A innovations
- B attendance
- C inspections
- D history

解答 6 B 7 C 8 B 9 D 10 C

11 Karen wanted to purchase _____ from a mail-order company.

カレンはメールで注文できる会社で**商品**を買いたいと思っていました。

A agenda B merchandise
C territory D souvenirs

12 I am always _____ when I have to give a speech.

演説をするときには私はいつも**あがってしまいます(不安です)**。

A nervous B reluctant
C complete D fashionable

13 We were planning to _____ the speech contest.

私たちはスピーチコンテストに**参加する**予定です。

A participate in B insist on
C attempt D alter

14 I wanted to go home but my friend _____ going to see the movies.

私は家に帰りたかったのですが、友達は映画を見に行くことを**主張しました**。

A participated in B neglected
C established D insisted on

15 It is _____ that the damage is around $40,000.

損害は約4万ドルと**見積もられています**。

A regretted B defined
C estimated D undertaker

解答 11 B 12 A 13 A 14 D 15 C

UNIT 18

0511 名 **theory** [θíːəri]	0512 動 **donate** [dóuneit]	0513 名 **comprehension** [kàmprihénʃən]
0514 動 **bother** [báðər]	0515 動名 **lack** [lǽk]	0516 名動 **protest** [prətést]
0517 名 **demonstration** [dèmənstréiʃən]	0518 動 **deny** [dinái]	0519 形 **attractive** [ətrǽktiv]
0520 名 **spirit** [spírət]	0521 動 **accelerate** [əksélərèit]	0522 名 **replica** [réplikə]
0523 動 **withdraw** [wiðdrɔ́ː]	0524 形 **doubtful** [dáutfl]	0525 名 **shorthand** [ʃɔ́ːrthænd]
名 理論	動 寄付する	名 理解
動 悩ます	名 欠乏 動 不足(欠乏)する	動 抗議する 名 抗議
名 実演	動 否定する	形 魅力のある
名 精神	動 加速する	名 複製品
動 (貯金を)引き出す	形 疑わしい	名 速記

0526 gather [gǽðər] 動	0527 urban [ə́ːrbn] 形	0528 auction [ɔ́ːkʃən] 名
0529 urge [ə́ːrdʒ] 動	0530 fiction [fíkʃən] 名	0531 evaluate [ivǽljuèit] 動
0532 qualification [kwàləfikéiʃən] 名	0533 worthless [wə́ːrθləs] 形	0534 evidence [évidns] 名
0535 accidentally [æ̀ksədéntəli] 副	0536 possession [pəzéʃən] 名	0537 conceal [kənsíːl] 動
0538 representative [rèprizéntətiv] 名	0539 instruct [instrʌ́kt] 動	0540 spoil [spɔ́il] 動
集める 動	都会の 形	競売 名
促す 動	作り話 名	評価する 動
資格 名	価値のない 形	証拠 名
偶然に 副	所有 名	隠す 動
代表者 名	教える 動	台無しにする 動

Exercise 18 UNIT 18

STEP 1 見出し語の英単語と同じ意味を持つ日本語を選びなさい。

1 donate
A 引きつける B 加速する C 寄付する D 教える

2 comprehension
A 精神 B 競売 C 複製品 D 理解

3 bother
A 悩ます B 教える C 加速する D 寄付する

4 attract
A 引きつける B 寄付する C 教える D 悩ます

5 demonstration
A 速記 B 実演 C 競売 D 精神

6 spirit
A 作り話 B 理解 C 精神 D 所有

7 accelerate
A 寄付する B 加速する C 悩ます D 引きつける

8 replica
A 複製品 B 競売 C 作り話 D 実演

9 doubtful
A 必須の B 中立の C 特定の D 疑わしい

10 shorthand
A 理解 B 複製品 C 速記 D 作り話

11 auction
A 実演 B 精神 C 所有 D 競売

12 fiction
A 速記 B 実演 C 作り話 D 所有

13 accidentally
A わずかに B 偶然に C 戸外で D 本当に

14 possession
A 所有 B 実演 C 速記 D 理解

15 instruct
A 悩ます B 引きつける C 教える D 加速する

解答　1 C　2 D　3 A　4 A　5 B　6 C　7 B　8 A　9 D　10 C　11 D　12 C　13 B　14 A　15 C

Exercise 18 UNIT 18

STEP 2 日本文を参考にして下線部に入れるのに最適な単語を選びなさい。

1 Their proposal sounds very _____ .
彼らの提案はとても魅力があるように聞こえます。
- A doubtful
- B urban
- C worthless
- D attractive

2 The _____ of perfect competition is an extension of the principle of price mechanism.
完全競争という理論は価格メカニズムの原理を発展させたものです。
- A demonstration
- B spirit
- C fiction
- D theory

3 _____ of exercise can lead to an increased risk of early death.
運動不足は早死の危険の増加につながります。
- A Lack
- B Possession
- C Auction
- D Qualification

4 I must _____ your request for hiring two clerks.
2名の事務員を雇用したいというあなたの要求を私は否定しなくてはなりません。
- A deny
- B withdraw
- C gather
- D urge

5 A customer can use an ATM to _____ a limited amount of cash.
顧客は一定額の現金を引き出すのにATMを使うことができます。
- A accelerate
- B conceal
- C withdraw
- D evaluate

解答 1 D 2 D 3 A 4 A 5 C

Exercise 18 UNIT 18

6 Thank you for _____ all the data I needed for last Friday's presentation.

先週の金曜日のプレゼンテーションに必要だったデータを**集めて**くださってありがとうございました。

A spoiling   B instructing   C protecting   D gathering

7 We strongly _____ you to use the new computer program.

私たちはあなた方が新しいコンピューターのプログラムを使うように強く**薦め(促し)**ます。

A instruct   B urge   C attract   D warn

8 The sales representative is the only one who can really _____ a sales promotion.

販売促進をきちんと**評価できる**のは販売部長だけです。

A evaluate   B conceal
C gather   D protest

9 I think you might be interested in my unique _____ .

他の人にはない**資格**があるので、貴社が私に興味を持たれるかも知れないと考えています。

A shorthand   B evidence
C qualifications   D possession

10 In order to _____ their illegal activities, their profits were all transferred to a Swiss bank account.

非合法活動を**隠す**ために、彼らの利益はスイスの銀行口座に振り込まれていました。

A donate   B alter
C conceal   D establish

解答 6 D 7 B 8 A 9 C 10 C

11 Our customer service _____ are always ready to assist you.

顧客サービス部の**長(代表者)**は、あなたのご相談をいつでも受けられるように用意をしております

A representatives
B colleagues
C commuters
D athletes

12 Their interferences _____ my superb plans.

彼らが邪魔をしたために私のすばらしい計画が**台無しになって**しまいました。

A donated
B gathered
C accelerated
D spoiled

13 In many _____ areas there is a constant increase in the volume of noise.

都会の多くの場所で騒音の量がますます増えています。

A proper
B urban
C suitable
D doubtful

14 This merchandise will be practically _____ after the new models are introduced.

新型が発表されるとこの商品は実質的に**価値のない**ものになってしまうでしょう。

A worthless
B neutral
C sufficient
D secondhard

15 Without a sufficient amount of _____ , no justifiable conclusion can be drawn.

十分な**証拠**がないと、正当な結論は出ないでしょう。

A auction
B possession
C evidence
D qualification

解答　11 A　12 D　13 B　14 A　15 C

Exercise 17 UNIT 17 CD 2-17

STEP 3 CDを聞きながら内容を確認してください。

1 You are required to maintain a good **attendance** record.

2 **Complete** information on Europe's road signs is available from motor organizations.

3 Joseph tried to **guess** how much money had been stolen.

4 Bank notes have **complicated** designs to make copying difficult.

5 There are many people who assert their rights but **neglect** their duties.

6 You should be frank and open with your **colleagues**.

7 Occasional fires rapidly **altered** the forest's appearance.

8 We want to **establish** three more information centers in the state.

9 I don't care for his **attitude**. He criticizes almost everyone.

10 We should make careful regular quality **inspections**.

11 Karen wanted to purchase **merchandise** from a mail-order company.

12 I am always **nervous** when I have to give a speech.

13 We were planning to **participate in** the speech contest.

14 I wanted to go home but my friend **insisted on** going to see the movies.

15 It is **estimated** that the damage is around $40,000.

Exercise 18 UNIT 18   CD 2-18

1 Their proposal sounds very **attractive**.

2 The **theory** of perfect competition is an extension of the principle of price mechanism.

3 **Lack** of exercise can lead to an increased risk of early death.

4 I must **deny** your request for hiring two clerks.

5 A customer can use an ATM to **withdraw** a limited amount of cash.

6 Thank you for **gathering** all the data I needed for last Friday's presentation.

7 We strongly **urge** you to use the new computer program.

8 The sales representative is the only one who can really **evaluate** a sales promotion.

9 I think you might be interested in my unique **qualifications**.

10 In order to **conceal** their illegal activities, their profits were all transferred to a Swiss bank account.

11 Our customer service **representatives** are always ready to assist you.

12 Their interferences **spoiled** my superb plans.

13 In many **urban** areas there is a constant increase in the volume of noise.

14 This merchandise will be practically **worthless** after the new models are introduced.

15 Without a sufficient amount of **evidence**, no justifiable conclusion can be drawn.

UNIT 19

0541 形 **amazing** [əméiziŋ]	0542 動 **accommodate** [əkámədèit]	0543 名 **quantity** [kwántəti]
0544 動 **concentrate** [kánsəntrèit]	0545 動 **transmit** [trænzmít]	0546 名 **charity** [tʃǽrəti]
0547 名 **quality** [kwáləti]	0548 名 **concept** [kánsept]	0549 名 動 **quarrel** [kwɔ́(:)rəl]
0550 名 **spouse** [spáus]	0551 動 **accompany** [əkʌ́mpəni]	0552 名 **humanity** [hju:mǽnəti]
0553 名 **pastime** [pǽstàim]	0554 形 **courageous** [kəréidʒəs]	0555 名 **requirement** [rikwáiərmənt]
形 驚くべき	動 収容する	名 量
動 集中する	動 送る	名 慈善
名 質	名 概念	動 けんかする 名 けんか
名 配偶者	動 同行する	名 人間性
名 娯楽	形 勇気のある	名 必要条件

0556	**accomplish** [əkámpliʃ] 動	やり遂げる
0557	**patent** [pǽtnt, péitnt] 名	特許
0558	**suspend** [səspénd] 動	中止する
0559	**supreme** [suprí:m] 形	最高の
0560	**author** [ɔ́:θər] 名	著者
0561	**stable** [stéibl] 形	安定した
0562	**instrument** [ínstrəmənt] 名	器具
0563	**generous** [dʒénərəs] 形	寛大な
0564	**questionnaire** [kwèstʃənéər] 名	アンケート
0565	**injure** [índʒər] 動	傷つける
0566	**insurance** [inʃúərəns] 名	保険
0567	**ancient** [éinʃənt] 形	古代の
0568	**generation** [dʒènəréiʃən] 名	世代
0569	**resist** [rizíst] 動	抵抗する
0570	**intelligent** [intélidʒənt] 形	知性のある

Exercise 19 UNIT 19

STEP 1 見出し語の英単語と同じ意味を持つ日本語を選びなさい。

1 accommodate
A 集中する B 収容する C 同行する D けんかする

2 concentrate
A 傷つける B 中止する C 収容する D 集中する

3 quality
A 質 B 著者 C 保険 D 人間性

4 quarrel
A 収容する B けんかする C 同行する D 中止する

5 accompany
A けんかする B 中止する C 傷つける D 同行する

6 humanity
A 保険 B 世代 C 人間性 D 質

7 courageous
A 勇気のある B 寛大な C 古代の D 知性のある

8 suspend
A 収容する B 中止する C 集中する D 傷つける

9 author
A 世代 B 保険 C 著者 D 人間性

10 generous
A 古代の B 勇気のある C 知性のある D 寛大な

11 injure
A 傷つける B けんかする C 同行する D 集中する

12 insurance
A 保険 B 質 C 世代 D 著者

13 ancient
A 寛大な B 古代の C 勇気のある D 知性のある

14 generation
A 人間性 B 世代 C 著者 D 質

15 intelligent
A 古代の B 寛大な C 知性のある D 勇気のある

解答 1 B 2 D 3 A 4 B 5 D 6 C 7 A 8 B 9 C 10 D 11 A 12 A 13 B 14 B 15 C

Exercise 19 UNIT 19

STEP 2 日本文を参考にして下線部に入れるのに最適な単語を選びなさい。

1 Your team surpassed this month's production goals in both quality and _____ .

質と量においてあなたのチームは今月の生産目標を上回りました。

- A quantity
- B concept
- C requirement
- D patent

2 If you would like to know more about these _____ facts, call us at 123-4567.

もしこれらの驚くべき事実をもっと知りたいようでしたら、123-4567にお電話を下さい。

- A stable
- B generous
- C ancient
- D amazing

3 Please _____ this information to your manager's computer.

この情報をあなたのマネージャーのコンピューターに送ってください。

- A accomplish
- B concentrate
- C transmit
- D instruct

4 Tom can grasp new _____ quickly.

トムは新しい概念をすばやく把握できます。

- A instruments
- B concepts
- C generation
- D charity

5 This year we all agree to donate $500 to _____ .

今年は慈善に対して500ドルを寄付することに同意します。

- A charity
- B humanity
- C reservation
- D commodity

解答 1 A 2 D 3 C 4 B 5 A

Exercise 19 UNIT 19

6 We have realized that we will always be good friends but not _____ ; so, we have broken our engagement.

私たちは常に良い友達でいたいのであって**配偶者**にはなりたくないことがわかりました。それで婚約を破棄しました。

A representatives　　　B colleagues
C spouses　　　　　　　D aliens

7 Loyalty to the employer is a fundamental _____ for a management position in this company.

この会社の管理職になるには雇用主に対する忠誠が基本的な**必要条件**です。

A quantity　　　　　　B requirement
C humanity　　　　　　D insurance

8 The _____ is to be held jointly by the inventor and our company.

この**特許**は発明者と会社が共同で所有することになります。

A quality　　　　　　　B authority
C patent　　　　　　　D reservation

9 I would appreciate receiving information and advice on the best way to _____ the project.

この計画を最もうまく**やり遂げる**ための情報とアドバイスをいただければ幸いです。

A suspend　　　　　　B injure
C transmit　　　　　　D accomplish

10 Present society places _____ significance on economic achievement.

現在の社会は経済的業績に**最高の**意義をおきます。

A supreme　　B courageous　　C stable　　D ancient

解答　6 C　7 B　8 C　9 D　10 A

11 The market looks very _____ .
市場は大変に**安定している**ように見えます。

A courageous B worthless
C doubtful D stable

12 Your knowledge of each _____ is an asset to the division.
それぞれの**器具**に対しての知識がその部門では財産になります。

A souvenir B reservation
C instrument D requirement

13 Thank you for filling in the _____ during your visit to Tony's restaurant this week.
今週、"トニーのレストラン"にいらっしゃったときに**アンケート**にご記入くださりありがとうございました。

A questionnaire B document
C quality D quantity

14 The goods were displayed so well that she couldn't _____ buying them.
商品がとても上手に陳列されていたので、買いたいという気持ちに**逆らえ（抵抗でき）**ませんでした。

A insist on B suggest
C participate in D resist

15 My father's favorite _____ is gardening.
私の父の大好きな**娯楽**は庭いじりです。

A possession B demonstration
C pastime D inspection

解答 11 D 12 C 13 A 14 D 15 C

UNIT 20

0571	excellent	[éksələnt]	形	すばらしい
0572	residence	[rézidəns]	名	住宅
0573	interfere	[ìntərfíər]	動	邪魔をする
0574	authority	[əθɔ́ːrəti]	名	権威
0575	conclude	[kənklúːd]	動	結論する
0576	reservation	[rèzərvéiʃən]	名	予約
0577	postscript	[póustskrìpt]	名	(手紙の)追伸
0578	ancestor	[ǽnsèstər]	名	祖先
0579	potential	[pəténʃəl]	形	潜在的な
0580	courtesy	[kə́ːrtəsi]	名	礼儀
0581	intensive	[inténsiv]	形	集中的な
0582	novice	[nάvəs]	名	初心者
0583	avoid	[əvɔ́id]	動	避ける
0584	witness	[wítnəs]	動/名	目撃者／動 目撃する
0585	modify	[mάdəfài]	動	修正する

No.	英語	発音	品詞	意味
0586	posture	[pástʃər]	名	姿勢
0587	vague	[véig]	形	あいまいな
0588	poverty	[pávərti]	名	貧困
0589	tiny	[táini]	形	小さい
0590	genius	[dʒíːnjəs]	名	天才
0591	accumulate	[əkjúːmjəlèit]	動	蓄積する
0592	exception	[iksépʃən]	名	例外
0593	nuclear	[n(j)úːkliər]	形	原子力の
0594	wound	[wúːnd]	名	傷
0595	severe	[sivíər]	形	厳しい
0596	anniversary	[æ̀nəvə́ːrsəri]	名	記念日
0597	conduct	[kəndʌ́kt]	動	実施する
0598	participant	[pɑːrtísəpənt]	名	参加者
0599	geographic	[dʒìːəgrǽfik]	形	地理的な
0600	precaution	[prikɔ́ːʃən]	名	予防措置

Exercise 20 UNIT 20

STEP 1 見出し語の英単語と同じ意味を持つ日本語を選びなさい。

1 interfere
A 蓄積する　B 実施する　C 邪魔をする　D 修正する

2 postscript
A 天才　B 祖先　C 姿勢　D 追伸

3 ancestor
A 祖先　B 姿勢　C 傷　D 初心者

4 intensive
A 地理的な　B 小さい　C 厳しい　D 集中的な

5 novice
A 傷　B 追伸　C 初心者　D 天才

6 modify
A 邪魔をする　B 修正する　C 実施する　D 蓄積する

7 posture
A 姿勢　B 傷　C 貧困　D 祖先

8 poverty
A 初心者　B 貧困　C 天才　D 追伸

9 tiny
A 厳しい　B 集中的な　C 小さい　D 地理的な

10 genius
A 貧困　B 祖先　C 姿勢　D 天才

11 accumulate
A 実施する　B 邪魔をする　C 蓄積する　D 修正する

12 wound
A 傷　B 貧困　C 追伸　D 初心者

13 severe
A 集中的な　B 厳しい　C 地理的な　D 小さい

14 conduct
A 修正する　B 蓄積する　C 邪魔をする　D 実施する

15 geographic
A 小さい　B 地理的な　C 厳しい　D 集中的な

解答　1 C　2 D　3 A　4 D　5 C　6 B　7 A　8 B　9 C　10 D　11 C　12 A　13 B　14 D　15 B

Exercise 20 UNIT 20

STEP 2 日本文を参考にして下線部に入れるのに最適な単語を選びなさい。

1 Your _____ customer relations skills are an example to all of us at our company.
あなたのすばらしい接客技術は私たちの会社の全従業員にとってお手本になります。
A potential B intensive
C vague D excellent

2 The average American is said to move to different _____ 18 times in his lifetime.
平均的アメリカ人は一生に18回住まい(住宅)を変えるといわれています。
A reservations B courtesies
C residences D postures

3 The truth came out as the lawyer questioned the _____ cleverly.
弁護士が目撃者に対してうまく質問をしたために真実が明らかになりました。
A genius B witness
C participant D spouse

4 You are becoming a(n) _____ in this new field.
あなたはこの新しい分野で権威になりつつあります。
A ancestor B authority
C commuter D athlete

5 The Market Research Department is undertaking a survey of the _____ market for frozen desserts.
市場調査部は冷凍デザートの潜在的な市場調査を請け負っています。
A tiny B potential
C severe D geographic

解答 1 D 2 C 3 B 4 B 5 B

Exercise 20 UNIT 20

6 We made every effort to _____ price increases.
価格の上昇を**避ける**ために私たちはあらゆる努力をしました。
A avoid
B injure
C modify
D accumulate

7 Every customer deserves to have his or her question answered with _____ .
質問に**礼儀**をもって答えてもらう権利はすべての顧客が持っています。
A postscript
B courtesy
C exception
D precaution

8 Please take all _____ to guard against inaccurate information.
不正確な情報を監視するための**予防措置**をとるようにしてください。
A authorities
B reservations
C precautions
D demonstrations

9 Maria is an active _____ in staff meetings and policy discussions.
マリアは職場の会議や方針の討議に対して積極的な**参加者**です。
A author
B ancestor
C spouse
D participant

10 Congratulations to you on your fiftieth _____ in the restaurant business.
レストラン業界での50周年の**記念日**に対しおめでとうと言わせていただきます。
A pastime
B anniversary
C certificate
D replica

解答 6 A 7 B 8 C 9 D 10 B

11 We will build a(n) _____ power plant about 40 miles from Atlanta.

アトランタから40マイル離れた所に**原子力**発電所を建設することになるでしょう。

A geographic　　　　　B potential
C intelligent　　　　　D nuclear

12 We have to carry out this policy with no _____ .

私たちは**例外**なくこの政策を実施しなくてはなりません。

A evidences　　　　　B exceptions
C possessions　　　　D fictions

13 My employees have _____ opinions about the interpretation of this plan.

この計画の解釈について従業員は**あいまいな**意見を持っています。

A vague　　　　　　　B excellent
C intelligent　　　　　D tiny

14 _____ are necessary to secure desirable rooms at a hotel.

ホテルで希望する部屋を確保するには**予約**が必要です。

A Territories　　　　　B Inhabitants
C Publications　　　　D Reservations

15 I _____ that your offer would be to the benefit of both parties.

あなたの提案は両者にとって有益であると私は**結論しました**。

A conducted　　　　　B evaluated
C concluded　　　　　D suspendec

解答　11 D　12 B　13 A　14 D　15 C

Exercise 19 UNIT 19 CD 2-19

STEP 3 CDを聞きながら内容を確認してください。

1 Your team surpassed this month's production goals in both quality and **quantity**.

2 If you would like to know more about these **amazing** facts, call us at 123-4567.

3 Please **transmit** this information to your manager's computer.

4 Tom can grasp new **concepts** quickly.

5 This year we all agree to donate $500 to **charity**.

6 We have realized that we will always be good friends but not **spouses**; so, we have broken our engagement.

7 Loyalty to the employer is a fundamental **requirement** for a management position in this company.

8 The **patent** is to be held jointly by the inventor and our company.

9 I would appreciate receiving information and advice on the best way to **accomplish** the project.

10 Present society places **supreme** significance on economic achievement.

11 The market looks very **stable**.

12 Your knowledge of each **instrument** is an asset to the division.

13 Thank you for filling in the **questionnaire** during your visit to Tony's restaurant this week.

14 The goods were displayed so well that she couldn't **resist** buying them.

15 My father's favorite **pastime** is gardening.

Exercise 20 UNIT 20

1. Your **excellent** customer relations skills are an example to all of us at our company.
2. The average American is said to move to different **residences** 18 times in his lifetime.
3. The truth came out as the lawyer questioned the **witness** cleverly.
4. You are becoming an **authority** in this new field.
5. The Market Research Department is undertaking a survey of the **potential** market for frozen desserts.
6. We made every effort to **avoid** price increases.
7. Every customer deserves to have his or her question answered with **courtesy**.
8. Please take all **precautions** to guard against inaccurate information.
9. Maria is an active **participant** in staff meetings and policy discussions.
10. Congratulations to you on your fiftieth **anniversary** in the restaurant business.
11. We will build a **nuclear** power plant about 40 miles from Atlanta.
12. We have to carry out this policy with no **exceptions**.
13. My employees have **vague** opinions about the interpretation of this plan.
14. **Reservations** are necessary to secure desirable rooms at a hotel.
15. I **concluded** that your offer would be to the benefit of both parties.

1語1秒！リズムで覚える1200語③

LEVEL 3

必修標準レベル

TOEIC 600点を目標にする人が確実に覚えたい単語

300語 (0601-0900)

▶ **1語1秒！リズムで覚える**
UNIT 21〜30

▶ **解いて覚える**
STEP 1 日本語問題
STEP 2 英語問題

▶ **聴いて理解する**
STEP 3 リスニング例文
Exercise 21〜30

UNIT 21

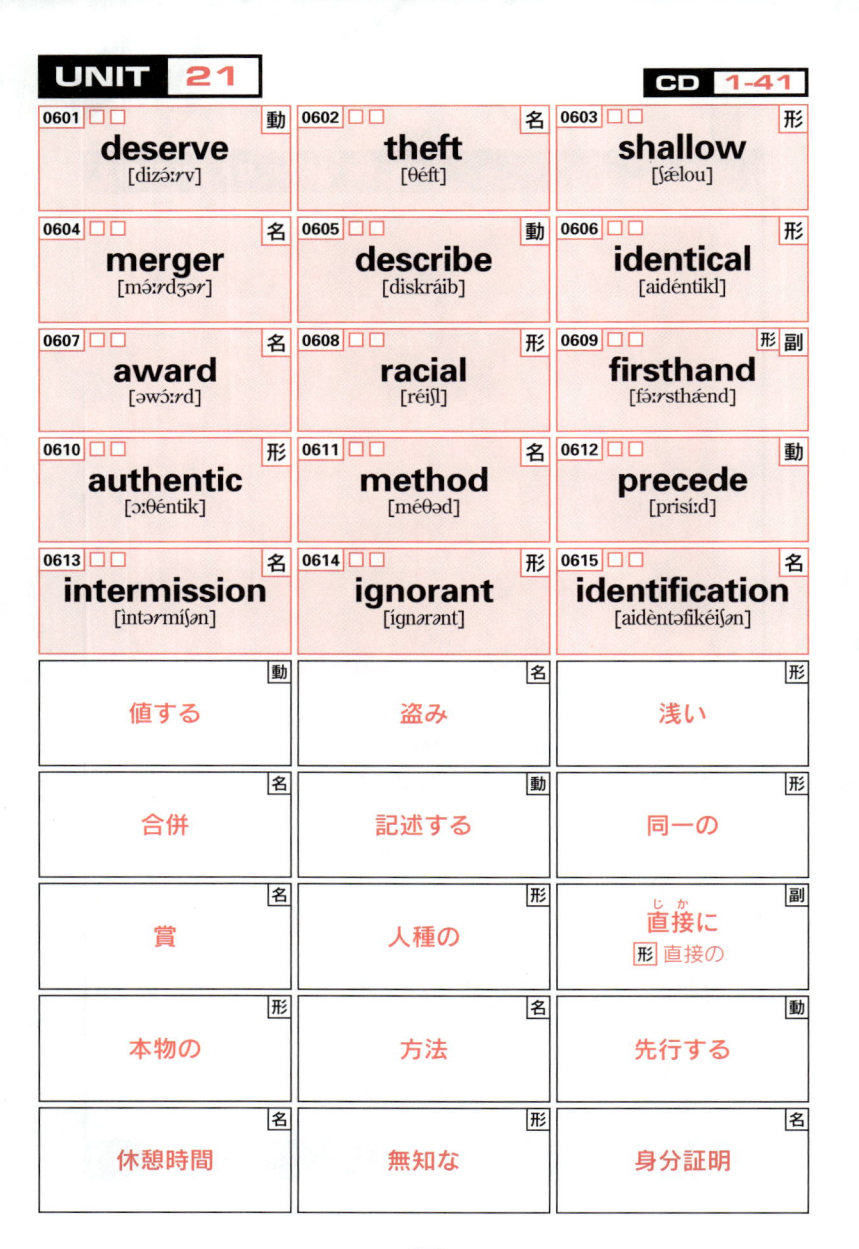

0601 deserve [dizə́ːrv] 動	0602 theft [θéft] 名	0603 shallow [ʃǽlou] 形
0604 merger [mə́ːrdʒər] 名	0605 describe [diskráib] 動	0606 identical [aidéntikl] 形
0607 award [əwɔ́ːrd] 名	0608 racial [réiʃl] 形	0609 firsthand [fə́ːrsthǽnd] 形 副
0610 authentic [ɔːθéntik] 形	0611 method [méθəd] 名	0612 precede [prisíːd] 動
0613 intermission [intərmíʃən] 名	0614 ignorant [íɡnərənt] 形	0615 identification [aidèntəfikéiʃən] 名
値する 動	盗み 名	浅い 形
合併 名	記述する 動	同一の 形
賞 名	人種の 形	直接に 副 / 形 直接の
本物の 形	方法 名	先行する 動
休憩時間 名	無知な 形	身分証明 名

0616 anxiety [æŋzáiəti] 名	0617 revise [riváiz] 動	0613 detail [díːteil/ditéil] 名
0619 nutritious [n(j)uːtríʃəs] 形	0620 merit [mérət] 名	0621 precise [prisáis] 形
0622 respond [rispánd] 動	0623 awful [ɔ́ːfl] 形	0624 interrupt [ìntərʌ́pt] 動
0625 messy [mési] 形	0626 zone [zóun] 名	0627 creative [kriéitiv] 形
0628 crew [krúː] 名	0629 exclude [iksklúːd] 動	0630 shareholder [ʃéərhòuldər] 名
心配 名	改訂する 動	細部 名
栄養のある 形	長所 名	正確な 形
返答する 動	ひどい 形	邪魔をする 動
乱雑な 形	区域 名	創造的な 形
乗組員 名	除外する 動	株主 名

Exercise 21 UNIT 21

STEP 1 見出し語の英単語と同じ意味を持つ日本語を選びなさい。

1 shallow
A 浅い   B 栄養のある   C 無知な   D ひどい

2 identical
A 正確な   B 浅い   C 同一の   D 栄養のある

3 firsthand
A 偶然に   B 直接に   C 特に   D 絶対に

4 authentic
A 同一の   B ひどい   C 浅い   D 本物の

5 precede
A 返答する   B 邪魔をする   C 先行する   D 改訂する

6 ignorant
A 無知な   B 同一の   C 本物の   D 浅い

7 identification
A 区域   B 身分証明   C 心配   D 追伸

8 anxiety
A 心配   B 祖先   C 区域   D 身分証明

9 revise
A 先行する   B 改訂する   C 返答する   D 蓄積する

10 nutritious
A 乱雑な   B 本物の   C 栄養のある   D 同一の

11 precise
A 正確な   B 無知な   C 本物の   D 乱雑な

12 respond
A 改訂する   B 蓄積する   C 先行する   D 返答する

13 awful
A 無知な   B 乱雑な   C ひどい   D 正確な

14 messy
A 無知な   B 乱雑な   C 正確な   D 栄養のある

15 zone
A 初心者   B 身分証明   C 区域   D 心配

解答 1A 2C 3B 4D 5C 6A 7B 8A 9B 10C 11A 12D 13C 14B 15C

Exercise 21 UNIT 21

STEP 2 日本文を参考にして下線部に入れるのに最適な単語を選びなさい。

1 Automobile insurance provides protection against fire, _____ , and collision.

自動車保険は火事、**盗難**、衝突に対する保障を提供します。

A merger
B theft
C anxiety
D witness

2 Mr. Goodman is the winner of this year's "Best Suggestion" _____ .

グッドマン氏は今年の「ベスト提案」**賞**の受賞者です。

A intermission
B method
C detail
D award

3 In my opinion, he _____ the award for his brilliant work.

私の見解では彼のすばらしい業績は賞に**値する**と思います。

A describes
B precedes
C deserves
D responded

4 We will continue to hire according to ability and will not practice any _____ or gender discrimination.

私たちは能力によって雇用し、**人種**や性別による差別を行いません。

A racial
B shallow
C authentic
D messy

5 Mr. Green will be very useful to our present organization if the proposed _____ is accomplished.

提案されている**合併**が行われた場合、グリーン氏は私たちの現在の組織ではとても役に立つ人物になるでしょう。

A identification
B merger
C award
D theft

解答 1 B 2 D 3 C 4 A 5 B

Exercise 21 UNIT 21

6 Since a complete program lasts over four hours, there is always one long _____ to allow people to eat.

行事は全部で4時間以上になるので、参加者が食事をとることができるように長い**休憩時間**を入れるようにしています。

A anniversary B insurance
C intermission D pastime

7 We think that traditional _____ of information processing are old-fashioned.

伝統的な情報処理の**方法**は旧式だと思います。

A methods B reservations
C authorities D residences

8 I will be glad to talk about this in more _____ .

もっと**細部**にわたってこのことについてお話したいと思います。

A posture B detail
C merit D zone

9 People are beginning to realize the _____ of living in a rural environment.

人々は田舎の環境の**長所**を認識し始めています。

A instruments B qualifications
C merits D generations

10 _____ people find it very easy to generate new ideas.

創造的な人々は新しい考えを生み出すのがとても簡単なことだと思っています。

A Authentic B Intelligent
C Excellent D Creative

解答 6 C 7 A 8 B 9 C 10 D

11 I could not concentrate on my work because I was _____ by incessant phone calls.

絶え間ない電話で**邪魔される**ので私は仕事に集中できませんでした。

- A interrupted
- B avoided
- C excluded
- D evaluated

12 The entire _____ of the ship attended the ceremony.

船の全**乗組員**がその儀式に参加しました。

- A shareholders
- B participants
- C crew
- D aliens

13 Some of the larger corporations acquire more than a million _____ .

大会社の中には100万人の**株主**がいるところがあります。

- A ancestors
- B spouses
- C companions
- D shareholders

14 The enclosed statement _____ our new training policies.

同封の書類には新しい研修の方針が**述べられています**。

- A describes
- B interferes
- C accumulates
- D accompanies

15 People under 20 are _____ from the party.

20歳未満の人はパーティーから**除外されます**。

- A spoiled
- B accommodated
- C accompanied
- D excluded

解答 11 A 12 C 13 D 14 A 15 D

UNIT 22

0631 confirm [kənfə́ːrm] 動	0632 confident [kɑ́nfidnt] 形	0633 pity [píti] 名
0634 duplicate [d(j)úːplikət] 動名	0635 penalty [pénəlti] 名	0636 illegal [ilíːgl] 形
0637 responsibility [rispɑ̀nsəbíləti] 名	0638 duration [d(j)uəréiʃən] 名	0639 predict [pridíkt] 動
0640 pedestrian [pədéstriən] 名	0641 vast [vǽst] 形	0642 preface [préfəs] 名
0643 nominate [nɑ́mənèit] 動	0644 oppose [əpóuz] 動	0645 destination [dèstənéiʃən] 名
確認する 動	自信のある 形	残念な事 名
複写 名 / 動 複写する	罰(金) 名	違法の 形
責任 名	期間 名	予言する 動
歩行者 名	巨大な 形	序文 名
指名する 動	反対する 動	目的地 名

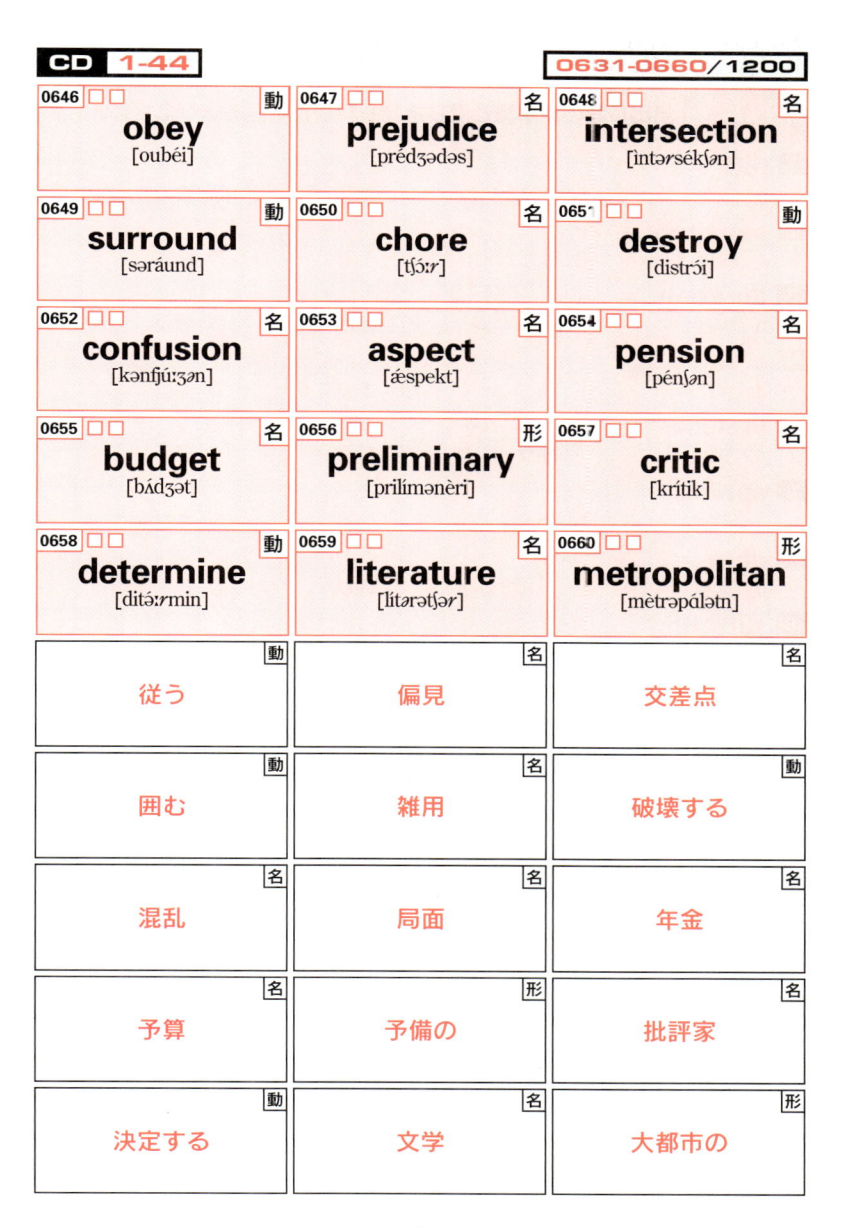

0646	obey [oubéi] 動	従う
0647	prejudice [prédʒədəs] 名	偏見
0648	intersection [ìntərsékʃən] 名	交差点
0649	surround [səráund] 動	囲む
0650	chore [tʃɔ́ːr] 名	雑用
0651	destroy [distrɔ́i] 動	破壊する
0652	confusion [kənfjúːʒən] 名	混乱
0653	aspect [ǽspekt] 名	局面
0654	pension [pénʃən] 名	年金
0655	budget [bʌ́dʒət] 名	予算
0656	preliminary [prilímənèri] 形	予備の
0657	critic [krítik] 名	批評家
0658	determine [ditə́ːrmin] 動	決定する
0659	literature [lítərətʃər] 名	文学
0660	metropolitan [mètrəpálətn] 形	大都市の

Exercise 22 UNIT 22

STEP 1 見出し語の英単語と同じ意味を持つ日本語を選びなさい。

1 pity
A 序文　　B 混乱　　C 期間　　D 残念な事

2 penalty
A 罰(金)　B 残念な事　C 予算　D 序文

3 duration
A 期間　　B 予算　　C 混乱　　D 雑用

4 predict
A 反対する　B 囲む　　C 予言する　D 従う

5 preface
A 予算　　B 序文　　C 罰(金)　D 局面

6 oppose
A 囲む　　B 予言する　C 従う　　D 反対する

7 obey
A 従う　　B 反対する　C 囲む　　D 予言する

8 surround
A 反対する　B 予言する　C 囲む　　D 従う

9 chore
A 局面　　B 雑用　　C 批評家　D 期間

10 confusion
A 批評家　B 局面　　C 残念な事　D 混乱

11 aspect
A 局面　　B 雑用　　C 罰(金)　D 批評家

12 budget
A 罰(金)　B 予算　　C 混乱　　D 雑用

13 preliminary
A 予備の　B 浅い　　C 大都市の　D 同一の

14 critic
A 期間　　B 序文　　C 批評家　D 残念な事

15 metropolitan
A 本物の　B 予備の　C 無知な　D 大都市の

解答　1 D　2 A　3 A　4 C　5 B　6 D　7 A　8 C　9 B　10 D　11 A　12 B　13 A　14 C　15 D

Exercise 22 UNIT 22

STEP 2 日本文を参考にして下線部に入れるのに最適な単語を選びなさい。

1 This letter is to _____ your attendance at the English Language conference.
この手紙は英語会議へのあなたの出席を**確認する**ものです。
A confirm　　　　　　　　B conclude
C deserve　　　　　　　　D revise

2 I made a _____ of the manuscript so that I could retain a copy.
私はコピーを手元に確保できるようにその書類を**複写**しました。
A duplicate　　　　　　　B destination
C pension　　　　　　　　D merit

3 No one knows how many _____ immigrants there are in the United States.
アメリカ全土にどのくらいの数の**違法**移住者がいるのか誰も知りません。
A identical　　　　　　　B illegal
C ignorant　　　　　　　D preliminary

4 When driving, you should always watch out for the _____.
運転しているときには常に**歩行者**に気をつけるべきです。
A commuters　　　　　　B spouses
C participants　　　　　　D pedestrians

5 The chairman has decided to _____ Mr. Hogan to be treasurer of the charity organization.
議長はホーガン氏をその慈善団体の経理部長に**指名する**ことに決めました。
A nominate　　　　　　　B duplicate
C conduct　　　　　　　　D describe

解答　1 A　2 A　3 B　4 D　5 A

Exercise 22 UNIT 22

6 The traveler finally arrived at his _____ .
旅行者はついに**目的地**に到着しました。
- A zone
- B intersection
- C destination
- D aspect

7 Gas stations are often situated on busy _____ .
ガソリンステーションはたいてい交通量の多い**交差点**にあります。
- A intersections
- B territories
- C borders
- D warehouses

8 The earthquake _____ many houses.
その地震は多くの住宅を**破壊しました**。
- A opposed
- B destroyed
- C interrupted
- D transmitted

9 Our plan provides for _____ only so long as the employee retires while working here.
私たちの計画書では従業員が当社に在職中に退職したときにだけ**年金**を出します。
- A certificate
- B pension
- C budget
- D critic

10 Using certain indicators, economists try to _____ just when business conditions are going to get better or worse.
ある種の指標を用いて、経済学者はいつ経済状態が良くなったり悪くなったりするのかを**決定する**ようにします。
- A exclude
- B transmit
- C determine
- D furnish

解答 6 C 7 A 8 B 9 B 10 C

11 I am _____ that I can pass this examination.

私はこの試験に合格することに自信を持っています。

A confident
B doubtful
C proper
D neutral

12 We trust you will take _____ for this error and we will appreciate your positive response.

私たちはあなた方がこの間違いに対しての責任をとり、肯定的な回答をくださることを期待しています。

A destination
B duration
C penalty
D responsibility

13 Economic growth always brings about _____ changes in a society.

経済成長は世の中に対して常に大きな(巨大な)変化をもたらします。

A precise
B vast
C creative
D generous

14 I am convinced that these programs work toward eliminating _____ .

これらの計画が偏見をなくす方向に役立つと私は納得しています。

A responsibility
B confusion
C pity
D prejudice

15 People in this area have made outstanding contributions in music, _____ , and art.

この地域の人々は音楽、文学、美術に対して多大な貢献をしてきました。

A history
B literature
C humanity
D theory

解答 11 A 12 D 13 B 14 D 15 B

Exercise 21 UNIT 21   CD 2-21

STEP 3 CDを聞きながら内容を確認してください。

1 Automobile insurance provides protection against fire, **theft**, and collision.

2 Mr. Goodman is the winner of this year's "Best Suggestion" **award**.

3 In my opinion, he **deserves** the award for his brilliant work.

4 We will continue to hire according to ability and will not practice any **racial** or gender discrimination.

5 Mr. Green will be very useful to our present organization if the proposed **merger** is accomplished.

6 Since a complete program lasts over four hours, there is always one long **intermission** to allow people to eat.

7 We think that traditional **methods** of information processing are old-fashioned.

8 I will be glad to talk about this in more **detail**.

9 People are beginning to realize the **merits** of living in a rural environment.

10 **Creative** people find it very easy to generate new ideas.

11 I could not concentrate on my work because I was **interrupted** by incessant phone calls.

12 The entire **crew** of the ship attended the ceremony.

13 Some of the larger corporations acquire more than a million **shareholders**.

14 The enclosed statement **describes** our new training policies.

15 People under 20 are **excluded** from the party.

Exercise 22 UNIT 22   CD 2-22

1. This letter is to **confirm** your attendance at the English Language conference.
2. I made a **duplicate** of the manuscript so that I could retain a copy.
3. No one knows how many **illegal** immigrants there are in the United States.
4. When driving, you should always watch out for the **pedestrians**.
5. The chairman has decided to **nominate** Mr. Hogan to be treasurer of the charity organization.
6. The traveler finally arrived at his **destination**.
7. Gas stations are often situated on busy **intersections**.
8. The earthquake **destroyed** many houses.
9. Our plan provides for **pension** only so long as the employee retires while working here.
10. Using certain indicators, economists try to **determine** just when business conditions are going to get better or worse.
11. I am **confident** that I can pass this examination.
12. We trust you will take **responsibility** for this error and we will appreciate your positive response.
13. Economic growth always brings about **vast** changes in a society.
14. I am convinced that these programs work toward eliminating **prejudice**.
15. People in this area have made outstanding contributions in music, **literature**, and art.

UNIT 23

0661 **imply** [implái] 動	0662 **statesman** [stéitsmən] 名	0663 **collide** [kəláid] 動
0664 **imagination** [imædʒənéiʃən] 名	0665 **exist** [igzíst] 動	0666 **reaction** [ri(:)ǽkʃən] 名
0667 **prohibit** [prouhíbət] 動	0668 **congress** [káŋgrəs] 名	0669 **shipment** [ʃípmənt] 名
0670 **crop** [kráp] 名	0671 **apologize** [əpálədʒàiz] 動	0672 **scenery** [sí:nəri] 名
0673 **government** [gʌ́vərnmənt] 名	0674 **connection** [kənékʃən] 名	0675 **immediately** [imí:diətli] 副
暗示する 動	政治家 名	衝突する 動
想像力 名	存在する 動	反応 名
禁じる 動	議会 名	積荷 名
作物 名	わびる 動	風景 名
政府 名	関係 名	すぐに 副

0676 stationery [stéiʃənèri] 名	0677 minister [mínəstər] 名	0673 graceful [gréisfl] 形
0679 development [divéləpmənt] 名	0680 burden [bə́ːrdn] 名	0681 expect [ikspékt] 動
0682 banquet [bǽŋkwət] 名	0683 immigrant [ímigrənt] 名	0684 vessel [vésl] 名
0685 obvious [ábviəs] 形	0686 civilization [sìvəlaizéiʃən] 名	0687 devotion [divóuʃən] 名
0688 reasonable [ríːznəbl] 形	0689 revenue [révən(j)ùː] 名	0690 real estate [ríːəl istèit] 名
文房具 名	大臣 名	優雅な 形
発展 名	負担 名	期待する 動
宴会 名	移民 名	船 名
明らかな 形	文明 名	献身 名
(値段が)手頃な 形	収入 名	不動産 名

レベル 3

Exercise 23 UNIT 23

STEP 1 見出し語の英単語と同じ意味を持つ日本語を選びなさい。

1 statesman
A 不動産　　B 政治家　　C 議会　　D 発展

2 collide
A 衝突する　　B 期待する　　C 予言する　　D わびる

3 imagination
A 大臣　　B 発展　　C 船　　D 想像力

4 congress
A 文明　　B 議会　　C 移民　　D 政治家

5 crop
A 想像力　　B 大臣　　C 作物　　D 文明

6 apologize
A わびる　　B 期待する　　C 衝突する　　D 反対する

7 immediately
A 直接に　　B 特に　　C 絶対に　　D すぐに

8 minister
A 不動産　　B 船　　C 大臣　　D 想像力

9 graceful
A 予備の　　B 優雅な　　C 大都市の　　D 栄養のある

10 development
A 議会　　B 不動産　　C 発展　　D 作物

11 expect
A 従う　　B 衝突する　　C わびる　　D 期待する

12 immigrant
A 移民　　B 政治家　　C 文明　　D 大臣

13 vessel
A 発展　　B 船　　C 移民　　D 議会

14 civilization
A 文明　　B 作物　　C 船　　D 政治家

15 real estate
A 移民　　B 不動産　　C 想像力　　D 作物

解答　1 B　2 A　3 D　4 B　5 C　6 A　7 D　8 C　9 B　10 C　11 D　12 A　13 B　14 A　15 B

Exercise 23 UNIT 23

STEP 2 日本文を参考にして下線部に入れるのに最適な単語を選びなさい。

1 Change does not necessarily _____ progress and improvement.
変化は必ずしも進歩や改善を意味(暗示)しません。
- A attempt
- B delete
- C estimate
- D imply

2 Modern science and industry could not _____ without computers.
現代の科学と産業はコンピューターなしには存在しなかったでしょう。
- A accelerate
- B exist
- C withdraw
- D regret

3 His _____ to the news surprised all of us.
そのニュースに対する彼の反応は私たち全員を驚かせました。
- A reaction
- B publication
- C demonstration
- D imagination

4 This island is famous for its _____ .
この島はその(美しい)風景で有名です。
- A border
- B territory
- C preface
- D scenery

5 The law _____ sexual harassment in the workplace.
その法律は仕事場でのセクハラを禁じています。
- A implies
- B prohibits
- C predicts
- D nominates

解答 1 D 2 B 3 A 4 D 5 B

Exercise 23 UNIT 23

6 We will notify the carrier to return the _____ to us.
私たちは運送業者に**積荷**を戻すように連絡することになるでしょう。
- A voyage
- B prejudice
- C shipment
- D crop

7 The researcher discovered a close _____ between smoking and several serious diseases.
その研究者は喫煙といくつかの重大な病気の間の密接な**関係**を発見しました。
- A connection
- B destination
- C development
- D burden

8 The _____ distributed food to the victims of the earthquake.
政府は地震の犠牲者に対し食糧を分配しました。
- A territory
- B factory
- C government
- D responsibility

9 We have purchased _____ from you from time to time for the past 15 years.
私たちは過去15年間に渡ってしばしば貴社から**文房具**を購入してきました。
- A manuals
- B brochures
- C crops
- D stationery

10 I am happy to extend a personal invitation to each of you to join us for our annual _____ .
私たちの年度ごとの**パーティー（宴会）**にあなたがたを個人的に招待できることを幸せに思います。
- A council
- B banquet
- C government
- D destination

解答 6 C　7 A　8 C　9 D　10 B

11 It is _____ that my social security number was wrongly used.
私の社会保障番号が不正に使われたのは**明らかです**。

A doubtful
B careless
C obvious
D suitable

12 We appreciate your _____ to your work.
あなたの仕事に対する**献身**に感謝します。

A reaction
B confusion
C connection
D devotion

13 According to my calculations, we should be able to increase _____ by 15%.
私の計算では、**収入**を15％増やすことができるはずです。

A immigrants
B revenues
C responsibilities
D generations

14 We can produce high quality products at _____ prices.
私たちは**手頃な**価格で高品質の商品を生産できます。

A reasonable
B commercial
C awful
D illegal

15 This idea may ease the _____ on our household budget for next year.
この案で来年の家計費の**負担**を軽減できるかも知れません。

A posture
B burden
C shipment
D scenery

解答　11 C　12 D　13 B　14 A　15 B

UNIT 24

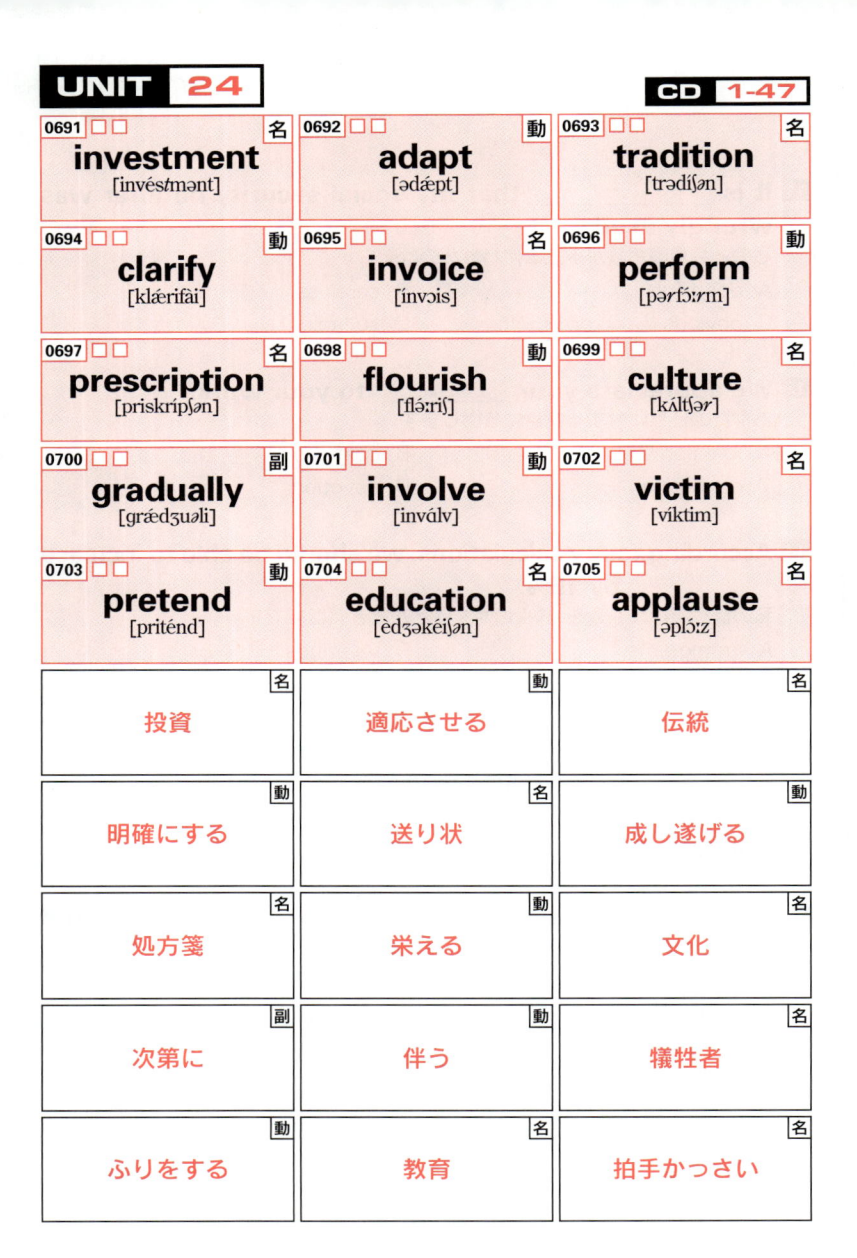

0691 investment [invéstmənt] 名	0692 adapt [ədǽpt] 動	0693 tradition [trədíʃən] 名
0694 clarify [klǽrifài] 動	0695 invoice [ínvɔis] 名	0696 perform [pərfɔ́ːrm] 動
0697 prescription [priskrípʃən] 名	0698 flourish [fləˊːriʃ] 動	0699 culture [kʌ́ltʃər] 名
0700 gradually [grǽdʒuəli] 副	0701 involve [invɑ́lv] 動	0702 victim [víktim] 名
0703 pretend [priténd] 動	0704 education [èdʒəkéiʃən] 名	0705 applause [əplɔ́ːz] 名
投資 名	適応させる 動	伝統 名
明確にする 動	送り状 名	成し遂げる 動
処方箋 名	栄える 動	文化 名
次第に 副	伴う 動	犠牲者 名
ふりをする 動	教育 名	拍手かっさい 名

0706 graduation [grædʒuéiʃən] 名	0707 classify [klǽsəfài] 動	0708 appetite [ǽpətàit] 名
0709 recall [rikɔ́:l] 動	0710 additional [ədíʃənl] 形	0711 relieve [rilí:v] 動
0712 steep [stí:p] 形	0713 by-product [báipràdəkt] 名	0714 mission [míʃən] 名
0715 shrink [ʃríŋk] 動	0716 reward [riwɔ́:rd] 名	0717 grant [grǽnt] 名/動
0718 stenographer [stənάgrəfər] 名	0719 consider [kənsídər] 動	0720 curious [kjúəriəs] 形
卒業 名	分類する 動	食欲 名
思い出す 動	追加の 形	軽減する 動
急な 形	副産物 名	任務 名
縮む 動	報酬 名	認める 動 / 名 認可
速記者 名	検討する 動	好奇心の強い 形

レベル3

Exercise 24 UNIT 24

STEP 1 見出し語の英単語と同じ意味を持つ日本語を選びなさい。

1 perform
A 縮む　　　B 栄える　　　C 軽減する　　　D 成し遂げる

2 flourish
A 栄える　　　B 軽減する　　　C 成し遂げる　　　D 縮む

3 culture
A 副産物　　　B 任務　　　C 文化　　　D 教育

4 gradually
A 偶然に　　　B 絶対に　　　C 次第に　　　D 戸外で

5 victim
A 報酬　　　B 犠牲者　　　C 任務　　　D 副産物

6 education
A 教育　　　B 任務　　　C 報酬　　　D 文化

7 additional
A 好奇心の強い　B 急な　　　C 追加の　　　D 優雅な

8 relieve
A 縮む　　　B 成し遂げる　　　C 栄える　　　D 軽減する

9 steep
A 追加の　　　B 優雅な　　　C 好奇心の強い　　　D 急な

10 by-product
A 犠牲者　　　B 速記者　　　C 副産物　　　D 教育

11 mission
A 速記者　　　B 任務　　　C 文化　　　D 報酬

12 shrink
A 成し遂げる　　　B 縮む　　　C 検討する　　　D 栄える

13 reward
A 報酬　　　B 教育　　　C 犠牲者　　　D 速記者

14 stenographer
A 速記者　　　B 犠牲者　　　C 副産物　　　D 文化

15 curious
A 優雅な　　　B 好奇心の強い　　　C 急な　　　D 追加の

解答　1 D　2 A　3 C　4 C　5 B　6 A　7 C　8 D　9 D　10 C　11 B　12 B　13 A　14 A　15 B

Exercise 24 UNIT 24

STEP 2 日本文を参考にして下線部に入れるのに最適な単語を選びなさい。

1 We have some funds available for short-term _____ .
私たちには短期**投資**に利用できる資金があります。
A tradition B prescription
C investment D development

2 You must _____ yourself to working successfully with different kinds of people.
あなたはいろいろな人たちとうまく働くことのできるように自分自身を**適応さ せ**なくてはなりません。
A classify B adapt
C perform D expect

3 Please _____ this matter for me as soon as possible.
この件をできるだけ早く**明確にする**ようにしてください。
A relieve B clarify
C consider D prohibit

4 Your _____ No.1234 indicates that I owe $330, but the catalog price for my order was $323.
送り状番号1234には私が330ドル借りているように書いてありますが、カタログに載っている注文品の値段は323ドルです。
A concept B tradition
C investment D invoice

5 The doctor gave her a _____ for cough medicine.
医者は彼女に咳止め薬の**処方箋**を渡しました。
A prejudice B concept
C wound D prescription

解答 1 C 2 B 3 B 4 D 5 D

Exercise 24 UNIT 24

6 Mr. White's job _____ interviewing applicants.
ホワイト氏の仕事は応募者に面接することも**含んでい(伴い)**ます。
- A involves
- B modifies
- C nominates
- D avoids

7 Our best wishes to Mike on his _____ !
マイクのご**卒業**おめでとうございます。
- A identification
- B intermission
- C graduation
- D appetite

8 About 85 percent of the state's area is _____ as agricultural land.
この州の85%は農業用地として**分類されます**。
- A classified
- B predicted
- C surrounded
- D revised

9 I cannot _____ what my boss said.
私は上司の言ったことを正確に**思い出せ**ません。
- A conceal
- B recall
- C determine
- D flourish

10 Since she has been ill, her _____ has diminished.
病気のため彼女の**食欲**は減退しました。
- A applause
- B education
- C appetite
- D reward

解答 6 A 7 C 8 A 9 B 10 C

11 They take great pride in their old _____ .
彼らは自分たちの古い**伝統**に大変な誇りを持っています。
- A civilizations
- B devotions
- C graduations
- D traditions

12 The audience was most generous in its _____ at the end of the performance.
聴衆は演技の終わりで惜しみない**拍手かっさい**をしてくれました。
- A mission
- B revenue
- C applause
- D banquet

13 The man _____ to be asleep.
その男は寝ている**ふりをしました**。
- A adapted
- B suspended
- C pretended
- D conducted

14 The bank _____ us a loan.
銀行はローンを組むことを**認めてくれました**。
- A granted
- B deserved
- C flourished
- D concealed

15 Let us _____ the two points you mentioned.
あなたが言っていた2つの点について**検討し**ましょう。
- A accommodate
- B instruct
- C resist
- D consider

解答 11 D 12 C 13 C 14 A 15 D

Exercise 23 UNIT 23 CD 2-23

STEP 3 CDを聞きながら内容を確認してください。

1. Change does not necessarily **imply** progress and improvement.

2. Modern science and industry could not **exist** without computers.

3. His **reaction** to the news surprised all of us.

4. This island is famous for its **scenery**.

5. The law **prohibits** sexual harassment in the workplace.

6. We will notify the carrier to return the **shipment** to us.

7. The researcher discovered a close **connection** between smoking and several serious diseases.

8. The **government** distributed food to the victims of the earthquake.

9. We have purchased **stationery** from you from time to time for the past 15 years.

10. I am happy to extend a personal invitation to each of you to join us for our annual **banquet**.

11. It is **obvious** that my social security number was wrongly used.

12. We appreciate your **devotion** to your work.

13. According to my calculations, we should be able to increase **revenues** by 15%.

14. We can produce high quality products at **reasonable** prices.

15. This idea may ease the **burden** on our household budget for next year.

Exercise 24 UNIT 24

1 We have some funds available for short-term **investment**.

2 You must **adapt** yourself to working successfully with different kinds of people.

3 Please **clarify** this matter for me as soon as possible.

4 Your **invoice** No.1234 indicates that I owe $330, but the catalog price for my order was $323.

5 The doctor gave her a **prescription** for cough medicine.

6 Mr. White's job **involves** interviewing applicants.

7 Our best wishes to Mike on his **graduation**!

8 About 85 percent of the state's area is **classified** as agricultural land.

9 I cannot **recall** what my boss said.

10 Since she has been ill, her **appetite** has diminished.

11 They take great pride in their old **traditions**.

12 The audience was most generous in its **applause** at the end of the performance.

13 The man **pretended** to be asleep.

14 The bank **granted** us a loan.

15 Let us **consider** the two points you mentioned.

UNIT 25

0721 presume [priz(j)úːm] 動	0722 effort [éfərt] 名	0723 adequate [ǽdekwət] 形
0724 viewpoint [vjúːpɔ̀int] 名	0725 isolation [àisəléiʃən] 名	0726 symposium [simpóuziəm] 名
0727 transfer [trænsfə́ːr] 名動	0728 impressive [imprésiv] 形	0729 barrier [bǽriər] 名
0730 misuse [mìsjúːz] 名動	0731 signature [sígnətʃər] 名	0732 misunderstanding [mìsʌ̀ndərstǽndiŋ] 名
0733 motivation [mòutəvéiʃən] 名	0734 abnormal [æbnɔ́ːrml] 形	0735 consistent [kənsístənt] 形
推定する 動	努力 名	十分な 形
観点 名	孤立 名	討論会 名
転任させる 動 / 名 転勤	印象的な 形	障害物 名
誤用する 動 / 名 誤用	署名 名	誤解 名
動機づけ 名	異常な 形	首尾一貫した 形

0736 translate [trǽnsleit] 動	0737 aptitude [ǽptət(j)ùːd] 名	0738 recipe [résəpi] 名
0739 tackle [tǽkl] 動	0740 flaw [flɔ́ː] 名	0741 impulse [ímpʌls] 名
0742 adjustment [ədʒʌ́stmənt] 名	0743 elementary [èləméntəri] 形	0744 mixture [míkstʃər] 名
0745 constitute [kɑ́nstət(j)ùːt] 動	0746 debate [dibéit] 名	0747 persistent [pərsístənt] 形
0748 mob [mɑ́b] 名	0749 recognize [rékəgnàiz] 動	0750 administrator [ədmínəstrèitər] 名
翻訳する 動	適性 名	調理法 名
取り組む 動	欠点 名	衝動 名
調整 名	初歩の 形	混合物 名
構成する 動	論争 名	根気強い 形
群集 名	認識する 動	管理者 名

Exercise 25 UNIT 25

STEP 1 見出し語の英単語と同じ意味を持つ日本語を選びなさい。

1 presume
A 誤用する B 取り組む C 推定する D 翻訳する

2 isolation
A 孤立 B 障害物 C 適性 D 動機づけ

3 symposium
A 欠点 B 討論会 C 孤立 D 群集

4 impressive
A 初歩の B 根気強い C 印象的な D 異常な

5 barrier
A 群集 B 動機づけ C 欠点 D 障害物

6 misuse
A 翻訳する B 推定する C 取り組む D 誤用する

7 motivation
A 討論会 B 群集 C 動機づけ D 適性

8 abnormal
A 異常な B 印象的な C 根気強い D 初歩の

9 translate
A 取り組む B 誤用する C 翻訳する D 推定する

10 aptitude
A 適性 B 孤立 C 欠点 D 討論会

11 tackle
A 推定する B 取り組む C 誤用する D 翻訳する

12 flaw
A 討論会 B 欠点 C 障害物 D 動機づけ

13 elementary
A 根気強い B 初歩の C 異常な D 印象的な

14 persistent
A 印象的な B 異常な C 根気強い D 初歩の

15 mob
A 障害物 B 適性 C 孤立 D 群集

解答 1 C 2 A 3 B 4 C 5 D 6 D 7 C 8 A 9 C 10 A 11 B 12 B 13 B 14 C 15 D

Exercise 25 UNIT 25

STEP 2 日本文を参考にして下線部に入れるのに最適な単語を選びなさい。

1 We will make every _____ to see that such an oversight does not occur again.

そのような見過ごしが再び起こらないようにするためにあらゆる**努力**をするでしょう。

A investment B effort
C isolation D exception

2 Mary's income is _____ to cover her regular expenses.

メアリーの収入は通常の経費をまかなうには**十分です**。

A adequate B abnormal
C elementary D graceful

3 Different _____ can sometimes lead to arguments, but they make discussions more interesting.

異なった**見解**は時には議論になってしまいますが、討論を一層おもしろくします。

A awards B methods
C viewpoints D barriers

4 Mr. Smith was _____ to another department, so he had to clean out the drawers of his desk.

スミスさんは他の部署に**転任になった**ので、机の引き出しをきれいにしなくてはなりませんでした。

A accompanied B recalled
C clarified D transferred

5 It is quite difficult to make out the _____ at the bottom of this manuscript.

この原稿の下の方にある**署名**を読むのは大変難しいです。

A barrier B signature C viewpoints D victim

解答　1 B　2 A　3 C　4 D　5 B

Exercise 25 UNIT 25

6 We apologize for the _____ and look forward to serving you for many years to come.

誤解に対してお詫びをすると共に、これからもずっと貴社とお取引ができることを楽しみにしています。

- A prescription
- B motivation
- C misunderstanding
- D aptitude

7 There is a lack of _____ financial support for cultural activities.

文化的活動に対する首尾一貫した財政的援助が欠けています。

- A consistent
- B adequate
- C additional
- D obvious

8 My wife made it from a special _____ that her mother gave her.

家内は母親伝来の特別な調理法でこれを料理しました。

- A chore
- B preface
- C recipe
- D budget

9 The manager will make temporary _____ in work assignments.

マネージャーは仕事の割当についての一時的な調整をすることになるでしょう。

- A prejudices
- B adjustments
- C victims
- D impulses

10 A thoughtful office _____ should seek advice from many groups within the company.

思慮深い管理者は会社内の多くの部門からアドバイスを求めるべきです。

- A shareholder
- B pedestrian
- C administrator
- D ancestor

解答 6 C 7 A 8 C 9 B 10 C

11 We all _____ the tremendous effort you have put into the presentation.
私たち全員はあなたがその発表に費やした多大な苦労を**認識しています**。
- A recognize
- B consider
- C translate
- D presume

12 The _____ over the merits of city versus country living will probably never be settled to anyone's satisfaction.
都会と田舎に住むことの利点についての**論争**はおそらく誰にとっても満足のいく結果には決して落ち着かないでしょう。
- A effort
- B recipe
- C flaw
- D debate

13 I couldn't resist the _____ to hold her hand.
彼女の手を握りたいという**衝動**を押さえることが私にはできませんでした。
- A symposium
- B signature
- C impulse
- D graduation

14 Drugs have _____ an important part of medical practice since ancient times.
薬は昔から医療行為の重要な部分を**構成してきました**。
- A constituted
- B recognized
- C considered
- D transferred

15 The events of the past year have brought a(n) _____ of challenges and opportunities to our company.
過去1年の出来事は私たちの会社に挑戦と機会の**両方（混合物）**をもたらしました。
- A by-product
- B mixture
- C isolation
- D adjustment

解答　11 A　12 D　13 C　14 A　15 B

UNIT 26

0751 frank [frǽŋk] 形	0752 itinerary [aitínərèri] 名	0753 improve [imprúːv] 動
0754 incident [ínsədənt] 名	0755 previous [príːviəs] 形	0756 loyalty [lɔ́iəlti] 名
0757 moderate [mάdərət] 形	0758 coincidence [kouínsidəns] 名	0759 extinguish [ikstíŋgwiʃ] 動
0760 architecture [άːrkətèktʃər] 名	0761 opinion [əpínjən] 名	0762 include [inklúːd] 動
0763 damage [dǽmidʒ] 動 名	0764 reconsider [rìːkənsídər] 動	0765 approximately [əprάksəmətli] 副

率直な 形	旅程表 名	改善する 動
出来事 名	以前の 形	忠誠 名
適度の 形	(偶然の)一致 名	(火を)消す 動
建築物 名	意見 名	含む 動
損害 名 動 損害を与える	再考する 動	おおよそ 副

単語	発音	意味
adopt	[ədápt]	採用する (動)
adventure	[ədvéntʃər]	冒険 (名)
incompetent	[inkámpətənt]	無能な (形)
trial	[tráiəl]	試み (名)
situation	[sìtʃuéiʃən]	状態 (名)
petroleum	[pətróuliəm]	石油 (名)
attain	[ətéin]	獲得する(達成する) (動)
cancer	[kǽnsər]	がん (名)
disappear	[dìsəpíər]	消える (動)
compulsory	[kəmpʌ́lsəri]	強制的な (形)
strategy	[strǽtədʒi]	戦略 (名)
rural	[rúərəl]	田舎の (形)
phase	[féiz]	局面 (名)
consumption	[kənsʌ́mpʃən]	消費 (名)
depressed	[diprést]	意気消沈した (形)

Exercise 26 UNIT 26

STEP 1 見出し語の英単語と同じ意味を持つ日本語を選びなさい。

1 itinerary
 A 旅程表 B 建築物 C 試み D 一致

2 incident
 A 試み B 出来事 C 旅程表 D 冒険

3 previous
 A 以前の B 田舎の C 強制的な D 意気消沈した

4 coincidence
 A 冒険 B 一致 C 局面 D 出来事

5 extinguish
 A 推定する B 誤用する C 消す D 含む

6 architecture
 A 出来事 B 試み C 一致 D 建築物

7 include
 A 含む B 消す C 翻訳する D 取り組む

8 approximately
 A 次第に B おおよそ C すぐに D 直接に

9 adventure
 A 冒険 B 局面 C 旅程表 D 局面

10 incompetent
 A 田舎の B 意気消沈した C 無能な D 以前の

11 trial
 A 建築物 B 出来事 C 冒険 D 試み

12 compulsory
 A 意気消沈した B 強制的な C 以前の D 無能な

13 rural
 A 田舎の B 以前の C 無能な D 強制的な

14 phase
 A 旅程表 B 局面 C 建築物 D 一致

15 depressed
 A 無能な B 強制的な C 意気消沈した D 田舎の

解答　1A 2B 3A 4B 5C 6D 7A 8B 9A 10C 11D 12B 13A 14B 15C

Exercise 26 UNIT 26

STEP 2　日本文を参考にして下線部に入れるのに最適な単語を選びなさい。

1 Let me be _____ with you. You should have worked harder.
率直に言いましょう。あなたはもっと一生懸命に仕事をすべきだったのです。
- A frank
- B curious
- C severe
- D confident

2 Thanks for helping us to _____ our service.
私どもの業務を改善するにあたってお手伝いくださりありがとうございました。
- A constitute
- B improve
- C adopt
- D classify

3 I want to give each of you my sincerest thanks for your _____ to the company.
会社への忠誠に対しあなたがた一人一人に心からのお礼を述べたいと思います。
- A opinion
- B strategy
- C loyalty
- D consumption

4 Their company could import those goods at _____ prices.
彼らの会社はこれらの商品を適度な価格で輸入できました。
- A steep
- B graceful
- C rural
- D moderate

5 I will let you know my frank _____ tomorrow.
私の率直な意見を明日あなた方にお知らせしましょう。
- A loyalty
- B opinion
- C passion
- D coincidence

解答　1 A　2 B　3 C　4 D　5 B

Exercise 26 UNIT 26

6 I am sorry about the _____ to your car.
車に対する**損害**に対してお詫びします。
- A damage
- B mixture
- C itinerary
- D phase

7 The committee will _____ your ideas.
委員会はあなたの考えを**再検討(再考)する**ことになるでしょう。
- A improve
- B extinguish
- C reconsider
- D attain

8 Your understanding of the present _____ is not entirely accurate.
現在の**情勢(状態)**に対するあなたの理解は完全に正確とは言えません。
- A incident
- B privilege
- C routine
- D situation

9 The quality of our _____ products far surpasses the industry standard.
私共の**石油**製品の品質は業界の基準をはるかに超えています。
- A crop
- B storage
- C petroleum
- D textile

10 You will be glad to know that your company has _____ a suggestion system.
会社が提案制度を**採用した**ことを知って喜んでくださると思います。
- A adopted
- B tackled
- C celebrated
- D obtained

解答 6A 7C 8D 9C 10A

11 Margaret _____ fame as a writer.
マーガレットは作家としての名声を**獲得しました**。
- A discussed
- B attained
- C discovered
- D defined

12 Smoking causes lung _____ .
喫煙は肺**がん**の原因になります。
- A replica
- B innovation
- C cancer
- D victim

13 Your anxiety will surely _____ once you consult your coworkers.
同僚に相談すればあなたの不安はきっと**消え去ります**。
- A interfere
- B exist
- C concentrate
- D disappear

14 Our manager achieved so many notable improvements in our marketing _____ .
私たちのマネージャーはマーケティング**戦略**においてよく知られた多くの改善を成し遂げました。
- A viewpoints
- B strategies
- C misunderstandings
- D trials

15 _____ and investment fluctuate constantly.
消費と投資は絶えず変化します。
- A Situation
- B Adventure
- C Adjustment
- D Consumption

解答 11 B 12 C 13 D 14 B 15 D

Exercise 25 UNIT 25 CD 2-25

STEP 3 CDを聞きながら内容を確認してください。

1 We will make every **effort** to see that such an oversight does not occur again.

2 Mary's income is **adequate** to cover her regular expenses.

3 Different **viewpoints** can sometimes lead to arguments, but they make discussions more interesting.

4 Mr. Smith was **transferred** to another department, so he had to clean out the drawers of his desk.

5 It is quite difficult to make out the **signature** at the bottom of this manuscript.

6 We apologize for the **misunderstanding** and look forward to serving you for many years to come.

7 There is a lack of **consistent** financial support for cultural activities.

8 My wife made it from a special **recipe** that her mother gave her.

9 The manager will make temporary **adjustments** in work assignments.

10 A thoughtful office **administrator** should seek advice from many groups within the company.

11 We all **recognize** the tremendous effort you have put into the presentation.

12 The **debate** over the merits of city versus country living will probably never be settled to anyone's satisfaction.

13 I couldn't resist the **impulse** to hold her hand.

14 Drugs have **constituted** an important part of medical practice since ancient times.

15 The events of the past year have brought a **mixture** of challenges and opportunities to our company.

Exercise 26 UNIT 26

1 Let me be **frank** with you. You should have worked harder.

2 Thanks for helping us to **improve** our service.

3 I want to give each of you my sincerest thanks for your **loyalty** to the company.

4 Their company could import those goods at **moderate** prices.

5 I will let you know my frank **opinion** tomorrow.

6 I am sorry about the **damage** to your car.

7 The committee will **reconsider** your ideas.

8 Your understanding of the present **situation** is not entirely accurate.

9 The quality of our **petroleum** products far surpasses the industry standard.

10 You will be glad to know that your company has **adopted** a suggestion system.

11 Margaret **attained** fame as a writer.

12 Smoking causes lung **cancer**.

13 Your anxiety will surely **disappear** once you consult your coworkers.

14 Our manager achieved so many notable improvements in our marketing **strategies**.

15 **Consumption** and investment fluctuate constantly.

UNIT 27

0781 privilege [prívəlidʒ] 名	0782 opposite [ápəzit] 形	0783 passion [pǽʃən] 名
0784 vocational [vóukéiʃənl] 形	0785 rumor [rúːmər] 名	0786 argue [áːrgjuː] 動
0787 routine [ruːtíːn] 名	0788 reduce [rid(j)úːs] 動	0789 candidate [kǽndidət] 名
0790 monitor [mánətər] 動	0791 option [ápʃən] 名	0792 guilty [gílti] 形
0793 reveal [rivíːl] 動	0794 facility [fəsíləti] 名	0795 affect [əfékt] 動
特権 名	正反対の 形	熱情 名
職業の 形	うわさ 名	議論する 動
日課 名	減らす 動	候補者 名
監視する 動	選択権 名	有罪の 形
暴露する 動	施設 名	影響を与える 動

0796 名 **luxury** [lʌ́gʒəri]	0797 形 **independent** [ìndipéndənt]	0798 名 **reference** [réfərəns]
0799 動 **reflect** [riflékt]	0800 名 **advertisement** [ædvərtáizmənt]	0801 動 **indicate** [índikèit]
0802 形 **emotional** [imóuʃənl]	0803 名 **capacity** [kəpǽsəti]	0804 動 **discourage** [diskə́:ridʒ]
0805 名 **procedure** [prəsí:dʒər]	0806 動 **combine** [kəmbáin]	0807 副 **fortunately** [fɔ́:rtʃənətli]
0808 名 **justice** [dʒʌ́stis]	0809 形 **explicit** [iksplísit]	0810 名 **emergency** [imə́:rdʒənsi]
名 ぜいたく(品)	形 独立した	名 照会先
動 反映する	名 広告	動 示す
形 感情的な	名 能力	動 落胆させる
名 (事を運ぶ)手順	動 結合する	副 幸運にも
名 正義	形 明快な	名 緊急事態

Exercise 27 UNIT 27

STEP 1 　見出し語の英単語と同じ意味を持つ日本語を選びなさい。

1 privilege
A 熱情　　　B うわさ　　　C 正義　　　D 特権

2 passion
A ぜいたく(品)　B 正義　　　C 熱情　　　D 広告

3 vocational
A 以前の　　B 職業の　　　C 感情的な　　D 独立した

4 rumor
A 正義　　　B 特権　　　C うわさ　　　D 緊急事態

5 argue
A 暴露する　B 落胆させる　C 結合する　　D 議論する

6 reveal
A 結合する　B 議論する　　C 暴露する　　D 落胆させる

7 luxury
A 熱情　　　B ぜいたく(品)　C 緊急事態　　D 広告

8 independent
A 独立した　B 感情的な　　C 職業の　　　D 無能な

9 advertisement
A 特権　　　B 緊急事態　　C 広告　　　D うわさ

10 emotional
A 職業の　　B 強制的な　　C 独立した　　D 感情的な

11 discourage
A 議論する　B 落胆させる　C 結合する　　D 暴露する

12 combine
A 結合する　B 暴露する　　C 落胆させる　D 議論する

13 fortunately
A 特に　　　B 幸運にも　　C 次第に　　　D すぐに

14 justice
A うわさ　　B ぜいたく(品)　C 正義　　　D 特権

15 emergency
A 広告　　　B 熱情　　　C ぜいたく(品)　D 緊急事態

解答　1 D　2 C　3 B　4 C　5 D　6 C　7 B　8 A　9 C　10 D　11 B　12 A　13 B　14 C　15 D

郵 便 は が き

料金受取人払郵便

新宿北支店承認

9319

差出有効期間
平成25年1月
31日まで

169-8790

152

東京都新宿区高田馬場
1-30-5 千寿ビル6F

テイエス企画㈱ 出版部 行

フリガナ		19　年　　月　　　日生
お名前		男・女（　歳）
ご住所・連絡先	〒 TEL(　)　-	勤務先(社会人のみ記入) TEL(　)　-
E-mail		
出身校または在籍校	□高校　□短大　□在籍(　)学年 □専門学校　□卒業(H　)年 □大学　□大学院	
英語資格試験	●TOEIC　現在(　　点) 目標(　　点) ●TOEFL　現在(　　点) 目標(　　点) ●英検　　現在(　　級) 目標(　　級) ●その他　現在(　　　) 目標(　　　)	

ご購読ありがとうございます。読者の皆様には受験に役立つ以下のサービスを提供させていただいています。

● お買上いただいた本の名前

● よろしければ以下のアンケートにお答えください

① TOEIC受験のご予定がある方:受験予定日(　　　　　　　)
② TOEIC受験の目的:□ 国内大学院対策 □ 国内大学対策
　　□ 英語資格として □ その他(　　　　　　　　　　)
④ TOEIC以外に試験対策をお考えですか?(　　　　　　　)
⑤ TOEIC形式レベルチェックテスト、カウンセリングのご希望
　　□テスト　□カウンセリング　(　　　　月　　　　日)

※ご来校校舎は下のパンフレットご請求欄の「希望校舎」にチェックしてください。

● ご質問・ご意見がございましたらご記入ください。

パンフレットをご請求の方は希望されるものをチェックしてください。

パンフレット	希望校舎
□ 留学総合コース(大学・大学院・交換留学・高校留学)	●希望校舎●
□ 試験対策コース(TOEFL・SAT・GRE・GMAT・TOEIC)	□ 高田馬場　□ 池袋
□ 一般英会話・ビジネス英語・就職対策英語	□ 四谷　□ 渋谷
□ 国内大学院受験コース(法科大学院・大学院)	□ 立川　□ 調布
□ 国内大学受験コース(高卒生・高校生・帰国子女・中学生英語)	□ 町田　□ 横浜
□ 私大公開模試(早稲田国際教養・上智・ICU)	□ 藤沢　□ 大宮
□ Web&ビデオ講座(留学準備・国内受験・TOEFL・TOEIC等)	□ 船橋　□ 大阪

Exercise 27 UNIT 27

STEP 2 日本文を参考にして下線部に入れるのに最適な単語を選びなさい。

1 My boss has a(n) _____ view of the situation.
私の上司はその状況に関して**正反対の**考えを持っています。
- A supreme
- B explicit
- C emotional
- D opposite

2 Soon you will be able to free yourself from _____ work.
じきに**日課**でやっている作業から解放されることでしょう。
- A moderate
- B routine
- C elementary
- D persistent

3 We must _____ expenses, or we will get into debt.
支出を**減らさなくては**なりません。さもないと赤字になります。
- A avoid
- B obey
- C destroy
- D reduce

4 No _____ received enough votes to win the election.
どの**候補者**も選挙に勝つだけの十分は得票は得られませんでした。
- A candidate
- B commuter
- C colleague
- D critic

5 The supervisor will _____ the new system.
監督が新しいシステムを**監視する**でしょう。
- A recall
- B include
- C reduce
- D monitor

解答 1 D 2 B 3 D 4 A 5 D

Exercise 27 UNIT 27

6 You have the _____ of taking French classes or Spanish classes.
あなたはフランス語クラスかスペイン語クラスのどちらかを**選択する権利**があります。
- A situation
- B facility
- C option
- D candidate

7 In court he was judged _____ of theft.
彼は裁判所において窃盗の罪で**有罪**になりました。
- A guilty
- B incompetent
- C intermediate
- D typical

8 The _____ at the Royal Motel were clean and restful.
ロイヤルモーテルの**施設**はきれいで安らぎのあるものでした。
- A suburbs
- B borders
- C agencies
- D facilities

9 Mr. Brown has applied for a position in our company and has given your name as a(n) _____ .
ブラウン氏は私どもの会社に応募されまして、あなた様の名前が**照会先**になっております。
- A administrator
- B reference
- C information
- D advertisement

10 This letter _____ his real opinion.
この手紙は彼の本当の意見を**反映しています**。
- A extinguishes
- B monitors
- C involves
- D reflects

解答 6 C 7 A 8 D 9 B 10 D

11 There will be a general reduction in staff, and it will _____ every department.
職員数の全体的な削減があり、このことはすべての部に**影響を与える**でしょう。

A grant
B affect
C shrink
D reveal

12 The consensus of public opinion _____ that the people are opposed to our signing this treaty.
世論の大勢は国民がこの条約の締結に反対しているということを**示しています**。

A presumes
B constitutes
C indicates
D improves

13 The factory is working below _____ because of the shortage of essential materials.
必要な資材の不足のためこの工場は生産**能力**以下で運行しています。

A capacity
B luxury
C emergency
D adjustment

14 Many of the large firms have handbooks outlining their own _____ .
多くの大企業には独自の事務**手順**を述べたハンドブックがあります。

A reference
B incident
C procedure
D itinerary

15 I think our instructions were quite _____ .
私たちの指示は非常に**明快だった**と思います。

A graceful
B global
C specific
D explicit

解答 11 B　12 C　13 A　14 C　15 D

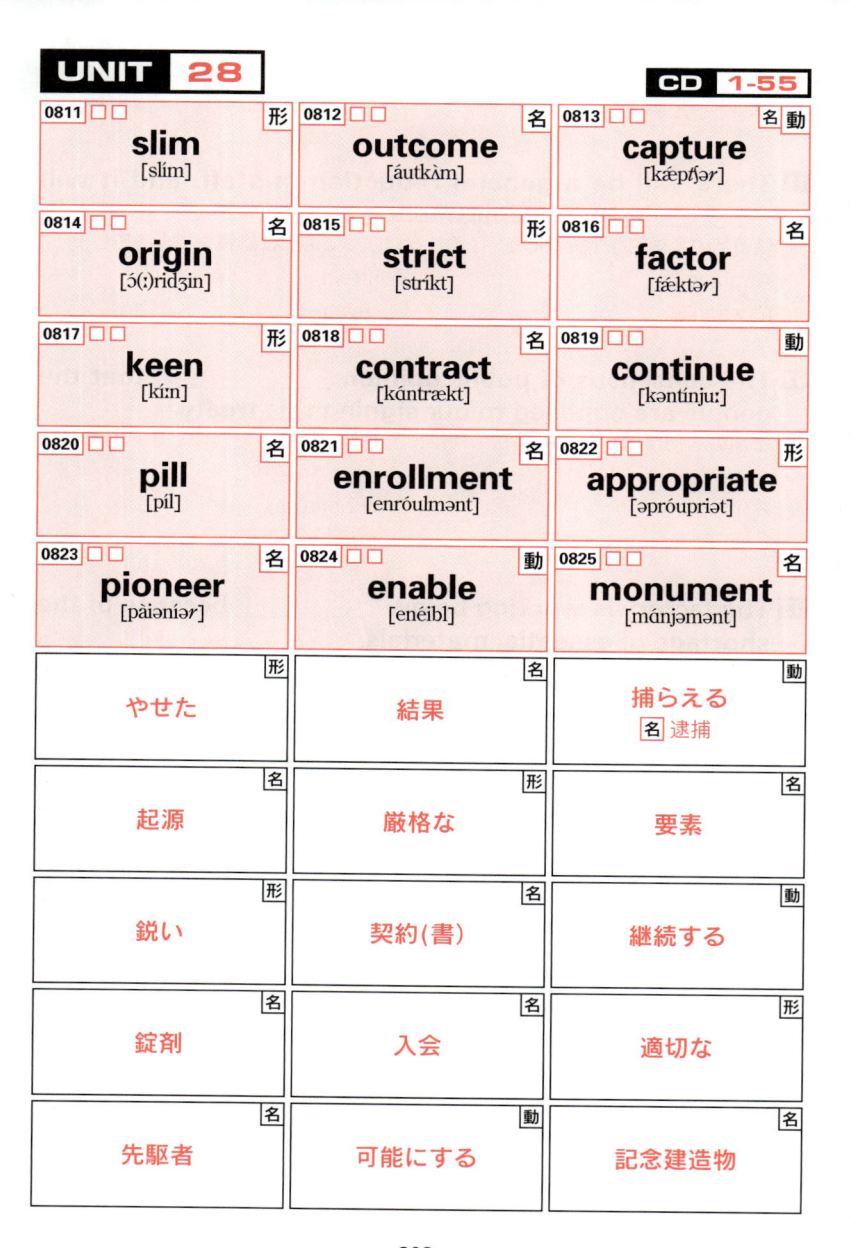

UNIT 28

0811 slim [slím] 形	0812 outcome [áutkʌm] 名	0813 capture [kǽptʃər] 名動
0814 origin [ɔ́(:)ridʒin] 名	0815 strict [stríkt] 形	0816 factor [fǽktər] 名
0817 keen [kíːn] 形	0818 contract [kɑ́ntrækt] 名	0819 continue [kəntínjuː] 動
0820 pill [píl] 名	0821 enrollment [enróulmənt] 名	0822 appropriate [əpróupriət] 形
0823 pioneer [pàiəníər] 名	0824 enable [enéibl] 動	0825 monument [mɑ́njəmənt] 名

やせた 形	結果 名	捕らえる 動 名 逮捕
起源 名	厳格な 形	要素 名
鋭い 形	契約(書) 名	継続する 動
錠剤 名	入会 名	適切な 形
先駆者 名	可能にする 動	記念建造物 名

0826 peer [píər] 名	0827 reliable [riláiəbl] 形	0828 contrast [kάntræst] 動 名
0829 command [kəmǽnd] 動 名	0830 technician [tekníʃn] 名	0831 structure [strʌ́ktʃər] 名
0832 affirmative [əfə́ːrmətiv] 形	0833 obedience [oubíːdiəns] 名	0834 refuse [rifjúːz] 動
0835 carriage [kǽridʒ] 名	0836 majestic [mədʒéstik] 形	0837 election [ilékʃən] 名
0838 proficient [prəfíʃənt] 形	0839 motive [móutiv] 名	0840 technology [teknάlədʒi] 名
同僚 名	信頼できる 形	対照 名 / 動 対照する
命令 名 / 動 命令する	技術者 名	構造 名
肯定的な 形	服従 名	拒絶する 動
乗り物 名	堂々とした 形	選挙 名
熟達した 形	動機 名	科学技術 名

Exercise 28 UNIT 28

STEP 1 見出し語の英単語と同じ意味を持つ日本語を選びなさい。

1 slim
A やせた B 堂々とした C 鋭い D 職業の

2 capture
A 継続する B 捕らえる C 議論する D 暴露する

3 origin
A 対照 B 服従 C 起源 D 先駆者

4 keen
A 独立した B やせた C 堂々とした D 鋭い

5 continue
A 落胆させる B 結合する C 継続する D 捕らえる

6 pill
A 乗り物 B 錠剤 C 動機 D 起源

7 pioneer
A 先駆者 B 動機 C 同僚 D 構造

8 peer
A 服従 B 同僚 C 起源 D 動機

9 contrast
A 科学技術 B 錠剤 C 対照 D 同僚

10 structure
A 構造 B 乗り物 C 先駆者 D 服従

11 obedience
A 乗り物 B 同僚 C 服従 D 錠剤

12 carriage
A 科学技術 B 起源 C 乗り物 D 構造

13 majestic
A 堂々とした B 鋭い C 感情的な D やせた

14 motive
A 錠剤 B 動機 C 対照 D 科学技術

15 technology
A 構造 B 先駆者 C 科学技術 D 対照

解答 1 A 2 B 3 C 4 D 5 C 6 B 7 A 8 B 9 C 10 A 11 C 12 C 13 A 14 B 15 C

Exercise 28 UNIT 28

STEP 2 日本文を参考にして下線部に入れるのに最適な単語を選びなさい。

1 Everybody is eager to know the _____ of the negotiations.
誰もがその交渉の**結果**を知りたがっています。
- A outcome
- B factor
- C justice
- D origin

2 Some companies have very _____ rules which must be obeyed.
会社の中には従わなくてはならない非常に**厳格な**規則を持っている所があります。
- A reliable
- B appropriate
- C opposite
- D strict

3 Within half a century, the airplane became a decisive _____ in war.
半世紀で飛行機は戦争が起こった際の決定的**要素**になりました。
- A procedure
- B factor
- C capacity
- D option

4 We all argued with him not to sign that _____ , but it was without success.
私たちはみんなその**契約書**にはサインしないように彼を説得したのですが、うまくいきませんでした。
- A architecture
- B privilege
- C strategy
- D contract

5 If you are interested in this program, your supervisor can give you _____ forms.
もしこの催しに興味があるようでしたら、上司が**入会**申込書を持っています。
- A adventure
- B enrollment
- C incident
- D procedure

解答 1 A 2 D 3 B 4 D 5 B

Exercise 28 UNIT 28

6 Technology _____ us to transport goods throughout the world.

科学技術は商品を世界中に輸送するのを**可能にしました**。

A pretended　　　　　　B performed
C enabled　　　　　　　D affected

7 If you want to retain our _____ staff, you must pay competitive salaries.

もし**信頼できる**職員を確保したいと思うなら、他に負けない給与を支払わなくてはなりません。

A reliable　　　　　　　B vocational
C impressive　　　　　　D persistent

8 You should send a(n) _____ to correct the problem before something more serious happens.

もっと深刻は事態になる前にその問題を修正するために**技術者**を送るべきです。

A immigrant　　　　　　B administrator
C technician　　　　　　D candidate

9 I look forward to your _____ response.

あなたの**肯定的な**回答を楽しみにしています。

A impressive　　　　　　B affirmative
C strict　　　　　　　　D reliable

10 The customer _____ to accept the apology.

客は謝罪を受け入れるのを**拒絶しました**。

A reflected　　　　　　　B indicated
C continued　　　　　　　D refused

解答　6 C　7 A　8 C　9 B　10 D

11 People sometimes try to predict the result of a(n) _____ weeks before it takes place.

人々は行われる数週間前に**選挙**の結果を予想しようとします。

A election
B emergency
C obedience
D loyalty

12 David is _____ in using computers.

デイビットはコンピューターを使うことに**熟達しています**。

A curious
B reasonable
C proficient
D incompetent

13 What would be the most _____ title for this article?

この記事に最も**適切な**題名はなんでしょうか。

A obvious
B intensive
C ancient
D appropriate

14 This _____ was built in honor of the famous inventor.

この**記念建造物**は有名な発明家の栄誉をたたえて建てられました。

A monument
B warehouse
C agency
D storage

15 The _____ you give to a computer must be very specific.

コンピューターに与える**命令**は明確なものでなくてはなりません。

A opinions
B passions
C references
D commands

解答　11 A　12 C　13 D　14 A　15 D

Exercise 27 UNIT 27 CD 2-27

STEP 3 CDを聞きながら内容を確認してください。

1 My boss has an **opposite** view of the situation.

2 Soon you will be able to free yourself from **routine** work.

3 We must **reduce** expenses, or we will get into debt.

4 No **candidate** received enough votes to win the election.

5 The supervisor will **monitor** the new system.

6 You have the **option** of taking French classes or Spanish classes.

7 In court he was judged **guilty** of theft.

8 The **facilities** at the Royal Motel were clean and restful.

9 Mr. Brown has applied for a position in our company and has given your name as a **reference**.

10 This letter **reflects** his real opinion.

11 There will be a general reduction in staff, and it will **affect** every department.

12 The consensus of public opinion **indicates** that the people are opposed to our signing this treaty.

13 The factory is working below **capacity** because of the shortage of essential materials.

14 Many of the large firms have handbooks outlining their own **procedure**.

15 I think our instructions were quite **explicit**.

Exercise 28 — UNIT 28

1. Everybody is eager to know the **outcome** of the negotiations.

2. Some companies have very **strict** rules which must be obeyed.

3. Within half a century, the airplane became a decisive **factor** in war.

4. We all argued with him not to sign that **contract**, but it was without success.

5. If you are interested in this program, your supervisor can give you **enrollment** forms.

6. Technology **enabled** us to transport goods throughout the world.

7. If you want to retain our **reliable** staff, you must pay competitive salaries.

8. You should send a **technician** to correct the problem before something more serious happens.

9. I look forward to your **affirmative** response.

10. The customer **refused** to accept the apology.

11. People sometimes try to predict the result of an **election** weeks before it takes place.

12. David is **proficient** in using computers.

13. What would be the most **appropriate** title for this article?

14. This **monument** was built in honor of the famous inventor.

15. The **commands** you give to a computer must be very specific.

UNIT 29

0841 faithful [féiθfl] 形	0842 outlook [áutlùk] 名	0843 failure [féiljər] 名
0844 abandon [əbǽndən] 動	0845 progress [prágres] 名	0846 infant [ínfənt] 名
0847 declare [dikléər] 動	0848 convenience [kənvíːniəns] 名	0849 profitable [práfətəbl] 形
0850 knowledge [nálidʒ] 名	0851 soar [sɔ́ːr] 動	0852 hardship [háːrdʃip] 名
0853 contribute [kəntríbjuːt] 動	0854 cooperation [kouàpəréiʃən] 名	0855 satisfactory [sætisfæktəri] 形
忠実な 形	展望 名	失敗 名
断念する 動	進歩 名	幼児 名
宣言する 動	好都合 名	利益になる 形
知識 名	急騰する 動	苦難 名
貢献する 動	協力 名	満足のいく 形

0856 **project** [prádʒekt] 名	0857 **outstanding** [àutstǽndiŋ] 形	0853 **telegram** [téləgræm] 名
0859 **overcome** [òuvərkʌ́m] 動	0860 **influence** [ínfluəns] 動名	0861 **decline** [dikláin] 動
0862 **dedicate** [dédikèit] 動	0863 **platform** [plǽtfɔːrm] 名	0864 **dismiss** [dismís] 動
0865 **solution** [səlúːʃən] 名	0866 **inferior** [infíəriər] 形	0867 **soil** [sɔ́il] 名
0868 **warranty** [wɔ́(ː)rənti] 名	0869 **ugly** [ʌ́gli] 形	0870 **subscription** [səbskrípʃən] 名
計画 名	傑出した 形	電報 名
克服する 動	影響 名 / 動 影響を与える	辞退する 動
ささげる 動	演壇 名	解雇する 動
解決 名	劣った 形	土壌 名
保証 名	醜い 形	予約購読 名

Exercise 29 UNIT 29

STEP 1 　見出し語の英単語と同じ意味を持つ日本語を選びなさい。

1 technical
A 劣った　　　　B やせた　　　　C 堂々とした　　　D 専門的な

2 outlook
A 展望　　　　　B 影響　　　　　C 演壇　　　　　　D 苦難

3 abandon
A 宣言する　　　B 断念する　　　C ささげる　　　　D 急騰する

4 infant
A 電報　　　　　B 影響　　　　　C 幼児　　　　　　D 土壌

5 declare
A 辞退する　　　B 宣言する　　　C 断念する　　　　D ささげる

6 soar
A 急騰する　　　B 辞退する　　　C 宣言する　　　　D 断念する

7 hardship
A 土壌　　　　　B 展望　　　　　C 苦難　　　　　　D 幼児

8 project
A 幼児　　　　　B 苦難　　　　　C 演壇　　　　　　D 計画

9 telegram
A 土壌　　　　　B 電報　　　　　C 影響　　　　　　D 展望

10 influence
A 影響　　　　　B 演壇　　　　　C 苦難　　　　　　D 電報

11 decline
A 宣言する　　　B 辞退する　　　C 急騰する　　　　D ささげる

12 dedicate
A 辞退する　　　B 急騰する　　　C ささげる　　　　D 宣言する

13 platform
A 演壇　　　　　B 計画　　　　　C 幼児　　　　　　D 影響

14 inferior
A 鋭い　　　　　B 劣った　　　　C 専門的な　　　　D 堂々とした

15 soil
A 計画　　　　　B 電報　　　　　C 展望　　　　　　D 土壌

解答　1 D　2 A　3 B　4 C　5 B　6 A　7 C　8 D　9 B　10 A　11 B　12 C　13 A　14 B　15 D

Exercise 29 UNIT 29

STEP 2 日本文を参考にして下線部に入れるのに最適な単語を選びなさい。

1 You must be _____ to your friends.
あなたは友人に対して**忠実で**なくてはなりません。
A affirmative　　　　　　　B outstanding
C inferior　　　　　　　　D faithful

2 I wonder whether you understand the seriousness of your _____ to pay your bill.
あなたは請求書の支払いが**できなかった（失敗した）**ことの重要性を理解なさっているのでしょうか。
A motive　　　　　　　　B structure
C knowledge　　　　　　D failure

3 The country made remarkable _____ in science during the past ten years.
この国はここ10年で科学の分野で驚くべき**進歩**を成し遂げました。
A project　　　　　　　　B technology
C progress　　　　　　　D cooperation

4 Please come to our office at your _____ this month.
今月、**都合のよい**ときに私の事務所に来てください。
A convenience　　　　　　B reference
C capacity　　　　　　　　D outcome

5 I am sure we will have a long and mutually _____ relationship.
長くそしてお互いの**利益になる**関係を持つことができることを確信しています。
A depressed　　　　　　　B compulsory
C profitable　　　　　　　D keen

解答　1 D　2 D　3 C　4 A　5 C

Exercise 29 UNIT 29

6 The _____ and experience I have gained in the last few years are invaluable.

ここ数年で私が得ることのできた**知識**と経験は貴重なものです。

- A loyalty
- B rumor
- C trial
- D knowledge

7 This invention will significantly _____ to the future of medical science.

この発明は医学の将来に多大に**貢献する**ことになるでしょう。

- A decline
- B contribute
- C dismiss
- D suspend

8 The object of this correspondence is to ask for your immediate _____ in the plan.

この手紙の目的はこの計画に貴社がすぐに**協力**してくださることを求めることです。

- A cooperation
- B coincidence
- C routine
- D factor

9 Please tell me whether these arrangements will be _____ .

これらの取り決めが**満足のいく**ものかどうか私にお伝えください。

- A compulsory
- B vocational
- C independent
- D satisfactory

10 Congratulations. You have done a(n) _____ job.

おめでとうございます。あなたは**傑出した**仕事を成し遂げました。

- A moderate
- B independent
- C outstanding
- D reasonable

解答 6 D 7 B 8 A 9 D 10 C

11 They had to _____ lots of difficulties before achieving their present prosperity.

現在の繁栄を成し遂げる前に彼らは多くの困難を**克服し**なくてはなりませんでした。

A abandon
B declare
C overcome
D reflect

12 Mr. Harris is afraid of being _____ from his job.

ハリス氏は職を**解雇される**のではないかと心配しています。

A overcome
B reflected
C dismissed
D spoiled

13 We must find a totally new _____ to the problem.

その問題に対する全く新しい**解決法**を見つけなくてはなりません。

A contract
B solution
C structure
D convenience

14 Each machine carries a full five-year _____ .

それぞれの機械は完全5年**保証**がついています。

A warranty
B election
C contrast
D command

15 Please discontinue my _____ to your weekly journal.

貴社の週刊誌の**予約購読**の継続をやめます。

A progress
B subscription
C hardship
D solution

解答　11 C　12 C　13 B　14 A　15 B

UNIT 30

0871 display [displéi] 名動	0872 weapon [wépn] 名	0873 reject [ridʒékt] 動
0874 tendency [téndənsi] 名	0875 overlook [òuvərlúk] 動	0876 commodity [kəmádəti] 名
0877 common [kámən] 形	0878 association [əsòusiéiʃən] 名	0879 bitter [bítər] 形
0880 agreement [əgríːmənt] 名	0881 temporary [témpərèri] 形	0882 tension [ténʃən] 名
0883 blame [bléim] 名動	0884 manuscript [mǽnjəskrìpt] 名	0885 technical [téknikl] 形

展示する 動 / 名 陳列	武器 名	却下する 動
傾向 名	見逃す 動	商品 名
普通の 形	協会 名	苦い 形
合意（同意） 名	一時的な 形	緊張 名
非難する 動 / 名 非難	原稿 名	専門的な 形

0886 名 **promotion** [prəmóuʃən]	0887 動 **defeat** [difíːt]	0888 名 **landscape** [lǽndskèip]
0889 形 **prompt** [prámpt]	0890 名 **sorrow** [sárou]	0891 形 **distinct** [distíŋkt]
0892 名 **proposal** [prəpóuzl]	0893 動 **defend** [difénd]	0894 名 **sculpture** [skʌ́lptʃər]
0895 動 **manufacture** [mæ̀njəfǽktʃər]	0896 動名 **aim** [éim]	0897 名 **headquarters** [hédkwɔ̀ːrtərz]
0898 形 **cautious** [kɔ́ːʃəs]	0899 名 **welfare** [wélfèər]	0900 形 **religious** [rilídʒəs]
名 昇進	動 負かす	名 風景
形 即座の	名 悲しみ	形 別個の
名 提案	動 守る	名 彫刻
動 生産する	名 目的 動 ～をねらう	名 本部
形 用心深い	名 福祉	形 宗教的な

Exercise 30 UNIT 30

STEP 1 見出し語の英単語と同じ意味を持つ日本語を選びなさい。

1 ugly
A 醜い　　B 別個の　　C 苦い　　D 宗教的な

2 weapon
A 風景　　B 武器　　C 傾向　　D 彫刻

3 tendency
A 傾向　　B 原稿　　C 風景　　D 武器

4 association
A 原稿　　B 彫刻　　C 協会　　D 目的

5 bitter
A 苦い　　B 醜い　　C 用心深い　　D 別個の

6 manuscript
A 目的　　B 武器　　C 悲しみ　　D 原稿

7 defeat
A 急騰する　　B 宣言する　　C 負かす　　D 守る

8 landscape
A 原稿　　B 風景　　C 傾向　　D 彫刻

9 sorrow
A 悲しみ　　B 協会　　C 目的　　D 風景

10 distinct
A 用心深い　　B 苦い　　C 別個の　　D 宗教的な

11 defend
A 急騰する　　B 守る　　C 辞退する　　D 宣言する

12 sculpture
A 彫刻　　B 悲しみ　　C 協会　　D 武器

13 aim
A 悲しみ　　B 目的　　C 傾向　　D 協会

14 cautious
A 醜い　　B 宗教的な　　C 苦い　　D 用心深い

15 religious
A 別個の　　B 用心深い　　C 醜い　　D 宗教的な

解答 1 A　2 B　3 A　4 C　5 A　6 D　7 C　8 B　9 A　10 C　11 B　12 A　13 B　14 D　15 D

Exercise 30 UNIT 30

STEP 2 日本文を参考にして下線部に入れるのに最適な単語を選びなさい。

1 We would appreciate your advice on how to _____ our product most effectively.

私たちの商品を最も効果的に**展示する**にはどのようにすべきかについてのアドバイスを歓迎します。

A display
B overcome
C dedicate
D discourage

2 The suggestion was _____ and all my efforts were in vain.

提案は**却下され**、すべての努力は無駄になりました。

A combined
B rejected
C blamed
D defended

3 You may have _____ some benefits to which you are entitled.

あなたは受ける資格のある手当てを**見逃した**のかも知れません。

A contributed
B reconsidered
C overlooked
D flourished

4 The two managers were unable to come to a(n) _____ on that day.

2人のマネージャーはその日は**合意**に達することができませんでした。

A contract
B influence
C warranty
D agreement

5 We will hire a new group of _____ employees.

私たちは**臨時(一時的)**雇用の従業員を雇うことになるでしょう。

A additional
B common
C temporary
D previous

解答 1 A 2 B 3 C 4 D 5 C

Exercise 30 UNIT 30

6 Many executives suffer from illness due to the _____ of their jobs.

多くの重役が仕事による**緊張**から病気になります。

- A solutions
- B tensions
- C subscriptions
- D convenience

7 Kate _____ me for the inaccurate statistics I sent her.

ケイトに送った不正確な統計に関して彼女は私を**非難しました**。

- A blamed
- B pretended
- C tackled
- D monitored

8 We must revise our policies for appraising workers for _____.

私たちは従業員用の**昇進**のための査定方針を改定しなくてはなりません。

- A promotion
- B tendency
- C enrollment
- D agreement

9 I am writing to state that I am against the new _____.

私は新しい**提案**に反対であると述べるためにこの文書を書いています。

- A welfare
- B option
- C proposal
- D facility

10 Companies in the automobile industry _____ cars and trucks.

自動車業界の会社は車やトラックを**生産します**。

- A presume
- B manufacture
- C attain
- D adopt

解答 6 B 7 A 8 A 9 C 10 B

11 If any of you would like to visit our _____ , we would be glad to welcome you.
もし**本部**を訪問したいという方がいらっしゃったら、喜んで歓迎します。
  A suburbs   B skyscrapers
  C headquarters   D destinations

12 Government exists for the convenience and _____ of the community.
政府は地域社会の利便性と**福祉**のために存在します。
  A strategy   B welfare
  C passion   D rumor

13 We know that in the past you have always been very _____ in your payments.
これまであなたがお支払いを**即座に**してくださっていたことを私どもは知っております。
  A keen   B faithful
  C prompt   D inferior

14 A grocer is a dealer in tea, coffee, sugar, spices, fruits, and other _____ .
雑貨屋は茶、コーヒー、砂糖、香辛料、フルーツ、その他の**商品**を扱います。
  A commodities   B destination
  C stationery   D shipment

15 We specialize in manufacturing _____ household electric products such as televisions and vacuum cleaners.
私たちはテレビ、電気掃除機などの**よく見かける（普通の）**家庭用電化製品を製造しています。
  A curious   B consistent   C common   D persistent

解答 11 C 12 B 13 C 14 A 15 C

Exercise 29 UNIT 29

STEP 3 CDを聞きながら内容を確認してください。

1 You must be **faithful** to your friends.

2 I wonder whether you understand the seriousness of your **failure** to pay your bill.

3 The country made remarkable **progress** in science during the past ten years.

4 Please come to our office at your **convenience** this month.

5 I am sure we will have a long and mutually **profitable** relationship.

6 The **knowledge** and experience I have gained in the last few years are invaluable.

7 This invention will significantly **contribute** to the future of medical science.

8 The object of this correspondence is to ask for your immediate **cooperation** in the plan.

9 Please tell me whether these arrangements will be **satisfactory**.

10 Congratulations. You have done an **outstanding** job.

11 They had to **overcome** lots of difficulties before achieving their present prosperity.

12 Mr. Harris is afraid of being **dismissed** from his job.

13 We must find a totally new **solution** to the problem.

14 Each machine carries a full five-year **warranty**.

15 Please discontinue my **subscription** to your weekly journal.

Exercise 30 UNIT 30 CD 2-30

1 We would appreciate your advice on how to **display** our product most effectively.

2 The suggestion was **rejected** and all my efforts were in vain.

3 You may have **overlooked** some benefits to which you are entitled.

4 The two managers were unable to come to an **agreement** on that day.

5 We will hire a new group of **temporary** employees.

6 Many executives suffer from illness due to the **tensions** of their jobs.

7 Kate **blamed** me for the inaccurate statistics I sent her.

8 We must revise our policies for appraising workers for **promotion**.

9 I am writing to state that I am against the new **proposal**.

10 Companies in the automobile industry **manufacture** cars and trucks.

11 If any of you would like to visit our **headquarters**, we would be glad to welcome you.

12 Government exists for the convenience and **welfare** of the community.

13 We know that in the past you have always been very **prompt** in your payments.

14 A grocer is a dealer in tea, coffee, sugar, spices, fruits, and other **commodities**.

15 We specialize in manufacturing **common** household electric products such as televisions and vacuum cleaners.

1語1秒！リズムで覚える1200語④

LEVEL 4

必修上級レベル

TOEIC 700点以上を目標にする人が確実に覚えたい単語

300語（0901-1200）

- **1語1秒！リズムで覚える**
  UNIT 31〜40

- **解いて覚える**
  STEP 1 日本語問題
  STEP 2 英語問題

- **聴いて理解する**
  STEP 3 リスニング例文
  Exercise 31〜40

UNIT 31

0901 censorship [sénsərʃip] 名	0902 forthcoming [fɔ̀ːrθkʌ́miŋ] 形	0903 delegation [dèligéiʃən] 名
0904 merely [míərli] 副	0905 feast [fiːst] 名	0906 stimulate [stímjəlèit] 動
0907 terror [térər] 名	0908 logical [lɑ́dʒikl] 形	0909 disturbance [distə́ːrbəns] 名
0910 feat [fiːt] 名	0911 assure [əʃúər] 動	0912 poisonous [pɔ́iznəs] 形
0913 compensation [kɑ̀mpənséiʃən] 名	0914 definite [défənət] 形	0915 fatal [féitl] 形
検閲 名	来るべき 形	代表団 名
単に 副	祝宴 名	刺激する 動
恐怖 名	論理的な 形	騒動 名
偉業 名	断言する 動	有毒の 形
補償 名	確実な 形	致命的な 形

0916 maxim [mǽksim] 名	0917 emphasize [émfəsàiz] 動	0918 fertilizer [fə́ːrtəlàizər] 名
0919 astonish [əstániʃ] 動	0920 indispensable [ìndispénsəbl] 形	0921 threaten [θrétn] 動
0922 moral [mɔ́(ː)rl] 形	0923 halt [hɔ́ːlt] 名動	0924 alumni [əlʌ́mnai] 名
0925 prospective [prəspéktiv] 形	0926 fatigue [fətíːg] 名	0927 diverse [daivə́ːrs] 形
0928 celebrity [səlébrəti] 名	0929 spacious [spéiʃəs] 形	0930 prosperous [práspərəs] 形
格言 名	強調する 動	肥料 名
驚かす 動	必須の 形	脅迫する 動
道徳上の 形	休止する 動 / 名 中止	同窓生 名
将来の 形	疲労 名	さまざまな 形
著名人 名	広大な 形	繁栄している 形

レベル 4

Exercise 31 UNIT 31

STEP 1 見出し語の英単語と同じ意味を持つ日本語を選びなさい。

1 forthcoming
A 有毒の　　B さまざまな　　C 来るべき　　D 道徳上の

2 delegation
A 代表団　　B 同窓生　　C 著名人　　D 偉業

3 merely
A すぐに　　B 直接に　　C 単に　　D 偶然に

4 stimulate
A 驚かす　　B 脅迫する　　C 休止する　　D 刺激する

5 terror
A 同窓生　　B 恐怖　　C 格言　　D 著名人

6 feat
A 偉業　　B 同窓生　　C 恐怖　　D 代表団

7 poisonous
A さまざまな　　B 来るべき　　C 道徳上の　　D 有毒の

8 maxim
A 著名人　　B 格言　　C 偉業　　D 恐怖

9 astonish
A 宣言する　　B 休止する　　C 刺激する　　D 驚かす

10 threaten
A 辞退する　　B 守る　　C 脅迫する　　D 休止する

11 moral
A 道徳上の　　B 有毒の　　C 来るべき　　D さまざまな

12 halt
A 刺激する　　B 休止する　　C 驚かす　　D 脅迫する

13 alumni
A 格言　　B 代表団　　C 同窓生　　D 偉業

14 diverse
A 来るべき　　B 道徳上の　　C 有毒の　　D さまざまな

15 celebrity
A 著名人　　B 恐怖　　C 格言　　D 代表団

解答　1 C　2 A　3 C　4 D　5 B　6 A　7 D　8 B　9 D　10 C　11 A　12 B　13 C　14 D　15 A

Exercise 31 UNIT 31

STEP 2 日本文を参考にして下線部に入れるのに最適な単語を選びなさい。

1 It was not until the eighteenth century that journalists became free from _____ .
ジャーナリストが**検閲**を受けなくて済むようになったのは18世紀になってからでした。

A privilege
B obedience
C election
D censorship

2 Religious holidays, weddings, and special occasions are celebrated everywhere with a _____ .
祝日、結婚式、特別な行事はどこでも**祝宴**で祝われます。

A feast
B beverage
C welfare
D sightseeing

3 It appears _____ to me that Harold will have to hire a qualified professional manager.
ハロルドが資格のある専門職のマネージャーを雇わなくてはならないのは**論理的**なことのように私には思えます。

A adequate
B logical
C appropriate
D strange

4 The stock exchange is very sensitive to political _____ .
証券取引所は政治的**騒動**に関しては敏感に反応します。

A fatigues
B compensations
C disturbances
D promotions

5 I _____ you that I will not repeat this behavior.
こういった行為を2度と繰り返さないことを**断言します**。

A manufacture
B assure
C presume
D contribute

解答 1 D 2 A 3 B 4 C 5 B

Exercise 31 UNIT 31

6 **Please accept the enclosed check as _____ for your damaged doll.**
傷んだ人形に対する**補償**として同封の小切手をお受け取りくださるようお願い致します。
A manuscript
B agreement
C compensation
D disturbance

7 **Air and water are _____ for our life.**
空気と水は私たちの生活で**必須の**ものです。
A sufficient
B technical
C prosperous
D indispensable

8 **Please distribute these tickets among _____ customers.**
これらの切符を**見込みのある（将来の）**顧客に配布してください。
A prospective
B definite
C religious
D temporary

9 **You'd better not work too much; otherwise, you won't get over your _____ very quickly.**
あまり働きすぎないほうがよいですよ。さもないと**疲労**がすぐに回復しません。
A tension
B fatigue
C sorrow
D tendency

10 **San Francisco became _____ because of its trade in minerals, lumber, and agricultural products.**
サンフランシスコは鉱石、板材、農業生産物の交易で**繁栄しました。**
A prosperous
B diverse
C spacious
D majestic

解答 6 C 7 D 8 A 9 B 10 A

11 No _____ cure for alcoholism has been found.
アルコール依存症の**確実な**治療法は見つかっていません。

A profitable
B definite
C slim
D faithful

12 Does your house have a room _____ enough to hold a grand piano?
あなたの家にグランドピアノを置くほどの**大きな（広大な）**部屋がありますか。

A spacious
B opposite
C strict
D cautious

13 Some farmers use natural _____ to make the soil more productive.
農業経営者の中には土壌を肥沃にするために天然**肥料**を使用している人がいます。

A commodity
B fertilizers
C stationery
D storage

14 Simple mistakes often lead to _____ accidents.
単純な間違いがしばしば**致命的な**事故につながります。

A frank
B satisfactory
C ugly
D fatal

15 Many economists _____ the use of mathematics and statistics in testing economic theories.
多くの経済学者は経済理論を試すのに数学や統計学を用いることを**強調しています**。

A argue
B emphasize
C reduce
D reject

解答　11 B　12 A　13 B　14 D　15 B

UNIT 32

0931	innocence	[ínəsəns]	名	無罪
0932	sue	[s(j)úː]	動	告訴する
0933	hesitate	[hézitèit]	動	躊躇する
0934	corruption	[kərʌ́pʃən]	名	汚職
0935	unify	[júːnəfài]	動	統一する
0936	removal	[rimúːvl]	名	除去
0937	furious	[fjúəriəs]	形	激怒した
0938	alleviate	[əlíːvièit]	動	軽減する
0939	function	[fʌ́ŋkʃən]	動 名	機能 / 動 機能する
0940	attorney	[ətə́ːrni]	名	弁護士
0941	remit	[rimít]	動	送付する
0942	fundamental	[fʌ̀ndəméntl]	形	基本となる(重要な)
0943	punishment	[pʌ́niʃmənt]	名	処罰
0944	universal	[jùːnəvə́ːrsl]	形	普遍的な
0945	census	[sénsəs]	名	国勢調査

#	Word	#	Word	#	Word
0946	**renowned** [rináund] 形	0947	**mutual** [mjúːtʃuəl] 形	0948	**era** [érə, íərə] 名
0949	**innumerable** [in(j)úːmərəbl] 形	0950	**supervisor** [súːpərvàizər] 名	0951	**sequence** [síːkwəns] 名
0952	**democratic** [dèməkrǽtik] 形	0953	**terminate** [tə́ːrmənèit] 動	0954	**auditor** [ɔ́ːdətər] 名
0955	**alternative** [ɔːltə́ːrnətiv] 形	0956	**invalid** [invǽlid] 形	0957	**allocate** [ǽləkèit] 動
0958	**superficial** [sùːpərfíʃl] 形	0959	**altitude** [ǽltət(j)ùːd] 名	0960	**punctual** [pʌ́ŋktʃəl] 形

有名な 形	相互の 形	時代 名
無数の 形	監督 名	連続 名
民主的な 形	終了する 動	監査役 名
代わりの 形	無効の 形	割り当てる 動
表面的な 形	高度 名	時間厳守の 形

Exercise 32 UNIT 32

STEP 1 　見出し語の英単語と同じ意味を持つ日本語を選びなさい。

1 sue
A 刺激する　　B 統一する　　C 告訴する　　D 終了する

2 corruption
A 監督　　B 汚職　　C 監査役　　D 時代

3 unify
A 統一する　　B 驚かす　　C 終了する　　D 告訴する

4 removal
A 連続　　B 高度　　C 汚職　　D 除去

5 universal
A 相互の　　B 無数の　　C 普遍的な　　D 無効の

6 renowned
A 無効の　　B 有名な　　C 無数の　　D 普遍的な

7 mutual
A 無数の　　B 相互の　　C 普遍的な　　D 有名な

8 era
A 時代　　B 除去　　C 監督　　D 監査役

9 innumerable
A 有名な　　B 無効の　　C 無数の　　D 相互の

10 supervisor
A 高度　　B 汚職　　C 連続　　D 監督

11 sequence
A 連続　　B 除去　　C 時代　　D 監査役

12 terminate
A 告訴する　　B 終了する　　C 統一する　　D 脅迫する

13 auditor
A 監督　　B 高度　　C 監査役　　D 除去

14 invalid
A 相互の　　B 普遍的な　　C 有名な　　D 無効の

15 altitude
A 汚職　　B 時代　　C 連続　　D 高度

解答　1 C　2 B　3 A　4 D　5 C　6 B　7 B　8 A　9 C　10 D　11 A　12 B　13 C　14 D　15 D

Exercise 32 UNIT 32

STEP 2 日本文を参考にして下線部に入れるのに最適な単語を選びなさい。

1 I tried hard, but I could never convince the police of my _____ .

一生懸命やってみたのですが、**無実**であることを警察に説得することができませんでした。

A innocence
B censorship
C corruption
D removal

2 If we can do anything further to help you, please do not _____ to call upon us.

お手伝いすることがまたありましたら、どうぞ**躊躇する**ことなくお電話を下さい。

A decline
B hesitate
C overlook
D pretend

3 This policy will help _____ some of the financial pressures the company is facing.

この政策は会社が直面している財政難を幾分か**軽減する**のに役立つでしょう。

A allocate
B terminate
C alleviate
D remit

4 The most important _____ of banks is to loan money.

銀行の最も重要な**機能**は資金を貸し出すことです。

A feat
B agreement
C function
D corruption

5 We will inform our _____ to take legal action against your firm.

貴社に対し法的手段をとるよう**弁護士**に連絡することになるでしょう。

A shareholder
B administrator
C candidate
D attorney

解答 1 A 2 B 3 C 4 C 5 D

Exercise 32 UNIT 32

6. This letter is our final appeal for you to _____ payment.
この手紙はあなたが支払額を**送付してくださる**ようにお願いする最後のものです。
- A halt
- B remit
- C stimulate
- D emphasize

7. Credit has become a(n) _____ part of business.
クレジットは商売をする上で最も**基本となる**部分になりました。
- A innumerable
- B moral
- C poisonous
- D fundamental

8. What _____ is adequate for a man who could commit such crimes?
そのような犯罪を犯した人間に対して適切な**処罰**とはどのようなものでしょうか。
- A sorrow
- B innocence
- C punishment
- D sequence

9. In the United States, a _____ is taken every ten years.
米国では**国勢調査**が10年ごとに行われています。
- A census
- B disturbance
- C manuscript
- D welfare

10. You should explore a(n) _____ plan.
あなたは**代わりとなる**企画を探してみるべきです。
- A superficial
- B alternative
- C universal
- D logical

解答 6 B 7 D 8 C 9 A 10 B

11 Each laboratory was _____ research money to carry out its experiments.
研究所は実験を行うための研究費をそれぞれ**割り当てられています**。
- A captured
- B remitted
- C allocated
- D overlooked

12 Your report gives only a(n) _____ analysis of the problem.
あなたの報告書は問題点に関して**表面的な**分析をしているだけです。
- A alternative
- B fatal
- C temporary
- D superficial

13 Susie always arrives on time. She is so _____ .
スージーはいつも時間通りに到着します。**時間厳守をして**くれる人です。
- A cautious
- B consistent
- C punctual
- D satisfactory

14 Access to good education is fundamental to any _____ society.
優れた教育を受けられることは**民主的な**社会で重要なことです。
- A democratic
- B distinct
- C moral
- D universal

15 Margaret was _____ when she heard the news.
マーガレットはその知らせを聞いて**激怒しました**。
- A strict
- B reliable
- C furious
- D affirmative

解答　11 C　12 D　13 C　14 A　15 C

Exercise 31 UNIT 31

STEP 3 CDを聞きながら内容を確認してください。

1 It was not until the eighteenth century that journalists became free from **censorship**.

2 Religious holidays, weddings, and special occasions are celebrated everywhere with a **feast**.

3 It appears **logical** to me that Harold will have to hire a qualified professional manager.

4 The stock exchange is very sensitive to political **disturbances**.

5 I **assure** you that I will not repeat this behavior.

6 Please accept the enclosed check as **compensation** for your damaged doll.

7 Air and water are **indispensable** for our life.

8 Please distribute these tickets among **prospective** customers.

9 You'd better not work too much; otherwise, you won't get over your **fatigue** very quickly.

10 San Francisco became **prosperous** because of its trade in minerals, lumber, and agricultural products.

11 No **definite** cure for alcoholism has been found.

12 Does your house have a room **spacious** enough to hold a grand piano?

13 Some farmers use natural **fertilizers** to make the soil more productive.

14 Simple mistakes often lead to **fatal** accidents.

15 Many economists **emphasize** the use of mathematics and statistics in testing economic theories.

Exercise 32 UNIT 32

1 I tried hard, but I could never convince the police of my **innocence**.

2 If we can do anything further to help you, please do not **hesitate** to call upon us.

3 This policy will help **alleviate** some of the financial pressures the company is facing.

4 The most important **function** of banks is to loan money.

5 We will inform our **attorney** to take legal action against your firm.

6 This letter is our final appeal for you to **remit** payment.

7 Credit has become a **fundamental** part of business.

8 What **punishment** is adequate for a man who could commit such crimes?

9 In the United States, a **census** is taken every ten years.

10 You should explore an **alternative** plan.

11 Each laboratory was **allocated** research money to carry out its experiments.

12 Your report gives only a **superficial** analysis of the problem.

13 Susie always arrives on time. She is so **punctual**.

14 Access to good education is fundamental to any **democratic** society.

15 Margaret was **furious** when she heard the news.

UNIT 33

0961	certify	[sə́ːrtifài]	動	証明する
0962	ban	[bǽn]	動	禁じる
0963	fertile	[fə́ːrtl]	形	肥沃な
0964	portion	[pɔ́ːrʃən]	名	部分
0965	ethnic	[éθnik]	形	民族の
0966	pursue	[pərs(j)úː]	動	探求する
0967	suspicious	[səspíʃəs]	形	疑わしい
0968	compromise	[kámprəmàiz]	名	妥協
0969	legendary	[lédʒəndèri]	形	伝説的な
0970	reputation	[rèpjətéiʃən]	名	評判
0971	ambassador	[æmbǽsədər]	名	大使
0972	excessive	[iksésiv]	形	過度の
0973	thesis	[θíːsis]	名	論文
0974	eventually	[ivéntʃuəli]	副	結局は
0975	superb	[supə́ːrb]	形	超一流の

0976 legitimate [lidʒítəmət] 形	0977 sympathy [símpəθi] 名	0978 fictitious [fiktíʃəs] 形
0979 characteristic [kæ̀rəktərístik] 名	0980 urgent [ə́:rdʒənt] 形	0981 ambition [æmbíʃən] 名
0982 instinctive [instíŋktiv] 形	0983 concession [kənséʃən] 名	0984 gene [dʒí:n] 名
0985 drastic [drǽstik] 形	0986 supplementary [sÀpləméntəri] 形	0987 evolution [èvəlú:ʃən] 名
0988 humble [hÁmbl] 形	0989 stability [stəbíləti] 名	0990 breakthrough [bréikθrù:] 名
合法の 形	同情 名	うその 形
特徴 名	緊急の 形	野心 名
本能の 形	譲歩 名	遺伝子 名
徹底的な 形	補足の 形	進化 名
謙虚な 形	安定性 名	飛躍的進歩 名

Exercise 33 UNIT 33

STEP 1　見出し語の英単語と同じ意味を持つ日本語を選びなさい。

1 certify
A 告訴する　　B 統一する　　C 証明する　　D 探求する

2 ethnic
A 徹底的な　　B 民族の　　C うその　　D 伝説的な

3 pursue
A 休止する　　B 探求する　　C 終了する　　D 証明する

4 legendary
A 伝説的な　　B 本能の　　C 民族の　　D 謙虚な

5 thesis
A 論文　　B 特徴　　C 進化　　D 同情

6 eventually
A 単に　　B 幸運にも　　C 結局は　　D おおよそ

7 legitimate
A うその　　B 民族の　　C 徹底的な　　D 合法の

8 sympathy
A 特徴　　B 同情　　C 論文　　D 飛躍的進歩

9 fictitious
A 謙虚な　　B 合法の　　C うその　　D 民族の

10 characteristic
A 進化　　B 論文　　C 飛躍的進歩　　D 特徴

11 instinctive
A 本能の　　B 伝説的な　　C 徹底的な　　D 合法の

12 drastic
A 謙虚な　　B 徹底的な　　C 伝説的な　　D 本能の

13 evolution
A 同情　　B 飛躍的進歩　　C 進化　　D 論文

14 humble
A 合法の　　B うその　　C 本能の　　D 謙虚な

15 breakthrough
A 飛躍的進歩　　B 進化　　C 特徴　　D 同情

解答　1 C　2 B　3 B　4 A　5 A　6 C　7 D　8 B　9 C　10 D　11 A　12 B　13 C　14 D　15 A

Exercise 33 UNIT 33

STEP 2 日本文を参考にして下線部に入れるのに最適な単語を選びなさい。

1 There's something _____ about the story.
その話に関して疑わしいことがあります。
- A indispensable
- B excessive
- C suspicious
- D definite

2 John's essay won him a(n) _____ .
ジョーンの随筆は評判を勝ち取りました。
- A reputation
- B punishment
- C census
- D altitude

3 The president appointed him _____ to the Philippines.
大統領は彼をフィリピンの大使に指名しました。
- A candidate
- B administrator
- C pioneer
- D ambassador

4 There is increasing evidence that _____ smoking causes cancer.
過度な喫煙は癌の原因となるという証拠がますます増えています。
- A prospective
- B prompt
- C excessive
- D punctual

5 The exhibition was _____ . I really enjoyed it.
その展覧会は超一流のものでした。十分楽しむことができました。
- A superb
- B legitimate
- C fictitious
- D drastic

解答 1 C 2 A 3 D 4 C 5 A

Exercise 33 UNIT 33

6 I left several _____ messages for him, but he has not responded.

いくつかの**緊急の**メッセージを彼あてに置いていきましたが、今のところ返事がありません。

A concise
B innumerable
C urgent
D suspicious

7 His _____ to become a lawyer is likely to be realized.

弁護士になろうという彼の**夢(野心)**は実現されそうです。

A ambition
B delegation
C sympathy
D evolution

8 The president is determined not to make any _____ to the terrorists.

大統領はテロリストに対してはいかなる**譲歩**もしないことを決意しています。

A stability
B ambition
C reputation
D concessions

9 I am glad to supply the _____ information that I promised you.

私は喜んでお約束した**補足**情報を提供します。

A democratic
B supplementary
C previous
D profitable

10 We have helped thousands of businesses to regain financial _____ .

私どもは何千という会社が財政的**安定性**を回復できるようにお手伝いをしてきました。

A disturbance
B compensation
C stability
D altitude

解答 6 C 7 A 8 D 9 B 10 C

11 The congressmen adopted the proposal to _____ all nuclear weapons.

下院議員はすべての核兵器の使用を**禁じる**提案を採択しました。

- A ban
- B hesitate
- C certify
- D unify

12 A large _____ of Britain's manufactured goods are exported.

イギリスの製造業製品の大**部分**は輸出されています。

- A maxim
- B proposal
- C session
- D portion

13 We must rule out the possibility of any _____ .

私たちは**妥協**の余地を排除しなければなりません。

- A punishment
- B compromise
- C census
- D evolution

14 All organisms inherit all their _____ from their ancestors.

すべての生物は祖先からすべての**遺伝子**を受け継いでいます。

- A theses
- B fertilizers
- C functions
- D genes

15 Irrigation changes desert regions into _____ land.

灌漑は砂漠地帯を**肥沃な**土地に変えます。

- A abnormal
- B fertile
- C rural
- D inferior

解答 11 A 12 D 13 B 14 D 15 B

UNIT 34

0991 exaggeration [igzæ̀dʒəréiʃən] 名	0992 concise [kənsáis] 形	0993 depression [dipréʃən] 名
0994 suppress [səprés] 動	0995 bribe [bráib] 名	0996 genetic [dʒənétik] 形
0997 utmost [Átmòust] 形	0998 exceed [iksí:d] 動	0999 quota [kwóutə] 名
1000 splendid [spléndid] 形	1001 genuine [dʒénjuin] 形	1002 obligation [àbligéiʃən] 名
1003 valid [vǽlid] 形	1004 resignation [rèzignéiʃən] 名	1005 cozy [kóuzi] 形
誇張 名	簡潔な 形	不況 名
鎮圧する 動	わいろ 名	遺伝の 形
最大の 形	超過する 動	割当量 名
すばらしい 形	本物の 形	義務 名
有効な 形	辞職 名	居心地の良い 形

1006 tolerate [tálərèit] 動	1007 radical [rædikl] 形	1008 desperate [déspərət] 形
1009 surgery [sə́ːrdʒəri] 名	1010 exclusive [iksklúːsiv] 形	1011 interpretation [intəːrprətéiʃən] 名
1012 surpass [səːrpǽs] 動	1013 confidential [kànfidénʃl] 形	1014 excursion [ikskə́ːrʒən] 名
1015 precious [préʃəs] 形	1016 conflict [kánflikt] 名	1017 acquaintance [əkwéintəns] 名
1018 anticipate [æntísəpèit] 動	1019 illumination [ilùːmənéiʃən] 名	1020 durable [d(j)úərəbl] 形
耐える 動	根本的な 形	絶望的な 形
手術 名	独占的な 形	解釈 名
超越する 動	秘密の 形	観光旅行 名
貴重な 形	(意見の)対立 名	知り合い 名
予想する(確信する) 動	照明 名	耐久力のある 形

Exercise 34 UNIT 34

STEP 1 見出し語の英単語と同じ意味を持つ日本語を選びなさい。

1 exaggeration
  A （意見の）対立   B 誇張   C 辞職   D 手術

2 genetic
  A 耐久力のある   B 根本的な   C 遺伝の   D 居心地のよい

3 genuine
  A 根本的な   B 本物の   C 居心地のよい   D 遺伝の

4 obligation
  A 辞職   B 観光旅行   C 手術   D 義務

5 resignation
  A 誇張   B 照明   C 辞職   D 解釈

6 cozy
  A 居心地の良い   B 遺伝の   C 耐久力のある   D 本物の

7 tolerate
  A 証明する   B 耐える   C 超越する   D 探求する

8 radical
  A 根本的な   B 本物の   C 遺伝の   D 耐久力のある

9 surgery
  A 義務   B 手術   C 照明   D （意見の）対立

10 interpretation
  A 観光旅行   B 誇張   C 解釈   D 照明

11 surpass
  A 証明する   B 超越する   C 探求する   D 耐える

12 excursion
  A 解釈   B 義務   C （意見の）対立   D 観光旅行

13 conflict
  A 誇張   B 辞職   C 解釈   D （意見の）対立

14 illumination
  A 観光旅行   B 手術   C 照明   D 義務

15 durable
  A 耐久力のある   B 根本的な   C 本物の   D 居心地のよい

解答　1 B　2 C　3 B　4 D　5 C　6 A　7 B　8 A　9 B　10 C　11 B　12 D　13 D　14 C　15 A

Exercise 34 UNIT 34

STEP 2 日本文を参考にして下線部に入れるのに最適な単語を選びなさい。

1 You should make the report as _____ as possible.
報告書はできるだけ**簡潔に**して下さい。
- A superb
- B concise
- C urgent
- D durable

2 We have to overcome this severe economic _____ .
私たちはこの厳しい経済**不況**を克服しなくてはなりません。
- A stability
- B concession
- C depression
- D characteristic

3 Mr. Young received a _____ from the dishonest politician.
ヤング氏は不正直な政治家から**わいろ**を受け取りました。
- A souvenir
- B brochures
- C shipment
- D bribe

4 All samples must be wrapped up with the _____ care.
すべての見本は**最大の**注意を持って包装されなくてはなりません。
- A valid
- B utmost
- C durable
- D cozy

5 We have _____ our advertising budget for this year.
今年度の宣伝広告費はすでに**超過して**います。
- A suppressed
- B displayed
- C exceeded
- D anticipated

解答 1 B 2 C 3 D 4 B 5 C

Exercise 34 UNIT 34

6 I am sorry to hear that you have not been able to meet your production _____ for July.
あなたが7月の生産**割当量**を達成できなかったことを聞いてとても残念です。
A quota
B bribe
C obligation
D genes

7 The conference was really a(n) _____ success.
その会議は実に**すばらしい**成功を納めました。
A splendid
B desperate
C instinctive
D humble

8 The credit card is _____ for three years from the date of issue.
そのクレジットカードの**有効(な)**期間は発行日から3年です。
A genuine
B supplementary
C valid
D precious

9 We are proud to announce that we have just received _____ rights to publish the novel in Europe.
その小説をヨーロッパで**独占的に**出版できる権利を受けることができたことを誇りをもってお知らせします。
A legendary
B exclusive
C mutual
D fundamental

10 You must not tell others what I've told you. It's _____ .
私があなたに述べたことを他の人に言ってはいけません。**秘密ですから**。
A moral
B indispensable
C universal
D confidential

解答 6 A 7 A 8 C 9 B 10 D

11 Clean water is one of the world's most _____ resources.
きれいな水は世界の最も**貴重な**資源の1つです。
- A radical
- B concise
- C precious
- D supplementary

12 A(n) _____ of mine who lived in England decided to go over to France for a trip.
イギリスに住んでいる私の**知り合い**は旅行でフランスに行くことを決めました。
- A companion
- B critics
- C ancestor
- D acquaintance

13 We _____ your prompt payment.
私どもは貴殿からすぐに支払いがあるものと**予想(確信)しています**。
- A anticipate
- B emphasize
- C defend
- D discourage

14 The rioting was _____ with great difficulty.
その騒乱は非常な困難をもって**鎮圧されました**。
- A sued
- B displayed
- C suppressed
- D refused

15 People who are short of money sometimes become _____.
お金が不足しているとき、人は**絶望的になります**。
- A humble
- B cautious
- C desperate
- D democratic

解答 11 C 12 D 13 A 14 C 15 C

Exercise 33 UNIT 33

STEP 3 CDを聞きながら内容を確認してください。

1 There's something **suspicious** about the story.

2 John's essay won him a **reputation**.

3 The president appointed him **ambassador** to the Philippines.

4 There is increasing evidence that **excessive** smoking causes cancer.

5 The exhibition was **superb**. I really enjoyed it.

6 I left several **urgent** messages for him, but he has not responded.

7 His **ambition** to become a lawyer is likely to be realized.

8 The president is determined not to make any **concessions** to the terrorists.

9 I am glad to supply the **supplementary** information that I promised you.

10 We have helped thousands of businesses to regain financial **stability**.

11 The congressmen adopted the proposal to **ban** all nuclear weapons.

12 A large **portion** of Britain's manufactured goods are exported.

13 We must rule out the possibility of any **compromise**.

14 All organisms inherit all their **genes** from their ancestors.

15 Irrigation changes desert regions into **fertile** land.

Exercise 34 UNIT 34   CD 2-34

1 You should make the report as **concise** as possible.

2 We have to overcome this severe economic **depression**.

3 Mr. Young received a **bribe** from the dishonest politician.

4 All samples must be wrapped up with the **utmost** care.

5 We have **exceeded** our advertising budget for this year.

6 I am sorry to hear that you have not been able to meet your production **quota** for July.

7 The conference was really a **splendid** success.

8 The credit card is **valid** for three years from the date of issue.

9 We are proud to announce that we have just received **exclusive** rights to publish the novel in Europe.

10 You must not tell others what I've told you. It's **confidential**.

11 Clean water is one of the world's most **precious** resources.

12 An **acquaintance** of mine who lived in England decided to go over to France for a trip.

13 We **anticipate** your prompt payment.

14 The rioting was **suppressed** with great difficulty.

15 People who are short of money sometimes become **desperate**.

UNIT 35

1021 名 **restriction** [ristríkʃən]	1022 動 **conform** [kənfɔ́ːrm]	1023 名 **destiny** [déstəni]
1024 名 **acquisition** [ækwizíʃən]	1025 形名 **criminal** [krímin l]	1026 名 **starvation** [stɑːrvéiʃən]
1027 形名 **antique** [æntíːk]	1028 名 **illusion** [ilúːʒən]	1029 形 **chronic** [kránik]
1030 名 **crisis** [kráisis]	1031 形 **obscure** [əbskjúər]	1032 動 **invade** [invéid]
1033 形 **flexible** [fléksəbl]	1034 名 **premise** [prémis]	1035 名 **condominium** [kàndəmíniəm]
名 制限	動 従う(一致する)	名 運命
名 獲得	名 犯罪者 / 形 犯罪の	名 飢餓
名 骨董品 / 形 古代の	名 幻想	形 慢性的な
名 危機	形 あいまいな	動 侵略する
形 柔軟な	名 前提	名 分譲アパート

1036	**shelter** [ʃéltər] 名	避難所
1037	**criticize** [krítəsàiz] 動	批判する
1038	**circumstance** [sə́ːrkəmstæns] 名	環境
1039	**litter** [lítər] 動名	ごみ／動(ごみを)散らかす
1040	**obstinate** [ɑ́bstənət] 形	頑固な
1041	**detour** [díːtuər] 名	迂回路
1042	**verify** [vérəfài] 動	実証する
1043	**statistical** [stətístikl] 形	統計上の
1044	**bankruptcy** [bǽŋkrʌptsi] 名	倒産
1045	**consensus** [kənsénsəs] 名	(意見の)一致
1046	**conservation** [kɑ̀nsərvéiʃən] 名	保護
1047	**civil** [sívl] 形	市民の
1048	**investigation** [invèstəgéiʃən] 名	調査
1049	**crucial** [krúːʃl] 形	重大な
1050	**obsolete** [ɑ̀bsəlíːt] 形	時代遅れの

Exercise 35 UNIT 35

STEP 1 見出し語の英単語と同じ意味を持つ日本語を選びなさい。

1 acquisition
A 前提　　　　B 獲得　　　　C 幻想　　　　D 分譲アパート

2 antique
A 環境　　　　B 分譲アパート　C 骨董品　　　D 前提

3 illusion
A 獲得　　　　B 迂回路　　　　C 分譲アパート　D 幻想

4 obscure
A あいまいな　B 柔軟な　　　　C 市民の　　　　D 統計上の

5 invade
A 耐える　　　B 侵略する　　　C 実証する　　　D 超越する

6 flexible
A 時代遅れの　B 市民の　　　　C 柔軟な　　　　D あいまいな

7 premise
A 避難所　　　B 前提　　　　　C 骨董品　　　　D 迂回路

8 condominium
A 分譲アパート　B 幻想　　　　C 環境　　　　　D 獲得

9 shelter
A 骨董品　　　B 避難所　　　　C 幻想　　　　　D 迂回路

10 circumstance
A 獲得　　　　B 前提　　　　　C 避難所　　　　D 環境

11 detour
A 環境　　　　B 骨董品　　　　C 迂回路　　　　D 避難所

12 verify
A 実証する　　B 超越する　　　C 耐える　　　　D 侵略する

13 statistical
A 柔軟な　　　B 統計上の　　　C あいまいな　　D 時代遅れの

14 civil
A 統計上の　　B あいまいな　　C 時代遅れの　　D 市民の

15 obsolete
A 市民の　　　B 時代遅れの　　C 柔軟な　　　　D 統計上の

解答　1 B　2 C　3 D　4 A　5 B　6 C　7 B　8 A　9 B　10 D　11 C　12 A　13 B　14 D　15 B

Exercise 35 UNIT 35

STEP 2 日本文を参考にして下線部に入れるのに最適な単語を選びなさい。

1 There are _____ on the advertising of certain harmful products such as tobacco and alcohol.

タバコやアルコール類のような有害製品の広告には**制限**があります。

- A restrictions
- B interpretations
- C resignations
- D excursions

2 Most people _____ to the accepted rules of behavior in their community.

ほとんどの人は地域社会で受け入れられた行動規範に**従います**。

- A hesitate
- B verify
- C reduce
- D conform

3 A five-thousand-dollar reward is offered for the capture of the escaped _____ .

逃走中の**犯罪者**を捕らえたものに対しては5000ドルの賞金が提供されています。

- A pedestrians
- B criminals
- C novices
- D crew

4 One of the serious problems related to overpopulation is _____ .

人口過剰に関連した重大な問題の1つは**飢餓**です。

- A evolution
- B resignation
- C starvation
- D reputation

5 Physical fitness can reduce _____ fatigue and stress.

健康増進は**慢性的な**疲労やストレスを軽減します。

- A exclusive
- B utmost
- C genetic
- D chronic

解答 1 A 2 D 3 B 4 C 5 D

Exercise 35 UNIT 35

6 Like the pollution problem, the energy _____ is a global problem.
汚染問題と同様にエネルギー**危機**は世界的な問題です。
- A obligation
- B crisis
- C restriction
- D evolution

7 There are many people who _____ the school regulations.
多くの人が学校の規則を**批判しています**。
- A explode
- B exceed
- C tolerate
- D criticize

8 Recycling cuts down _____ , reduces air and water pollution, and saves energy.
リサイクルは**ごみ**を減らし、空気や水の汚染を減らし、エネルギーを節約します。
- A litter
- B fertilizer
- C textile
- D shipment

9 The company is on the verge of _____ .
その会社は**倒産**寸前です。
- A sympathy
- B breakthrough
- C surgery
- D bankruptcy

10 It seems that an international _____ about how to deal with population problems is forming.
人口問題をどの様に扱うかについて国際的な**意見の一致**が形成されつつあるように思われます。
- A starvation
- B consensus
- C illusion
- D crisis

解答 6 B 7 D 8 A 9 D 10 B

11 Today the _____ of nature should be given first priority.
今日、自然**保護**は第一の優先順序を与えられるべきです。
- A circumstance
- B quota
- C conservation
- D depression

12 A thorough _____ of the cause of the accident is necessary.
その事故の原因の完全な**調査**が必要です。
- A investigation
- B reputation
- C exaggeration
- D restriction

13 Bill started to discuss the _____ issue very frankly.
ビルはその**重大な**問題について非常に率直に話し始めました。
- A supplementary
- B chronic
- C crucial
- D valid

14 The clerk was too _____ to admit that she had been wrong.
事務員は大変に**頑固で**本人が悪いということを認めたがりませんでした。
- A obstinate
- B desperate
- C instinctive
- D urgent

15 The fight against natural disasters has been the _____ of humans since the birth of humankind.
人類の誕生以来、自然災害に対する戦いは人間の**運命**でした。
- A breakthrough
- B destiny
- C illumination
- D conflict

解答　11 C　12 A　13 C　14 A　15 B

UNIT 36

1051 ecological [èkəládʒikl] 形	1052 diabetes [dàiəbíːtiːz] 名	1053 consequence [kánsəkwèns] 名
1054 bid [bíd] 名	1055 conservative [kənsə́ːrvətiv] 形	1056 prestige [prestíːʒ] 名
1057 effective [iféktiv] 形	1058 explode [iksplóud] 動	1059 fluent [flúːənt] 形
1060 curfew [kə́ːrfjuː] 名	1061 odor [óudər] 名	1062 persist [pərsíst] 動
1063 incentive [inséntiv] 名	1064 enhance [enhǽns] 動	1065 revolutionary [rèvəl(j)úːʃənèri] 形
生態上の 形	糖尿病 名	結果 名
入札 名	保守的な 形	名声 名
効果的な 形	爆発する 動	流暢な 形
門限 名	におい 名	固執する 動
刺激（動機） 名	高める 動	革命的な 形

1066 **capitalism** [kǽpətəlìzm] 名	1067 **ridiculous** [ridíkjələs] 形	1068 **appliance** [əpláiəns] 名
1069 **diminish** [dimíniʃ] 動	1070 **efficient** [ifíʃənt] 形	1071 **stipulate** [stípjəlèit] 動
1072 **explore** [ikspló:r] 動	1073 **currency** [kə́:rənsi] 名	1074 **digestion** [daidʒéstʃən] 名
1075 **vigorous** [vígərəs] 形	1076 **transaction** [trænzǽkʃən] 名	1077 **calculate** [kǽlkjəlèit] 動
1078 **elaborate** [ilǽbərət] 形	1079 **diligent** [dílidʒənt] 形	1080 **barter** [bá:rtər] 名
資本主義 名	ばかげた 形	器具 名
減少する 動	効率の良い 形	規定する 動
探検する 動	通貨 名	消化 名
精力的な 形	取引 名	計算する 動
精巧な 形	勤勉な 形	物々交換 名

Exercise 36 UNIT 36

STEP 1 見出し語の英単語と同じ意味を持つ日本語を選びなさい。

1 effective
A 効果的な　B 精巧な　C 精力的な　D ばかげた

2 fluent
A 精巧な　B 精力的な　C 流暢な　D 効果的な

3 curfew
A におい　B 門限　C 通貨　D 消化

4 odor
A 通貨　B 器具　C 消化　D におい

5 enhance
A 高める　B 計算する　C 探検する　D 減少する

6 ridiculous
A 精巧な　B ばかげた　C 効果的な　D 流暢な

7 appliance
A 門限　B におい　C 器具　D 物々交換

8 diminish
A 探検する　B 高める　C 減少する　D 計算する

9 explore
A 減少する　B 計算する　C 高める　D 探検する

10 currency
A 消化　B 通貨　C 物々交換　D 門限

11 digestion
A 物々交換　B 消化　C 通貨　D 器具

12 vigorous
A 精力的な　B 効果的な　C 流暢な　D ばかげた

13 calculate
A 計算する　B 探検する　C 減少する　D 高める

14 elaborate
A ばかげた　B 流暢な　C 精巧な　D 精力的な

15 barter
A 門限　B におい　C 器具　D 物々交換

解答　1 A　2 C　3 B　4 D　5 A　6 B　7 C　8 C　9 D　10 B　11 B　12 A　13 A　14 C　15 D

Exercise 36 UNIT 36

STEP 2 日本文を参考にして下線部に入れるのに最適な単語を選びなさい。

1 Spills from oil tankers often cause widespread _____ damage.

タンカーからの原油の流出はしばしば広範な**生態上の**損害を与えます。

A ecological　　B renowned　　C chronic　　D flexible

2 Many researchers think that tendencies to contract _____ and other diseases are inherited.

糖尿病や他の病気にかかる傾向は遺伝によるものであると多くの研究者は考えています。

A genes　　B starvation　　C destiny　　D diabetes

3 Some diseases may arise as a(n) _____ of economic and social progress.

病気によっては経済的、社会的発展の**結果**として起こったと考えられるものもあります。

A obligation　　　　B resignation
C consequence　　D acquisition

4 If you _____ your biased belief, you may have to leave the company.

もし偏見に満ちた信念に**固執する**のであれば、あなたは会社をやめなくてはならないかもしれません。

A exceed　　B diminish
C enhance　　D persist in

5 The process of economic development begins with _____ changes in a country's agriculture.

経済発展の過程はその国の農業の**革命的な**変化と共に始まります。

A obsolete　　　B revolutionary
C crucial　　　　D genuine

解答 1 A　2 D　3 C　4 D　5 B

Exercise 36 UNIT 36

6 Under a democratic government, _____ stimulates individual initiative.

民主的政府の下で、**資本主義**は個々人の企業心を駆り立てます。

- A capitalism
- B bankruptcy
- C consensus
- D conservation

7 I am sure these suggestions will lead to a more _____ operation.

これらの提案が、より**効率的な**運営につながるものと確信しています。

- A drastic
- B efficient
- C statistical
- D conservative

8 Company regulations _____ that special discounts can be given only on orders of at least $5,000.

会社の規則は最低5000ドルの注文に対して特別割引が与えられると**規定しています**。

- A calculate
- B decline
- C threaten
- D stipulate

9 We are _____, as we have always been, in our plans for expansion.

事業拡張に関してはこれまでと同様**保守的に**考えております。

- A diligent
- B conservative
- C furious
- D diverse

10 We are confident that our _____ remains competitive.

私たちの**入札**が競争力のあるものと自信を持っております。

- A bid
- B premise
- C illusion
- D surgery

解答 6 A 7 B 8 D 9 B 10 A

11 We keep careful records of our business _____ .

私どもは商取引に関して慎重な記帳をしております。

A transactions
B investigations
C consequences
D appliances

12 Your _____ efforts have helped us stay well within budget this year.

あなたの勤勉な努力のおかげで予算が今年度の枠内に十分収まることになりました。

A fluent
B revolutionary
C diligent
D radical

13 All at once a bomb _____ in a restaurant.

突然、レストランで爆弾が爆発しました。

A indicated
B exploded
C combined
D dismissed

14 Pupils who dislike school must be given _____ to learn.

学校嫌いの生徒は学ぶという刺激を与えられなくてはなりません。

A shelters
B detours
C incentives
D consensus

15 Every one of them has reported that customers feel that the stores have achieved _____ .

それぞれの人は、この店が名声を獲得したと客が感じていると報告しました。

A currency
B prestige
C conservation
D investigation

解答　11 A　12 C　13 B　14 C　15 B

Exercise 35 UNIT 35

STEP 3 CDを聞きながら内容を確認してください。

1 There are **restrictions** on the advertising of certain harmful products, such as tobacco and alcohol.

2 Most people **conform** to the accepted rules of behavior in their community.

3 A five-thousand-dollar reward is offered for the capture of the escaped **criminals**.

4 One of the serious problems related to overpopulation is **starvation**.

5 Physical fitness can reduce **chronic** fatigue and stress.

6 Like the pollution problem, the energy **crisis** is a global problem.

7 There are many people who **criticize** the school regulations.

8 Recycling cuts down **litter**, reduces air and water pollution, and saves energy.

9 The company is on the verge of **bankruptcy**.

10 It seems that an international **consensus** about how to deal with population problems is forming .

11 Today the **conservation** of nature should be given first priority.

12 A thorough **investigation** of the cause of the accident is necessary.

13 Bill started to discuss the **crucial** issue very frankly.

14 The clerk was too **obstinate** to admit that she had been wrong.

15 The fight against natural disasters has been the **destiny** of humans since the birth of humankind.

Exercise 36 UNIT 36

1. Spills from oil tankers often cause widespread **ecological** damage.
2. Many researchers think that tendencies to contract **diabetes** and other diseases are inherited.
3. Some diseases may arise as a **consequence** of economic and social progress.
4. If you **persist** in your biased belief, you may have to leave the company.
5. The process of economic development begins with **revolutionary** changes in a country's agriculture.
6. Under a democratic government, **capitalism** stimulates individual initiative.
7. I am sure these suggestions will lead to a more **efficient** operation.
8. Company regulations **stipulate** that special discounts can be given only on orders of at least $5,000.
9. We are **conservative**, as we have always been, in our plans for expansion.
10. We are confident that our **bid** remains competitive.
11. We keep careful records of our business **transactions**.
12. Your **diligent** efforts have helped us stay well within budget this year.
13. All at once a bomb **exploded** in a restaurant.
14. Pupils who dislike school must be given **incentives** to learn.
15. Every one of them has reported that customers feel that the stores have achieved **prestige**.

UNIT 37

1081	tentative	[téntətiv]	形	試験的な
1082	synthetic	[sinθétik]	形	合成の
1083	violation	[vàiəléiʃən]	名	違反行為
1084	adjacent	[ədʒéisnt]	形	隣り合った
1085	constructive	[kənstrʌ́ktiv]	形	建設的な
1086	violence	[váiələns]	名	暴力
1087	significant	[signífikənt]	形	重要な
1088	forgive	[fərgív]	動	(罪などを)許す
1089	diplomat	[dípləmæt]	名	外交官
1090	virtually	[və́ːrtʃuəli]	副	事実上
1091	appraisal	[əpréizl]	名	評価
1092	extinct	[ikstíŋkt]	形	絶滅した
1093	petition	[pətíʃən]	名	請願
1094	pessimistic	[pèsəmístik]	形	悲観的な
1095	admirable	[ǽdmərəbl]	形	賞賛すべき

#	英語	発音	品詞	意味
1096	persuade	[pərswéid]	動	説得する
1097	forecast	[fɔ́ːrkæst]	動/名	予想 / 動 予想する
1098	tactic	[tǽktik]	名	戦法
1099	eliminate	[ilímənèit]	動	削除する
1100	eligible	[élidʒəbl]	形	適格な
1101	opponent	[əpóunənt]	名	対抗者
1102	extraordinary	[ikstrɔ́ːrdənèri]	形	驚くべき
1103	fabric	[fǽbrik]	名	織物
1104	modest	[mάdəst]	形	控えめな
1105	extremely	[ikstríːmli]	副	極端に
1106	phenomenon	[finάmənὰn]	名	現象
1107	disastrous	[dizǽstrəs]	形	悲惨な
1108	sacrifice	[sǽkrəfàis]	名/動	犠牲にする / 名 犠牲
1109	monetary	[mάnətèri]	形	貨幣の
1110	embarrass	[embǽrəs]	動	当惑させる

Exercise 37 UNIT 37

STEP 1 見出し語の英単語と同じ意味を持つ日本語を選びなさい。

1 violation
A 戦法　　B 請願　　C 対抗者　　D 違反行為

2 constructive
A 建設的な　　B 悲観的な　　C 絶滅した　　D 控えめな

3 violence
A 請願　　B 戦法　　C 織物　　D 暴力

4 forgive
A 高める　　B 減少する　　C (罪などを)許す　　D 探検する

5 diplomat
A 現象　　B 外交官　　C 暴力　　D 戦法

6 extinct
A 絶滅した　　B 建設的な　　C 控えめな　　D 悲観的な

7 petition
A 請願　　B 対抗者　　C 違反行為　　D 現象

8 pessimistic
A 控えめな　　B 絶滅した　　C 悲観的な　　D 建設的な

9 forecast
A 織物　　B 予想　　C 対抗者　　D 外交官

10 tactic
A 現象　　B 暴力　　C 戦法　　D 織物

11 opponent
A 暴力　　B 予想　　C 外交官　　D 対抗者

12 fabric
A 織物　　B 違反行為　　C 請願　　D 予想

13 modest
A 建設的な　　B 控えめな　　C 悲観的な　　D 絶滅した

14 extremely
A 極端に　　B 単に　　C おおよそ　　D 次第に

15 phenomenon
A 外交官　　B 現象　　C 予想　　D 請願

解答　1 D　2 A　3 D　4 C　5 B　6 A　7 A　8 C　9 B　10 C　11 D　12 A　13 B　14 A　15 B

Exercise 37 UNIT 37

STEP 2 日本文を参考にして下線部に入れるのに最適な単語を選びなさい。

1 We have drawn up a(n) _____ set of guidelines in preparation for next year's annual report.
来年度の年度報告書の準備のために**試験的な**ガイドラインを作成しました。
A effective　　B obscure　　C tentative　　D vigorous

2 The post office building is _____ to the city government building.
郵便局は市役所の建物と**隣合っています**。
A spacious　　　　　　B alternative
C adjacent　　　　　　D invalid

3 Her ability to interact with customers gives us a _____ advantage over our competitors.
顧客とふれあう際の彼女の能力は、競合する会社に対する**重要な**優位性を我が社に与えています。
A mutual　　　　　　B significant
C chronic　　　　　　D synthetic

4 By using e-mail, we will _____ eliminate travel and postage costs.
eメールを使うことによって、旅行や郵便費用を**事実上**なくすことができます。
A virtually　　　　　　B absolutely
C slightly　　　　　　D suddenly

5 I suggest that you ask Mr. Brown's supervisor to make more frequent work _____ .
私はあなたがブラウン氏の上司に対しもっと頻繁に仕事に対する**評価**を行うように求めることを提案します。
A transactions　　　　　　B barters
C appraisals　　　　　　D digestions

解答　1C 2C 3B 4A 5C

Exercise 37 UNIT 37

6 Advertisements try to _____ us to choose one brand instead of another.

広告は他のブランドではなく１つのブランドを選ぶように**説得しようとします**。

A invade　　B criticize　　C stipulate　　D persuade

7 As more industries became automated, many jobs have been _____ .

産業が自動化されるにつれて多くの仕事が**なくなり（削除され）**ました。

A explored　　B eliminated　　C collapsed　　D calculated

8 Employees who have given suggestions leading to a more efficient operation will be _____ for awards.

より効率的な運営につながる提案をしてくれた従業員は受賞するのに**ふさわしい（適格である）**でしょう。

A eligible　　B significant　　C pessimistic　　D constructive

9 His _____ ability to analyze problems always keeps us on schedule.

彼の問題分析に対する**驚くべき**能力のおかげでいつも運営がスケジュール通りに進行します。

A modest　　B elaborate　　C extraordinary　　D confidential

10 We _____ long-term market share for short-term profits and now are paying the real price of this short-sightedness.

私たちは短期的な利益のために長期的な市場占有率を**犠牲にしてきました**が、いまやこの先見の明のなさでかなりの代償を支払っています。

A sacrificed　　　　　　B verified
C criticized　　　　　　D suppressed

解答 6 D　7 B　8 A　9 C　10 A

11 Commercialization has promoted a(n) _____ economy.
商業化は**貨幣**経済を促進しました。
- A precious
- B efficient
- C monetary
- D tentative

12 I certainly hope I did not _____ you or hurt your feelings.
あなたを**当惑させたり**あなたの感情を害していないことを切に希望します。
- A dismiss
- B criticize
- C embarrass
- D forgive

13 The new _____ material is comfortable to wear and very durable.
新しい**合成**素材は着ていて快適で、耐久性もかなりあります。
- A adjacent
- B synthetic
- C extinct
- D splendid

14 Although your efforts are _____ , your work runs counter to the aims of our organization.
あなたの努力は**賞賛すべき**ものですが、あなたの行った仕事は会社の目的と逆方向に走っています。
- A conservative
- B vigorous
- C constructive
- D admirable

15 There have been many recorded instances of extremely _____ floods.
多くの大変に**悲惨な**洪水の記録の例がこれまでにあります。
- A disastrous
- B ecological
- C fertile
- D fictitious

解答 11 C 12 C 13 B 14 D 15 A

UNIT 38

1111 collaborate [kəlǽbərèit] 動	1112 optimistic [ὰptəmístik] 形	1113 monopoly [mənάpəli] 名
1114 collapse [kəlǽps] 名動	1115 facilitate [fəsílətèit] 動	1116 monotonous [mənάtənəs] 形
1117 disclose [disklóuz] 動	1118 habitat [hǽbitæt] 名	1119 abolish [əbάliʃ] 動
1120 bias [báiəs] 名	1121 beneficial [bènəfíʃl] 形	1122 decay [dikéi] 動
1123 forbid [fərbíd] 動	1124 magnificent [mægnífəsnt] 形	1125 coherent [kouhíərənt] 形
協力する 動	楽観的な 形	独占 名
崩壊する 動 名崩壊	促進する 動	単調な 形
暴露する 動	生息環境 名	廃止する 動
偏見 名	有益な 形	腐敗する 動
禁ずる 動	壮大な 形	首尾一貫した 形

1126 affection [əfékʃən] 名	1127 discrimination [diskrìmənéiʃən] 名	1128 artificial [à:rtifíʃl] 形
1129 cargo [ká:rgou] 名	1130 stringent [stríndʒənt] 形	1131 tuition [t(j)u(:)íʃən] 名
1132 contradict [kàntrədíkt] 動	1133 affluent [ǽfluənt] 形	1134 deceive [disí:v] 動
1135 smuggler [smʌ́glər] 名	1136 infinite [ínfənət] 形	1137 sanitary [sǽnətèri] 形
1138 enforce [enfɔ́:rs] 動	1139 controversy [kántrəvə̀:rsi] 名	1140 dispatch [dispǽtʃ] 動
愛情 名	差別 名	人工の 形
積荷 名	厳格な 形	授業料 名
矛盾する 動	裕福な 形	だます 動
密輸業者 名	無限の 形	衛生的な 形
強制する 動	論争 名	発送する 動

Exercise 38 UNIT 38

STEP 1 見出し語の英単語と同じ意味を持つ日本語を選びなさい。

1 optimistic
 A 厳格な B 人工の C 楽観的な D 無限の

2 collapse
 A 暴露する B 矛盾する C 探検する D 崩壊する

3 disclose
 A 矛盾する B 崩壊する C 暴露する D 腐敗する

4 habitat
 A 愛情 B 生息環境 C 偏見 D 差別

5 bias
 A 偏見 B 愛情 C 現象 D 生息環境

6 decay
 A 腐敗する B 矛盾する C 高める D 暴露する

7 magnificent
 A 衛生的な B 楽観的な C 裕福な D 壮大な

8 affection
 A 生息環境 B 差別 C 愛情 D 偏見

9 discrimination
 A 差別 B 現象 C 生息環境 D 愛情

10 artificial
 A 楽観的な B 無限の C 壮大な D 人工の

11 stringent
 A 衛生的な B 厳格な C 楽観的な D 裕福な

12 contradict
 A 崩壊する B 暴露する C 矛盾する D 腐敗する

13 affluent
 A 裕福な B 無限の C 人工の D 厳格な

14 infinite
 A 無限の B 人工の C 衛生的な D 壮大な

15 sanitary
 A 裕福な B 衛生的な C 壮大な D 厳格な

解答　1 C　2 D　3 C　4 B　5 A　6 A　7 D　8 C　9 A　10 D　11 B　12 C　13 A　14 A　15 B

Exercise 38 UNIT 38

STEP 2 日本文を参考にして下線部に入れるのに最適な単語を選びなさい。

1 If we _____ , we will be able to complete the project in half the time.

もし**協力すれば**、私たちは半分の時間でその企画を完了させることができるでしょう。

A sacrifice
B contradict
C anticipate
D collaborate

2 The telephone company, which controlled the entire telephone industry, was an example of a _____ .

電話会社は、電話産業のすべてを支配していて、**独占**企業の1つの例でした。

A bankruptcy
B phenomenon
C monopoly
D discrimination

3 Space exploration _____ scientific advances.

宇宙探査は科学の発展を**促進しました**。

A abolished
B facilitated
C disclosed
D decayed

4 Mass production and industrialization led to increasingly _____ labor.

大量生産と産業化によって、**単調な**労働が増えるようになってきました。

A monotonous
B obstinate
C revolutionary
D sanitary

5 The _____ is due to be unloaded in New York three days later.

その**積荷**は3日後にニューヨークで荷揚げされる予定です。

A cargo
B souvenir
C fertilizer
D appliance

解答 1 D 2 C 3 B 4 A 5 A

Exercise 38 UNIT 38

6 We hope that you will act promptly so that we can retain the mutually _____ relationship we have enjoyed over the years.

ここ数年私たちが保ってきた相互の**有益な**関係を維持できるように、貴社がすばやく行動してくださることを期待しています。

A infinite　　B beneficial　　C artificial　　D monotonous

7 The director _____ us to accept any gifts from customers.

責任者は私たちが顧客からどんな贈答品であっても受け取ることを**禁じています**。

A persuades　　B deceives　　C forbids　　D enforces

8 Ancient science was guesswork, but modern science is precise, detailed, and _____ .

古代の科学は想像の産物であり、現代の科学は正確で、詳細で、**首尾一貫しています**。

A beneficial　　B coherent　　C magnificent　　D disastrous

9 I would especially like to receive information about _____ costs and admission deadlines.

私は特に**授業料**と入学許可の締切日についての情報を知りたいと思います。

A appraisal　　　　　　B petition
C tactic　　　　　　　　D tuition

10 Many children and adults are _____ by the clever ads on television.

多くの子供や大人がテレビの巧妙な広告に**だまされます**。

A deceived　　　　　　B invaded
C surpassed　　　　　　D explored

解答　6 B　7 C　8 B　9 D　10 A

11 _____ try to trick customs officers by hiding illegal goods.

密輸業者は非合法な商品を隠して税関職員をごまかそうとします。

A Immigrants B Pedestrians
C Representative D Smugglers

12 The new smoking policy will be strictly _____ in this office.

あたらしい喫煙に対する方針はこの事務所では厳格な強制力を持つでしょう。

A persuaded B collaborated
C enforced D deceived

13 The trade imbalance between the two countries has caused bitter _____ .

2つの国同士の貿易不均衡は激しい論争を巻き起こしました。

A acquisition B controversy
C odor D digestion

14 We demand government action to _____ sex discrimination.

性差別を廃止するような政府の活動を私たちは要求します。

A abolish B dispatch
C explore D criticize

15 These parts will be _____ separately; so, please allow 14 days for delivery.

3つの部品は別々に発送されますので、配達に14日間の猶予をいただきます。

A collapsed B dispatched
C suppressed D declared

解答　11 D　12 C　13 B　14 A　15 B

Exercise 37 UNIT 37 CD 2-37

STEP 3 CDを聞きながら内容を確認してください。

1 We have drawn up a **tentative** set of guidelines in preparation for next year's annual report.

2 The post office building is **adjacent** to the city government building.

3 Her ability to interact with customers gives us a **significant** advantage over our competitors.

4 By using e-mail, we will **virtually** eliminate travel and postage costs.

5 I suggest that you ask Mr. Brown's supervisor to make more frequent work **appraisals**.

6 Advertisements try to **persuade** us to choose one brand instead of another.

7 As more industries became automated, many jobs have been **eliminated**.

8 Employees who have given suggestions leading to a more efficient operation will be **eligible** for awards.

9 His **extraordinary** ability to analyze problems always keeps us on schedule.

10 We **sacrificed** long-term market share for short-term profits and now are paying the real price of this short-sightedness.

11 Commercialization has promoted a **monetary** economy.

12 I certainly hope I did not **embarrass** you or hurt your feelings.

13 The new **synthetic** material is comfortable to wear and very durable.

14 Although your efforts are **admirable**, your work runs counter to the aims of our organization.

15 There have been many recorded instances of extremely **disastrous** floods.

Exercise 38 UNIT 38

1 If we **collaborate**, we will be able to complete the project in half the time.

2 The telephone company, which controlled the entire telephone industry, was an example of a **monopoly**.

3 Space exploration **facilitated** scientific advances.

4 Mass production and industrialization led to increasingly **monotonous** labor.

5 The **cargo** is due to be unloaded in New York three days later.

6 We hope that you will act promptly so that we can retain the mutually **beneficial** relationship we have enjoyed over the years.

7 The director **forbids** us to accept any gifts from customers.

8 Ancient science was guesswork, but modern science is precise, detailed, and **coherent**.

9 I would especially like to receive information about **tuition** costs and admission deadlines.

10 Many children and adults are **deceived** by the clever ads on television.

11 **Smugglers** try to trick customs officers by hiding illegal goods.

12 The new smoking policy will be strictly **enforced** in this office.

13 The trade imbalance between the two countries has caused bitter **controversy**.

14 We demand government action to **abolish** sex discrimination.

15 These parts will be **dispatched** separately; so, please allow 14 days for delivery.

UNIT 39

1141 infectious [inékʃəs] 形	1142 assault [əsɔ́ːlt] 名	1143 conventional [kənvénʃənl] 形
1144 ultimate [ʌ́ltəmət] 形	1145 deliberately [dilíbərətli] 副	1146 deed [díːd] 名
1147 multinational [mÀltinǽʃənl] 形	1148 ingredient [ingríːdiənt] 名	1149 scarce [skéərs] 形
1150 famine [fǽmin] 名	1151 aggressive [əgrésiv] 形	1152 fragile [frǽdʒəl] 形
1153 assessment [əsésmənt] 名	1154 mandatory [mǽndətɔ̀ːri] 形	1155 overdue [òuvərdjúː] 形
伝染病の 形	暴行 名	従来の 形
究極の 形	故意に 副	行い 名
多国籍の 形	成分 名	乏しい(不十分な) 形
飢饉(ききん) 名	攻撃的な 形	こわれやすい 形
査定 名	強制的な 形	期限を過ぎた 形

1156 動/名 **harvest** [háːrvist]	**1157** 名 **friction** [fríkʃən]	**1158** 動 **prosecute** [prásəkjùːt]
1159 形 **disposable** [dispóuzəbl]	**1160** 動 **subtract** [səbtrǽkt]	**1161** 形 **commonplace** [kámənplèis]
1162 名 **compliance** [kəmpláiəns]	**1163** 形 **subtle** [sʌ́tl]	**1164** 名 **temptation** [temptéiʃən]
1165 形 **hazardous** [hǽzərdəs]	**1166** 動 **fulfill** [fəlfíl]	**1167** 形 **defective** [diféktiv]
1168 名 **deficit** [défəsit]	**1169** 動 **disrupt** [disrʌ́pt]	**1170** 形 **unanimous** [juːnǽnəməs]
名 収穫 動 収穫する	名 摩擦	動 起訴する
形 使い捨ての	動 引き算する	形 平凡な
名 服従	形 微妙な	名 誘惑
形 危険な	動 (義務を)果たす	形 欠陥のある
名 赤字	動 混乱させる	形 満場一致の

Exercise 39 UNIT 39

STEP 1　見出し語の英単語と同じ意味を持つ日本語を選びなさい。

1 infectious
A 平凡な　　B 微妙な　　C 伝染病の　　D こわれやすい

2 assault
A 飢饉　　B 摩擦　　C 暴行　　D 査定

3 deliberately
A 極端に　　B 結局は　　C 幸運にも　　D 故意に

4 deed
A 暴行　　B 査定　　C 行い　　D 服従

5 famine
A 服従　　B 飢饉　　C 摩擦　　D 誘惑

6 fragile
A こわれやすい　　B 伝染病の　　C 平凡な　　D 微妙な

7 assessment
A 行い　　B 査定　　C 誘惑　　D 暴行

8 harvest
A 査定　　B 服従　　C 収穫　　D 飢饉

9 friction
A 収穫　　B 摩擦　　C 誘惑　　D 行い

10 subtract
A 引き算する　　B 崩壊する　　C (義務を)果たす　　D 暴露する

11 commonplace
A 伝染病の　　B こわれやすい　　C 微妙な　　D 平凡な

12 compliance
A 暴行　　B 飢饉　　C 服従　　D 収穫

13 subtle
A こわれやすい　　B 平凡な　　C 伝染病の　　D 微妙な

14 temptation
A 収穫　　B 誘惑　　C 行い　　D 摩擦

15 fulfill
A (義務を)果たす　　B 引き算する　　C 腐敗する　　D 矛盾する

解答　1 C　2 C　3 D　4 C　5 B　6 A　7 B　8 C　9 B　10 A　11 D　12 C　13 D　14 B　15 A

Exercise 39　UNIT 39

STEP 2　日本文を参考にして下線部に入れるのに最適な単語を選びなさい。

1 Plastics have taken the place of many _____ materials.
プラスチックは従来の多くの素材に取って代わりました。
- A stringent
- B conventional
- C admirable
- D hazardous

2 The _____ purpose of advertising is to influence you to buy a product.
広告の究極の目的は人がある商品を買うように促すことです。
- A ultimate
- B disastrous
- C optimistic
- D aggressive

3 _____ corporations take over many smaller companies.
多国籍企業は多くの小さい企業を乗っ取ります。
- A Monetary
- B Multinational
- C Extraordinary
- D Significant

4 The main _____ in most candies is sugar.
ほとんどの飴の主成分は砂糖です。
- A opponent
- B ingredient
- C cargo
- D tuition

5 Gold has been too _____ to serve the needs of the world's principal medium of currency.
世界の主要な通貨の媒体としての役目を果たすには、金は量が不十分（乏しい）です。
- A conventional
- B fragile
- C scarce
- D eligible

解答　1 B　2 A　3 B　4 B　5 C

Exercise 39 UNIT 39

6 Constant exposure to threats often makes us _____ .
常に脅威にさらされていると私たちは**攻撃的に**なります。
- A infectious
- B commonplace
- C hazardous
- D aggressive

7 We will hold a(n) _____ training session on emergency procedures for all new employees.
すべての新入社員に対して緊急時の処置についての**義務的(強制的)な**訓練集会を開催することになるでしょう。
- A monotonous
- B mandatory
- C civil
- D elaborate

8 In the future we will be obliged to charge a penalty for _____ accounts.
将来は**期限を過ぎた**勘定に対して違約金を請求することが必要になってくるでしょう。
- A efficient
- B tentative
- C overdue
- D artificial

9 Among the leading pollutants were major companies which were seldom _____ .
主な汚染源になっている大会社の中にはめったに**起訴される**ことがない会社も含まれています。
- A eliminated
- B disclosed
- C prosecuted
- D forbidden

10 We used _____ cups so as to reduce the amount of washing-up we had to do.
私たちがしなくてはならない皿洗いの量を減らせるように**使い捨ての**カップを使用しました。
- A disposable
- B flexible
- C scarce
- D defective

解答 6 D 7 B 8 C 9 C 10 A

11 This product is _____ to the eyes.
この製品は眼に対しては**危険です**。
- A beneficial
- B genetic
- C hazardous
- D chronic

12 It appears that the _____ machines were all purchased within the last six months.
欠陥のある機械はすべてここ6ヶ月以内に購入されたようです。
- A defective
- B obsolete
- C supplementary
- D efficient

13 I am delighted to inform you that the Board of Directors has approved your project by a(n) _____ vote.
重役会が**満場一致で**あなたの企画を承認したことをお知らせすることができて幸せです。
- A tentative
- B unanimous
- C magnificent
- D ultimate

レベル 4

14 Ted _____ the entire office by talking with his coworkers.
テッドは同僚と話をすることによって事務所全体を**混乱させました**。
- A prosecuted
- B subtracted
- C fulfilled
- D disrupted

15 The company sold one of its factories to make up for the _____ .
会社は**赤字を**埋め合わせるために工場の1つを売却しました。
- A monopoly
- B deficit
- C famine
- D assessment

解答　11 C　12 A　13 B　14 D　15 B

UNIT 40

1171 動 **defer** [difə́:r]	1172 形 **enthusiastic** [enθ(j)ù:ziǽstik]	1173 名 **deterioration** [ditìəriəréiʃən]
1174 形 **relevant** [réləvənt]	1175 動 **disregard** [dìsrigá:rd]	1176 形 **overwhelming** [òuvə(rh)wélmiŋ]
1177 名 **dividend** [dívidènd]	1178 動 **evacuate** [ivǽkjuèit]	1179 名 **remuneration** [rimjù:nəréiʃən]
1180 形 **juvenile** [dʒú:vənl]	1181 名 **forgery** [fɔ́:rdʒəri]	1182 形 **superfluous** [supə́:rfluəs]
1183 名 **embargo** [embá:rgou]	1184 形 **ambiguous** [æmbígjuəs]	1185 形 **sophisticated** [səfistikèitid]
動 延期する	形 熱狂的な	名 悪化
形 関係のある	動 無視する	形 圧倒的な
名 配当	動 避難させる	名 報酬
形 青少年の	名 文書偽造	形 余分な
名 通商停止	形 あいまいな	形 洗練された

1186 anonymous [ənánəməs] 形	1187 curtail [kərtéil] 動	1188 irrigation [ìrigéiʃən] 名
1189 inventory [ínvəntɔ̀:ri] 名	1190 reciprocal [risíprəkl] 形	1191 fraud [frɔ́:d] 名
1192 redundant [ridʌ́ndənt] 形	1193 waive [wéiv] 動	1194 enormous [inɔ́:rməs] 形
1195 heir [éər] 名	1196 dubious [d(j)ú:biəs] 形	1197 boost [bú:st] 動
1198 conglomerate [kənglámərət] 名	1199 substantial [səbstǽnʃl] 形	1200 reimbursement [rì:imbə́:rsmənt] 名
匿名の 形	節減する 動	灌漑 名
在庫品 名	相互の 形	詐欺 名
余分な 形	放棄する 動	巨大な 形
相続人 名	疑わしい 形	高める 動
複合企業 名	かなりの 形	償還 名

Exercise 40 UNIT 40

STEP 1　見出し語の英単語と同じ意味を持つ日本語を選びなさい。

1 defer
A 避難させる　　B 延期する　　C 無視する　　D 高める

2 enthusiastic
A 巨大な　　B 洗練された　　C 熱狂的な　　D 青少年の

3 disregard
A 無視する　　B 節減する　　C 高める　　D 延期する

4 evacuate
A 節減する　　B 避難させる　　C 延期する　　D 高める

5 remuneration
A 報酬　　B 灌漑　　C 相続人　　D 詐欺

6 juvenile
A 熱狂的な　　B 青少年の　　C 巨大な　　D 洗練された

7 ambiguous
A 巨大な　　B 熱狂的な　　C 曖昧な　　D 伝染病の

8 sophisticated
A 疑わしい　　B 曖昧な　　C 熱狂的な　　D 洗練された

9 curtail
A 無視する　　B 延期する　　C 避難させる　　D 節減する

10 irrigation
A 詐欺　　B 相続人　　C 灌漑　　D 報酬

11 fraud
A 灌漑　　B 詐欺　　C 報酬　　D 相続人

12 enormous
A 疑わしい　　B 青少年の　　C 曖昧な　　D 巨大な

13 heir
A 相続人　　B 報酬　　C 詐欺　　D 灌漑

14 dubious
A 平凡な　　B 疑わしい　　C 青少年の　　D 洗練された

15 boost
A 節減する　　B 無視する　　C 高める　　D 避難させる

解答　1 B　2 C　3 A　4 B　5 A　6 B　7 C　8 D　9 D　10 C　11 B　12 D　13 A　14 B　15 C

Exercise 40 UNIT 40

STEP 2 日本文を参考にして下線部に入れるのに最適な単語を選びなさい。

1 _____ of health is a common problem of the elderly.
健康の**悪化**は老人の共通した問題点です。
- A Deterioration
- B Assessment
- C Friction
- D Compliance

2 We will replace the product free of charge. Please send us the _____ invoices.
私どもは商品を無料でお取替えいたします。**関係する**送り状を私どもに送付下さるようお願いいたします。
- A disposable
- B relevant
- C overdue
- D monetary

3 The _____ majority of the world's population does not live in comfortable circumstances.
世界の人々の**圧倒的**多数は快適な環境では生活していません。
- A enthusiastic
- B multinational
- C pessimistic
- D overwhelming

4 We are happy to be able to resume payment of _____ .
配当の支払いを再開できたことを幸せに思います。
- A deficit
- B dividends
- C remuneration
- D inventory

5 The punishment for _____ is usually imprisonment.
文書偽造に対する刑罰は一般的に禁固刑です。
- A bias
- B discrimination
- C friction
- D forgery

解答 1A 2B 3D 4B 5D

Exercise 40 UNIT 40

6 In writing telegrams, you should omit _____ words.
電報を打つ際には、**余分な**言葉は省略するべきです。
- A monotonous
- B superfluous
- C relevant
- D ambiguous

7 The trade _____ has left the poorest country in the Western hemisphere isolated.
通商停止は西半球の困窮国家を孤立した状態にしてしまいました。
- A controversy
- B embargo
- C assessment
- D fraud

8 The author of this letter shall remain _____ .
この手紙を書いた人は**匿名の**ままです。
- A anonymous
- B dubious
- C humble
- D diligent

9 We have marked down our entire _____ to make room for new merchandise.
新製品を置くための場所を確保するために**在庫品**全部の値段を下げました。
- A deficit
- B forgery
- C inventory
- D reimbursement

10 Over thirty countries completed _____ trade agreements with the United States.
30を越える国々がアメリカとの**相互**交易条約の承認を終えました。
- A substantial
- B reciprocal
- C sophisticated
- D infinite

解答　6 B　7 B　8 A　9 C　10 B

11 When the company closed a factory, 2,000 _____ workers were re-employed by the other sections of the company.

その会社が工場を閉鎖した際、2000人の**余剰**労働者はその会社の他の部署で再雇用されました。

A enormous　　B juvenile　　C multinational　　D redundant

12 Because of your history of prompt payments, we decided to _____ the penalty charge.

過去においてあなたは常に期限内にお支払いいただきましたので、私どもは違約金の請求を**放棄しました**。

A boost　　　　　　　　　　B evacuate
C curtail　　　　　　　　　D waive

13 A corporation became a(n) _____ through various types of mergers.

その会社は様々な種類の合併を通じて**複合企業**になりました。

A irrigation　　　　　　　B conglomerate
C fraud　　　　　　　　　　D heir

14 We can expect to turn a _____ profit next quarter.

次の4半期には**かなりの**利益を出せると期待をしています。

A scarce　　　　　　　　　B substantial
C subtle　　　　　　　　　D statistical

15 Be sure to hand in your receipts with your travel _____ form.

出張旅費**償還**用紙と一緒に必ず領収書を提出するようにして下さい。

A reimbursement　　　　B deterioration
C dividend　　　　　　　D deficit

解答　11 D　12 D　13 B　14 B　15 A

Exercise 39 UNIT 39　　CD 2-39

STEP 3　CDを聞きながら内容を確認してください。

1 Plastics have taken the place of many **conventional** materials.

2 The **ultimate** purpose of advertising is to influence you to buy a product.

3 **Multinational** corporations take over many smaller companies.

4 The main **ingredient** in most candies is sugar.

5 Gold has been too **scarce** to serve the needs of the world's principal medium of currency.

6 Constant exposure to threats often makes us **aggressive**.

7 We will hold a **mandatory** training session on emergency procedures for all new employees.

8 In the future we will be obliged to charge a penalty for **overdue** accounts.

9 Among the leading pollutants were major companies which were seldom **prosecuted**.

10 We used **disposable** cups so as to reduce the amount of washing-up we had to do.

11 This product is **hazardous** to the eyes.

12 It appears that the **defective** machines were all purchased within the last six months.

13 I am delighted to inform you that the Board of Directors has approved your project by a **unanimous** vote.

14 Ted **disrupted** the entire office by talking with his coworkers.

15 The company sold one of its factories to make up for the **deficit**.

Exercise 40　UNIT 40　CD 2-40

1. **Deterioration** of health is a common problem of the elderly.
2. We will replace the product free of charge. Please send us the **relevant** invoices.
3. The **overwhelming** majority of the world's population does not live in comfortable circumstances.
4. We are happy to be able to resume payment of **dividends**.
5. The punishment for **forgery** is usually imprisonment.
6. In writing telegrams, you should omit **superfluous** words.
7. The trade **embargo** has left the poorest country in the Western hemisphere isolated.
8. The author of this letter shall remain **anonymous**.
9. We have marked down our entire **inventory** to make room for new merchandise.
10. Over thirty countries completed **reciprocal** trade agreements with the United States.
11. When the company closed a factory, 2,000 **redundant** workers were re-employed by the other sections of the company.
12. Because of your history of prompt payments, we decided to **waive** the penalty charge.
13. A corporation became a **conglomerate** through various types of mergers.
14. We can expect to turn a **substantial** profit next quarter.
15. Be sure to hand in your receipts with your travel **reimbursement** form.

APPENDIX 1　理解して覚えるTOEIC単語

Section 1
意外な意味を持つ単語43語

　TOEICはビジネスの世界を対象にしているので、日本人が普段覚えている意味と違った意味で使われる単語があります。このセクションではそのようなTOEICを受験する際に重要な「意外な意味を持つ単語」を紹介します。

CD 1-81

□□ **book** 001[búk]　bookは「本」だが、動詞で「**予約する**」の意味がある。

I **booked** a room at the Royal Hotel.
ロイヤルホテルに部屋を予約しました。

□□ **busy** 002[bízi]　busyは「忙しい」だが、電話では「**お話中です**」の意味になる。

"May I speak to Mr. Brown?"
"I'm afraid the line is **busy**. Would you like to hold on?"
「ブラウンさんをお願いします。」
「申し訳ありません。他の電話に出ておりますが、お待ちになりますか。」

□□ **safe** 003[séif]　safeは「安全な」だが、名詞では「**金庫**」の意味を持つ。

They keep all the money locked in a **safe**.
彼らはすべてのお金を金庫に鍵をかけて入れています。

☐☐ **free** 004[fríː]　freeは「自由な」だが、「**無料の**」の意味も持つ。

admission freeといえば「入場無料」。

The telephone company usually distributes directories to its customers **free** of charge.
電話会社は通常顧客に無料で電話帳を配布します。

☐☐ **run** 005[rʌ́n]　runは「走る」だが、「**経営する**」の意味も持つ。

My uncle used to **run** a bookshop in the town.
私の叔父は昔この町で本屋を経営していました。

CD 1-82

☐☐ **table** 006[téibl]　tableは「テーブル」だが、「**表**」の意味も持つ。

This **table** shows the changes in gold prices over the past five years.
この表は過去5年間の金価格の変化を示しています。

☐☐ **plant** 007[plǽnt]　plantは「植物」だが、「**工場**」の意味も持つ。

an assembly plantは「組み立て工場」、an automobile plantは「自動車工場」、a nuclear power plantは「原子力発電所」の意味。

The number of nuclear power **plants** is increasing steadily all over the world.
原子力発電所の数は世界中で確実に増えています。

☐☐ **kind** 008[káind]　kindは「親切な」だが、名詞で「**種類**」の意味も持つ。

A box of candy will be the right **kind** of gift for children.
飴1箱は子供にとってちょうどよい種類の贈り物です。

drive 009[dráiv]

driveは「運転する」だが、名詞で「**活力**」や「**運動**」の意味もある。

Mr. Hall's **drive** overcame all obstacles.
ホール氏のやる気はすべての障害を克服しました。
The organization started a **drive** to raise funds.
その団体は基金を集めるための運動を始めました。

pretty 010[príti]

prettyは「きれいな」だが、副詞で「**大変に**」の意味もある。

The office has been **pretty** busy lately.
その事務所は最近は大変に忙しかった。

CD 1-83

change 011[tʃéindʒ]

changeは「変化する」だが、名詞で「**小銭**」の意味もある。

Sorry, but I don't have any small **change**.
ごめんなさい。小銭は持っていません。

play 012[pléi]   playは「遊ぶ」だが、名詞で「**劇**」の意味もある。

I found some minor changes; the **play** doesn't differ much from its film version.
いくつか変えたところはあるけれど、その劇は映画とそれほど変わりません。

break 013[bréik]   breakは「破る」だが、名詞で「**休憩**」の意味もある。

They worked without a **break** from morning to night.
彼らは朝から晩まで休みなく働きました。

□□ interest ⁰¹⁴[íntərəst]

interestは「興味」だが、「**利子**」の意味もある。

I borrowed the money at an annual **interest** rate of 3%.
私は年利3％でそのお金を借りました。

□□ order ⁰¹⁵[ɔ́ːrdər]

orderは「命令する」だが、名詞で「**注文**」「**順番**」「**正常な状態**」の意味もある。

I will **order** some dessert when the waitress comes back.
ウェイトレスが来たらデザートを注文するよ。
The files are kept in alphabetical **order**.
そのファイルはアルファベット順に並んでいます。
The copy machine is out of **order**.
そのコピー機は故障しています。

CD 1-84

□□ party ⁰¹⁶[páːrti]

partyは「パーティー」だが、「**政党**」「**団体**」「**2つのうちの一方**」の意味がある。

Mary doesn't support any political **party**.
メアリーはどの政党も支持していません。
The climbing **party** took a new route to conquer the top of the mountain.
登山隊は山頂を征服するために新しいルートを登りました。
Both **parties** signed the contract.
両者がその契約書に調印しました。

□□ press ⁰¹⁷[prés]

pressは「押す」だが、名詞で「**報道（記者）**」の意味がある。

The president held a **press** conference this morning.
大統領は今朝記者会見を開きました。

Section 1 意外な意味を持つ単語43語

□□ **story** ⁰¹⁸[stɔ́:ri]　storyは「物語」だが、「**(ビルの)階**」の意味がある。

The building is thirty **stories** high.
そのビルは30階建です。

□□ **capital** ⁰¹⁹[kǽpətl]　capitalは「首都」だが、「**資本**」の意味もある。

He started a drugstore with a **capital** of $200,000.
彼は20万ドルの資本で薬局を始めました。

□□ **fire** ⁰²⁰[fáiər]　fireは「火事」だが、口語では「**解雇する**」の意味もある。

When Ted ruined an expensive machine, his boss **fired** him.
テッドが高価な機械をだめにしてしまったとき、上司は彼を解雇しました。

CD 1-85

□□ **goods** ⁰²¹[gúdz]　goodは「良い」だが、goodsは名詞で「**商品、品物**」の意味になる。

Mass production made it easy for companies to turn out more **goods** than consumers wanted.
大量生産は消費者が望む以上の商品を簡単に生産できるようにしました。

□□ **meet** ⁰²²[mí:t]　meetは「会う」だが、「**(要求などを)満たす**」の意味がある。

This new car model is so popular that they have had to open a new factory to **meet** the demand.
この型の新車は人気があるので需要を満たすために新しい工場を建設しなくてはなりませんでした。

present ²³[préznt]

presentは「贈り物」だが、形容詞は「**出席している**」「**現在の**」の意味がある。

Mary was **present** at the staff meeting.
メアリーはスタッフ会議に出席していました。
They had to get over a lot of difficulties before achieving their **present** prosperity.
現在の繁栄を成し遂げるのに多くの困難を乗り越えなくてはなりませんでした。

---

save ²⁴[séiv]

saveは「助ける」ことだが、「**貯金する**」の意味がある。
なお、savings accountは「普通貯金口座」のこと。

We should **save** some money for our vacation.
休暇のためのお金を貯めるべきです。

---

view ²⁵[vjúː] viewは「景色」のことだが、「**意見**」の意味がある。

Your **views** are quite opposite to mine.
あなたの意見は私のと反対です。

CD 1-86

---

duty ²⁶[d(j)úːti] dutyは「義務」のことだが、「**関税**」の意味がある。

Susan bought some **duty**-free goods for her parents.
スーザンは両親のために免税品を買いました。

---

last ²⁷[lǽst]

lastは「最後の」のことだが、動詞で「**継続する**」の意味がある。

The sightseeing tour will **last** about two hours.
この観光旅行は2時間かかります。

Section 1 意外な意味を持つ単語43語

☐☐ line 028[láin]

lineは「線」だが、「**(並ぶ)列**」、「**電話線**」の意味がある。

He waited in **line** for tickets.
切符を買うために列に並んで待ちました。
"Hold the **line**, please."
「お待ちください。」〔電話で〕

☐☐ nature 029[néitʃər]

natureは「自然」だが、「**性質**」の意味もある。

Because of her warm **nature**, coworkers soon came to like her.
心の温かい性格なので、同僚はじきに彼女を好きになりました。

☐☐ once 030[wʌ́ns]

onceは「一度」だが、接続詞では「**いったん～すると**」の意味がある。
ちなみにall at onceは「突然に(=suddenly)」の意味。

Once you begin, you must continue.
いったん始めたら継続しなくてはなりません。

CD 1-87

☐☐ room 031[rúːm]

roomは「部屋」だが、「**空間、余地**」の意味もある。

He kindly made **room** for the elderly woman.
彼は年老いた女性のために席を詰めてあげました。

☐☐ board 032[bɔ́ːrd]

boardは「板」だが、「**会議**」や「**食費**」の意味もある。

The **Board** of Directors meeting will be held every month.
重役会議は毎月開催されるでしょう。
I pay $1,200 a month for room and **board**.
私は部屋代と食事代で1月1,200ドル支払っています。

☐☐ **mean** 033[míːn]

meanは「意味する」だが、形容詞では「**平均の**」、**means**とすると「**手段**」の意味になる。

The **mean** annual increase in sales was 3.5%.
売り上げの平均年間上昇率は3.5%だった。
Cable cars have been a **means** of transportation in San Francisco since 1873.
ケーブルカーは1873年以来サンフランシスコの交通手段です。

☐☐ **sentence** 034[séntəns]

sentenceは「文」だが、動詞で「**判決を下す**」の意味もある。

The man was **sentenced** to six years' imprisonment.
その男は6年の禁固刑を言い渡されました。

☐☐ **sink** 035[síŋk]

sinkは「沈む」だが、名詞で「**流し**」の意味もある。

She put the dirty dishes in the **sink**.
彼女は汚れたお皿を流しに置きました。

CD 1-88

☐☐ **lot** 036[lát]

a lot of は「たくさんの」の意味だが、**a parking lot**といえば「**駐車場**」の意味になる。

You can find a parking **lot** on Eighth Street.
8番街に駐車場がありますよ。

☐☐ **appearance** 037[əpíərəns]

appearanceは「**外見**」と「**出席**」の2つの主要な意味がある。

He is eager to keep his **appearance** youthful.
彼は外見が若く見えるようにしたくてしょうがない。
The manager's **appearance** at the party surprised everyone.
マネージャーがパーティーに姿を見せたのでみんなが驚きました。

□□ apply 038[əplái]

applyには「**申し込む**」と「**適用する**」の意味がある。

Applicants are requested to **apply** in person.
応募者は本人が直接お申し込みください。
We can **apply** this rule to the case.
このケースではこのルールを適用できます。

□□ observe 039[əbzə́ːrv]

observeには「**観察する**」と「**法を守る**」の意味がある。

Weather satellites **observe** rain and cloud formation.
気象衛星は雨や雲の様子を観察します。
You are expected to **observe** these company regulations.
あなたはこれらの会社の規則を守る必要があります。

□□ bill 040[bíl]   billには「**請求書**」と「**法案**」の意味がある。

You did not pay your **bill** on time.
あなたは期限内に請求書の金額を支払いませんでした。
Let me congratulate you on passing the Labor Relations **bill**.
労働関連法案の通過おめでとうございます。

CD 1-89

□□ respect 041[rispékt]

respectには「**尊敬する**」と「**点、事項**」の意味がある。

I **respect** his diligence.
彼の勤勉さを尊敬します。
People are often very thoughtless in this **respect**.
この点において人はしばしば配慮が足りません。

install ⁰⁴²[instɔ́ːl]

installは「装置などを据え付ける」だが、**installment plan**というと「**分割払い**」の意味になる。

They **installed** the new machinery in the factory.
工場に新しい機械を据え付けました。
You can buy the television on the **installment** plan.
テレビを分割払いで買うことができます。

term ⁰⁴³[tə́ːrm]

termには「**専門用語**」「**期間**」「**条件・条項**」などの意味がある。

Please do not use medical **terms** in this office.
この事務所内では医学の専門用語を使わないでください。
The **term** of the loan is five years.
ローンの期間は5年です。
Our manager reviewed the **terms** of the contract.
マネージャーは契約書の条項を読み返しました。

Section 2
Key Word 15語でまとめて覚える124表現

TOEICはビジネスを中心として出題されているため、決まった単語や表現が頻繁に出題されます。それらの頻出単語を中心として関連表現をまとめて覚えてしまえば一気に単語量を広げることができます。

CD 1-90

□□ meeting 001[míːtiŋ] 〔名〕会議・会合

- □□ arrange a **meeting** 001 — 会議を設定する
- □□ attend a **meeting** 002 — 会議に出席する
- □□ call a **meeting** 003 — 会議を招集する
- □□ hold a **meeting** 004 — 会議を開く
- □□ postpone a **meeting** 005 — 会議を延期する
- □□ prepare for a **meeting** 006 — 会議の準備をする
- □□ an annual general **meeting** 007 — 年次総会
- □□ a regular **meeting** 008 — 定例会
- □□ a staff **meeting** 009 — 職場会議
- □□ a general **meeting** of stockholders 010 — 株主総会

□□ cost 002[kɔ́(ː)st] 〔名〕費用

- □□ the **cost** of equipment 011 — 設備費
- □□ the **cost** of a journey 012 — 旅費
- □□ the **cost** of material 013 — 材料費
- □□ the **cost** of postage 014 — 郵便料金
- □□ the **cost** of fuel 015 — 燃料費
- □□ the **cost** of shipping 016 — 運送料
- □□ the **cost** of living 017 — 生活費
- □□ the **cost** of public utilities 018 — 公共料金

rate 003[réit] 〔名〕**率**

- an annual **rate** of 5% 019 — 年率5%
- a foreign exchange **rate** 020 — 外国為替相場
- a profit **rate** 021 — 利潤率
- a tariff **rate** 022 — 関税率
- the discount **rate** 023 — 割引率
- the real growth **rate** 024 — 実質成長率
- the tax **rate** 025 — 課税率
- the unemployment **rate** 026 — 失業率

computer 004[kəmpjúːtər] 〔名〕**コンピューター**

- **computer** abuse 027 — コンピューター乱用
- **computer** breakdown 028 — コンピューターの故障
- **computer** literacy 029 — コンピューターリテラシー（コンピューターに詳しいこと）
- a **computer** addict 030 — コンピューター依存症
- a **computer** vaccine 031 — コンピューターワクチン
- a **computer** virus 032 — コンピューターウィルス
- the **computer** skills seminar 033 — コンピューター技術講習会

salary 005[sǽləri] 〔名〕**給料**

- cut down one's **salary** 034 — 給料を下げる
- raise one's **salary** 035 — 給料を上げる
- a fixed **salary** 036 — 固定給
- a **salary** freeze 037 — 給料凍結
- a **salary** review 038 — 給与査定
- a starting **salary** 039 — 初任給
- a weekly **salary** 040 — 週給

Section 2 Key Word 15語でまとめて覚える124表現

pay 006[péi] 〔名〕**支払う**

- **pay** one's bill 041 — 勘定を払う
- **pay** one's debts 042 — 借金を払う
- **pay** a fare 043 — 料金を払う
- **pay** the membership fees 044 — 会費を払う
- **pay** in cash 045 — 現金で払う
- **pay** in advance 046 — 前払いする
- **pay** with a check 047 — 小切手で支払う
- **pay** upon delivery 048 — 配達時に払う

office 007[ɑ́fəs] 〔名〕**事務所**

- **office** atmosphere 049 — 職場の雰囲気
- **office** discipline 050 — 職場の規律
- **office** environment 051 — 職場環境
- **office** ethics 052 — 職場の倫理規定
- **office** expenses 053 — 事務費
- **office** hours (=business hours) 054 — 営業時間
- **office** regulation 055 — 社内規定
- **office** rent 056 — 事務所賃貸料
- **office** supplies 057 — 事務用品

□□ **business** 008[bíznəs]　〔名〕**商業**

- □□ **business** circles 058　　実業界
- □□ **business** correspondence 059　　商業文
- □□ a **business** cycle 060　　景気の循環
- □□ a **business** fluctuation 061　　景気の変動
- □□ a **business** recession 062　　景気の後退
- □□ a **business** recovery 063　　景気の回復
- □□ a **business** trip 064　　出張
- □□ **business** negotiations 065　　商談

□□ **gross** 009[gróus]　〔形〕**総計の**

- □□ **gross** asset 066　　総資産
- □□ **gross** expenditure 067　　総支出
- □□ **gross** earnings 068　　総収益
- □□ **gross** circulation 069　　総発行部数
- □□ **gross** output 070　　総生産高
- □□ **gross** weight 071　　総重量
- □□ a **gross** margin 072　　粗利益
- □□ the **gross** national product (GNP) 073　　国民総生産

Section 2 Key Word 15語でまとめて覚える124表現

tax ⁰¹⁰[tǽks]　〔名〕**税**

impose a **tax** ⁰⁷⁴	税を課す
refund a **tax** ⁰⁷⁵	税を還付する
income **tax** ⁰⁷⁶	所得税
a direct **tax** ⁰⁷⁷	直接税
an indirect **tax** ⁰⁷⁸	間接税
an inheritance **tax** ⁰⁷⁹	相続税
a property **tax** ⁰⁸⁰	固定資産税
a withholding **tax** ⁰⁸¹	源泉徴収税
tax avoidance ⁰⁸²	課税回避
tax delinquency ⁰⁸³	税金滞納
an income **tax** return ⁰⁸⁴	所得税申告
an income **tax** deduction ⁰⁸⁵	税金控除
a **tax** exemption for dependents ⁰⁸⁶	扶養控除

CD 1-92

international ⁰¹¹[ìntərnǽʃənl]　〔形〕**国際的な**

an **international** airport ⁰⁸⁷	国際空港
an **international** boundary ⁰⁸⁸	国境
an **international** conference ⁰⁸⁹	国際会議
an **international** dispute ⁰⁹⁰	国際紛争
an **international** problem ⁰⁹¹	国際問題
an **international** treaty ⁰⁹²	国際条約
international goodwill ⁰⁹³	国際親善
international relations ⁰⁹⁴	国際関係
international trade ⁰⁹⁵	国際貿易

APPENDIX 1　理解して覚えるTOEIC単語

equipment 012[ikwípmənt] 〔名〕**設備**

- audiovisual **equipment** 096 — AV機器
- electronic **equipment** 097 — 電子機器
- laboratory **equipment** 098 — 実験用設備
- medical **equipment** 099 — 医療器具
- plumbing **equipment** 100 — 給排水設備
- fire prevention **equipment** 101 — 防火装置
- lifesaving **equipment** 102 — 救命具
- air-conditioning and heating **equipment** 103 — 冷暖房装置

letter 013[létər] 〔名〕**手紙**

- forward a **letter** 104 — 手紙を転送する
- a **letter** of introduction 105 — 紹介状
- a **letter** of recommendation 106 — 推薦状
- a **letter** of reminder 107 — 督促状
- a special delivery **letter** 108 — 速達の手紙
- a thank-you **letter** 109 — 礼状

department 014[dipá:rtmənt] 〔名〕**部(門)**

- accounting **department** 110 — 経理部
- administration **department** 111 — 管理部
- audit **department** 112 — 監査部門
- editorial **department** 113 — 編集部
- personnel **department** 114 — 人事部
- sales **department** 115 — 営業部

Section 2 Key Word 15語でまとめて覚える124表現

□□ **market** 015[mɑ́ːrkit]　〔名〕**市場**

- □□ **market** analysis [116] — 市場分析
- □□ **market** expansion [117] — 市場拡大
- □□ **market** manipulation [118] — 市場操作
- □□ **market** mechanism [119] — 市場原理
- □□ the domestic **market** [120] — 国内市場
- □□ the overseas **market** [121] — 外国市場
- □□ the wholesale **market** [122] — 卸売り市場
- □□ the financial **market** [123] — 金融市場
- □□ the labor **market** [124] — 労働市場

Section 3
慣用的な形容詞9表現

形容詞の中には決まった形で表現されるものがあります。以下は形容詞を用いたTOEICに頻出の表現です。

CD 1-93

□□ **be capable of** 001 　　〜ができる

Many elderly people **are capable** of working.
多くの年長者は働くことができます。

□□ **be aware of** 002 　　〜に気づいている

Paul **is aware of** his own weak points.
ポールは自分の弱点に気がついています。

□□ **be proud of** 003 　　〜を誇りにしている

William **is proud of** his success.
ウイリアムは自分の成功を誇りにしています。

□□ **be conscious of** 004 　　〜を自覚している

Donald **was** not **conscious of** his ignorance.
ドナルドは自分が無知なことを自覚していませんでした。

Section 3 慣用的な形容詞9表現

be afraid of　005　　　～をこわがっている

Linda **was afraid of** the coming interview.
リンダはこれから行われる面接におびえていました。

be anxious to do　006　　　～を切望している

Charles **is anxious to travel** to the U.S.
チャールスはアメリカに旅行したがっています。

be likely to do　007　　　～しそうである

The company **is** very **likely to go** bankrupt.
その会社はいまにも倒産しそうです。

be able to do　008　　　～ができる

Mark **is** not **able to do** this task.
マークにはこの仕事は出来ません。

be content with　009　　　～に満足している

The owner **is content with** his small shop.
経営者は小さな店で満足しています。

Section 4
外来語として日本語になっている英単語31語

外来語として意味を知っていても元の英単語がわからないとその単語を覚えたことになりません。TOEICで頻出の英単語のうち、外来語として日本に定着をしていて、意味がほぼ同じものをまとめてみました。（　）内の日本語と比べるとカタカナ文字の方がはるかに意味が伝わりやすいことがわかると思います。

CD 1-95

- □□ communication 001 [kəmjùːnəkéiʃən] —— コミュニケーション（情報伝達）
- □□ visa 002 [víːzə] —— ビザ（査証）
- □□ facsimile 003 [fæksíməli] —— ファックス（複写電送）
- □□ allergy 004 [ǽlərdʒi] —— アレルギー（異常過敏症）
- □□ franchise 005 [frǽntʃaiz] —— フランチャイズ（一手販売権）
- □□ scandal 006 [skǽndl] —— スキャンダル（醜聞）
- □□ inflation 007 [infléiʃən] —— インフレ（通貨膨張）
- □□ illustration 008 [ìləstréiʃən] —— イラスト（挿絵）
- □□ campaign 009 [kæmpéin] —— キャンペーン（運動、組織的活動）
- □□ leisure 010 [líːʒər] —— レジャー（余暇）
- □□ stress 011 [strés] —— ストレス（抑圧）
- □□ inspiration 012 [ìnspəréiʃən] —— インスピレーション（霊感）
- □□ boycott 013 [bɔ́ikɑt] —— ボイコット（排斥運動）
- □□ contest 014 [kɑ́ntest] —— コンテスト（競技・競争）
- □□ memorandum 015 [mèmərǽndəm] —— メモ（覚え書き）
- □□ outline 016 [áutlàin] —— アウトライン（大要）
- □□ trademark 017 [tréidmàːrk] —— トレードマーク（商標）
- □□ vegetarian 018 [vèdʒətéəriən] —— ベジタリアン（菜食主義者）
- □□ deflation 019 [difléiʃən] —— デフレ（通貨縮小）
- □□ curriculum 020 [kəríkjələm] —— カリキュラム（履修課程）
- □□ frustration 021 [frʌstréiʃən] —— フラストレーション（欲求不満）

Section 4 外来語として日本語になっている英単語31語

- □□ **gourmet** 022[guərméi] グルメ（美食家）
- □□ **partition** 023[pɑːrtíʃən] パーティション（仕切り壁）
- □□ **simulation** 024[sìmjəléiʃən] シミュレーション（模擬実験）
- □□ **panic** 025[pǽnik] パニック（恐慌状態）
- □□ **seminar** 026[sémənɑːr] セミナー（集中講義）
- □□ **pamphlet** 027[pǽmflət] パンフレット（小冊子）
- □□ **image** 028[ímidʒ] イメージ（印象）
- □□ **community** 029[kəmjúːnəti] コミュニティー（地域共同体）
- □□ **amateur** 030[ǽmətʃùər] アマチュア（素人）
- □□ **professional** 031[prəféʃnl] プロ（職業選手）

Section 5
語尾に-lyの付く形容詞9語

語尾に-lyがつくのは副詞がほとんどですが、語尾に-lyがつく形容詞もあります。以下は語尾に-lyがつくTOEICに頻出の形容詞です。

CD 1-96

□□ **friendly** 001　　　　　　　　　　　　**友好的な**

These two countries have **friendly** relations.
これらの2つの国は友好的な関係にあります。

□□ **lively** 002　　　　　　　　　　　　**活発な**

The students were involved in a **lively** discussion.
学生は活発な議論をしていました。

□□ **lonely** 003　　　　　　　　　　　　**孤独な**

Those who are not married lead a **lonely** life.
結婚していない人は孤独な人生を送ります。

□□ **costly** 004　　　　　　　　　　　　**高価な**

I would never think of buying a **costly** dress.
私は決して高価なドレスを買おうとは考えないでしょう。

Section 5　語尾に-lyのつく形容詞9語

□□ **timely** 005 　　　折のよい

Thank you for providing **timely** information.
タイムリーな情報をありがとうございます。

CD 1-97

□□ **yearly** 006 　　　毎年の

It is important to go for a **yearly** checkup.
年度ごとに定期健診を受けるようにすることは大切です。

□□ **daily** 007 　　　日々の

Workers in poor countries receive very low **daily** wages.
貧しい国の労働者は非常に低い日払いの賃金を受け取ります。

□□ **monthly** 008 　　　毎月の

The **monthly** meeting has been postponed.
月例会は延期されました。

□□ **quarterly** 009 　　　年4回の

The **quarterly** report has been submitted.
季刊報告書が提出されています。

Section 6
覚えておきたい必修副詞 28 語

形容詞や名詞に比べて数が少ない副詞ですが、頻度や程度を表す副詞や文の展開を示す副詞はTOEIC頻出の手紙文などを正確に理解する上でも重要です。

CD 1-98

- □□ **always** 001[ɔ́:(l)weiz] 常に
- □□ **frequently** 002[frí:kwəntli] ひんぱんに
- □□ **often** 003[ɑ́fn] しばしば
- □□ **sometimes** 004[sʌ́mtàimz] 時々
- □□ **seldom** 005[séldəm] めったに〜しない
- □□ **rarely** 006[réərli] めったに〜しない
- □□ **never** 007[névər] 決して〜しない
- □□ **usually** 008[jú:ʒuəli] 通例は
- □□ **barely** 009[béərli] ほとんど〜しない
- □□ **hardly** 010[há:rdli] ほとんど〜しない
- □□ **almost** 011[ɔ́:lmoust] ほとんど
- □□ **probably** 012[prɑ́bəbli] たぶん、たいてい
- □□ **simultaneously** 013[sàiməltéiniəsli] 同時に
- □□ **especially** 014[ispéʃəli] 特に
- □□ **certainly** 015[sə́:rtnli] 確かに
- □□ **definitely** 016[défənətli] 確かに
- □□ **undoubtedly** 017[ʌndáutidli] 疑いなく
- □□ **maybe** 018[méibi(:)] おそらく
- □□ **perhaps** 019[pərhǽps] おそらく
- □□ **generally** 020[dʒénərəli] 一般的に
- □□ **consequently** 021[kɑ́nsəkwèntli] したがって
- □□ **subsequently** 022[sʌ́bsəkwəntli] したがって

Section 6 覚えておきたい必修副詞28語

- □ □ **however** [023][hauévər] しかしながら
- □ □ **because** [024][bikɔ́:z] なぜなら
- □ □ **besides** [025][bisáidz] それに加えて
- □ □ **furthermore** [026][fə́:rðərmɔ̀:r] さらに
- □ □ **moreover** [027][mɔ:róuvər] さらに
- □ □ **likewise** [028][ímidʒ] 同様に

APPENDIX 2

基礎の基礎単語480語

　TOEICはビジネスを中心的な題材として扱うテストですが、それと同時に生活関連用語も多く出題されます。リスニングセクションの写真描写問題、応答問題、会話問題などで頻出の単語は日本の中学校で習ったような基礎の基礎ともいうべき単語です。しばらく英語から遠ざかっていた人や基礎の基礎に相当する単語を確認したい人はぜひこの単語リストを活用してください。

UNIT 1　001-030　　CD 2-41

□□ **tennis** 001[ténəs]　〔名〕**テニス**
　I play **tennis** every day.（私は毎日**テニス**をします。）

□□ **student** 002[st(j)úːdnt]　〔名〕**学生**
　He is a **student**.（彼は**学生**です。）

□□ **song** 003[sɔ́(ː)ŋ]　〔名〕**歌**
　I like this **song**.（私はこの**歌**が好きです。）

□□ **year** 004[jíər]　〔名〕**年（歳）**
　He is sixty **years** old.（彼は60**歳**です。）

□□ **cook** 005[kúk]　〔動〕**料理する**
　I enjoy **cooking**.（私は**料理する**のが好きです。）

□□ **happy** 006[hǽpi]　〔形〕**幸せな**
　We are all **happy**.（私たちは皆**幸せ**です。）

□□ **look** 007[lúk]　〔動〕**見る**
　Look at the sky!（空を**見て**ごらんなさい。）

□□ **today** 008[tədéi]　〔名〕**今日**
　Today is Monday.（**今日**は月曜日です。）

□□ **sick** 009[sík]　〔形〕**病気の**
　I am **sick**.（私は**病気**です。）

□□ **yesterday** 010[jéstərdei]　〔名〕**昨日**
　Yesterday was Sunday.（**昨日**は日曜日でした。）

UNIT 1 001-026

☐ ☐ **town** 011[táun] 〔名〕**町**
I live in a **town**. (私は**町**に住んでいます。)

☐ ☐ **singer** 012[síŋər] 〔名〕**歌手**
She is a good **singer**. (彼女は歌の上手な**歌手**です。)

☐ ☐ **English** 013[íŋ(g)lɪʃ] 〔名〕**英語**
I can speak **English**. (私は**英語**を話せます。)

☐ ☐ **city** 014[síti] 〔名〕**都会**
They live in a **city**. (彼らは**都会**に住んでいます。)

☐ ☐ **child** 015[tʃáild] 〔名〕**子供**
I have one **child**. (私には**子供**が一人います。)

☐ ☐ **big** 016[bíg] 〔形〕**大きな** CD 2-42
We live in a **big** town. (私たちは**大きな**町に住んでいます。)

☐ ☐ **sister** 017[sístər] 〔名〕**姉(妹)**
My **sister** plays the guitar. (私の**姉(妹)**はギターを弾きます。)

☐ ☐ **brother** 018[brʌ́ðər] 〔名〕**兄(弟)**
My **brother** likes playing baseball.
(私の**兄(弟)**は野球をするのが好きです。)

☐ ☐ **ski** 019[skíː] 〔動〕**スキーをする**
I know how to **ski**. (私は**スキー**の滑り方を知っています。)

☐ ☐ **slow** 020[slóu] 〔形〕**遅い**
He is a **slow** worker. (彼は仕事をするのが**遅い**です。)

☐ ☐ **ear** 021[íər] 〔名〕**耳**
The dog has large **ears**. (その犬は大きな**耳**を持っています。)

☐ ☐ **map** 022[mǽp] 〔名〕**地図**
The city is on the **map**. (この町は**地図**に載っています。)

☐ ☐ **food** 023[fúːd] 〔名〕**食べ物**
I like Indian **food**. (私はインド**料理**が好きです。)

☐ ☐ **cookie** 024[kúki] 〔名〕**クッキー**
The girl likes **cookies**. (その少女は**クッキー**が好きです。)

☐ ☐ **tea** 025[tíː] 〔名〕**お茶**
I drink **tea** in the morning. (私は朝**お茶**を飲みます。)

☐ ☐ **cold** 026[kóuld] 〔形〕**寒い**
It was **cold** yesterday. (昨日は**寒かった**。)

- [ ] [ ] **glad** 027[glǽd] 〔形〕**うれしい**
  I am **glad** to see you.（あなたに会えて**うれしいです**。）
- [ ] [ ] **father** 028[fɑ́:ðər] 〔名〕**父**
  Your **father** is angry now.（あなたの**お父さん**は今怒っています。）
- [ ] [ ] **mother** 029[mʌ́ðər] 〔名〕**母**
  Tom's **mother** is young and beautiful.（トムの**お母さん**は若くて美しい。）
- [ ] [ ] **piano** 030[piǽnou] 〔名〕**ピアノ**
  I can play the **piano**.（私は**ピアノ**が弾けます。）

UNIT 2　031-060　CD 2-43

- [ ] [ ] **birthday** 031[bə́:rθdèi] 〔名〕**誕生日**
  Today is my **birthday**.（今日は私の**誕生日**です。）
- [ ] [ ] **smart** 032[smɑ́:rt] 〔形〕**頭の良い**
  She is a **smart** girl.（彼女は**頭の良い**少女です。）
- [ ] [ ] **color** 033[kʌ́lər] 〔名〕**色**
  I like the **color** of your dress.（私はあなたのドレスの**色**が好きです。）
- [ ] [ ] **listen** 034[lísn] 〔動〕**聞く**
  I often **listen** to the radio.（私はしばしばラジオを**聞きます**。）
- [ ] [ ] **week** 035[wí:k] 〔名〕**週**
  I've been busy all this **week**.（私は今**週**はずっと忙しかった。）
- [ ] [ ] **smile** 036[smáil] 〔名〕**笑顔**
  My sister has a beautiful **smile**.（私の妹は美しい**笑顔**をしています。）
- [ ] [ ] **time** 037[táim] 〔名〕**時間**
  It's **time** to go home.（家に帰る**時間**です。）
- [ ] [ ] **wife** 038[wáif] 〔名〕**妻**
  Mr. White and his **wife** are a good couple.
  （ホワイトさんと**奥さん**はとても良いカップルです。）
- [ ] [ ] **fly** 039[flái] 〔動〕**飛ぶ**
  I will **fly** to Los Angeles.（私はロサンゼルスに**飛行機で行きます**。）
- [ ] [ ] **get** 040[gét] 〔動〕**得る**
  I **got** a letter from my mother.（母親から手紙を**もらいました**。）
- [ ] [ ] **old** 041[óuld] 〔形〕**古い**
  I have an **old** watch.（私は**古い**腕時計を持っています。）

UNIT 1-2 027-058

□□ **laugh** 042[lǽf] 〔動〕笑う
They **laughed** at me.（彼らは私のことを笑いました。）

□□ **give** 043[gív] 〔動〕与える
He **gave** me a book.（彼は私に本をくれました。）

□□ **club** 044[klʌ́b] 〔名〕クラブ
I am a member of a tennis **club**.（私はテニスクラブの会員です。）

□□ **worry** 045[wə́ːri] 〔動〕心配する
Don't **worry**.（心配しないでください。）

□□ **eat** 046[íːt] 〔動〕食べる CD 2-44
Lions **eat** meat.（ライオンは肉を食べます。）

□□ **sad** 047[sǽd] 〔形〕悲しい
I heard a **sad** story.（私は悲しい話を聞きました。）

□□ **bird** 048[bə́ːrd] 〔名〕鳥
Birds can fly.（鳥は飛べます。）

□□ **uncle** 049[ʌ́ŋkl] 〔名〕おじ
My **uncle** is forty years old.（おじは40歳です。）

□□ **aunt** 050[ǽnt] 〔名〕おば
My **aunt** likes music.（おばは音楽が好きです。）

□□ **clean** 051[klíːn] 〔動〕掃除する
I **cleaned** my room.（私は部屋を掃除しました。）

□□ **hamburger** 052[hǽmbəːrgər] 〔名〕ハンバーガー
I like **hamburgers**.（私はハンバーガーが好きです。）

□□ **album** 053[ǽlbəm] 〔名〕アルバム
I have three **albums**.（私はアルバムを3冊持っています。）

□□ **grandfather** 054[grǽndfɑːðər] 〔名〕祖父
My **grandfather** is not so old.（私の祖父はそれほど年をとっていません。）

□□ **grandmother** 055[grǽnmʌ̀ðər] 〔名〕祖母
My **grandmother** is over 90.（私の祖母は90歳を超えています。）

□□ **begin** 056[bigín] 〔動〕始める
He **began** to talk.（彼は話し始めました。）

□□ **tired** 057[táiərd] 〔形〕疲れている
I am **tired**.（私は疲れています。）

□□ **cute** 058[kjúːt] 〔形〕かわいい
The girl is really **cute**.（その女の子は本当にかわいいです。）

APPENDIX 2 基礎の基礎単語 480語

☐☐ **live** 059[lív] 〔動〕**住む**
I **live** in Tokyo.（私は東京に**住んでいます**。）

☐☐ **zoo** 060[zúː] 〔名〕**動物園**
The **zoo** opens at 9:30.（**動物園**は9時半に開園します。）

UNIT 3 061-090 CD 2-45

☐☐ **jazz** 061[dʒǽz] 〔名〕**ジャズ**
I like listening to **jazz**.（私は**ジャズ**を聴くのが好きです。）

☐☐ **nurse** 062[nə́ːrs] 〔名〕**看護師**
Kathy is a **nurse**.（キャシーは**看護師**です。）

☐☐ **family** 063[fǽməli] 〔名〕**家族**
We are a **family** of four.（私たちは4人**家族**です。）

☐☐ **touch** 064[tʌ́tʃ] 〔動〕**触る**
Don't **touch** the machine!（この機械に**触ら**ないでください。）

☐☐ **burn** 065[bə́ːrn] 〔動〕**燃える**
The house is **burning**.（家が**燃えています**。）

☐☐ **speak** 066[spíːk] 〔動〕**話す**
I **speak** French.（私はフランス語を**話します**。）

☐☐ **know** 067[nóu] 〔動〕**知っている**
I **know** his name.（私は彼の名前を**知っています**。）

☐☐ **ask** 068[ǽsk] 〔動〕**尋ねる**
May I **ask** a question?（**質問をして**いいですか。）

☐☐ **swim** 069[swím] 〔動〕**泳ぐ**
I enjoy **swimming** in the sea.（私は海で**泳ぐ**のが好きです。）

☐☐ **walk** 070[wɔ́ːk] 〔動〕**歩く**
He **walks** seven miles a day.（彼は1日に7マイル**歩きます**。）

☐☐ **hair** 071[héər] 〔名〕**髪**
I wash my **hair** every day.（私は毎日**髪**を洗います。）

☐☐ **mouth** 072[máuθ] 〔名〕**口**
Open your **mouth** wide.（**口**を大きく開けてください。）

☐☐ **night** 073[náit] 〔名〕**夜**
I slept late last **night**.（私は昨**夜**遅く寝ました。）

UNIT 2-3 059-088

☐☐ **read** 074[ríːd]　　　　　　　　〔動〕読む
　　I **read** a book once a week.（私は週に1度は本を読みます。）

☐☐ **kilometer** 075[kəlámətər]　　　〔名〕キロメートル
　　I walk five **kilometers** a day.（私は1日に5キロ歩きます。）

☐☐ **evening** 076[íːvniŋ]　　　　　　〔名〕夕方　　　CD 2-46
　　I will be back in the **evening**.（私は夕方に戻るでしょう。）

☐☐ **noon** 077[núːn]　　　　　　　　〔名〕昼
　　I finished cleaning my room before **noon**.
　　（昼前に部屋の掃除を終わりました。）

☐☐ **worker** 078[wə́ːrkər]　　　　　〔名〕働く人
　　My father is an office **worker**.（父は事務所で働いています。）

☐☐ **paint** 079[péint]　　　　　　　〔動〕ペンキを塗る
　　I **painted** my room with my friends.（友達と部屋のペンキを塗りました。）

☐☐ **fast** 080[fǽst]　　　　　　　　〔形〕速い
　　He is a **fast** runner.（彼は速く走れます。）

☐☐ **plan** 081[plǽn]　　　　　　　　〔名〕計画
　　He changed his **plan**.（彼は計画を変えました。）

☐☐ **want** 082[wánt]　　　　　　　　〔動〕望む
　　What do you **want** me to do?（私にどうして欲しいのですか。）

☐☐ **ready** 083[rédi]　　　　　　　〔形〕用意のできた
　　Supper is **ready**.（夕食の用意ができました。）

☐☐ **cry** 084[krái]　　　　　　　　〔動〕泣く
　　The baby began to **cry**.（赤ん坊が泣き始めました。）

☐☐ **concert** 085[kánsərt]　　　　　〔名〕コンサート
　　When will the **concert** begin?（コンサートはいつ始まりますか。）

☐☐ **little** 086[lítl]　　　　　　　〔形〕小さな
　　Little children are very noisy.（小さな子供はとてもうるさいです。）

☐☐ **Japanese** 087[dʒæpəníːz]　　　〔名〕日本語
　　How do you say "thank you" in **Japanese**?
　　（日本語でthank youは何と言いますか。）

☐☐ **sandwich** 088[sǽndwitʃ]　　　〔名〕サンドイッチ
　　The child often eats **sandwiches**.
　　（その子供はしばしばサンドイッチを食べます。）

APPENDIX 2　基礎の基礎単語　480語

- [ ] [ ] **bottle** 089[bátl]　〔名〕**瓶(ボトル)**
  A **bottle** of mineral water costs $2.00.
  (**ボトル**1本のミネラルウォーターは2ドルします。)
- [ ] [ ] **breakfast** 090[brékfəst]　〔名〕**朝食**
  I did not have any **breakfast** this morning.
  (今朝は**朝食**を食べませんでした。)

UNIT 4　091-120　CD 2-47

- [ ] [ ] **dark** 091[dáːrk]　〔形〕**暗い**
  It was **dark** when we took the photos.
  (私たちが写真を撮ったときは**暗かった**。)
- [ ] [ ] **juice** 092[dʒúːs]　〔名〕**ジュース**
  Please pass me the orange **juice**.(オレンジ**ジュース**を取ってくれますか。)
- [ ] [ ] **go** 093[góu]　〔動〕**行く**
  Today a lot of people **go** to college.(今日多くの人々が大学に**行きます**。)
- [ ] [ ] **warm** 094[wɔ́ːrm]　〔形〕**暖かい**
  I prefer a **warm** climate. (私は**暖かい**気候の方が好きです。)
- [ ] [ ] **star** 095[stáːr]　〔名〕**星**
  There are hundreds of shining **stars** tonight.
  (今夜は何百という**星**が輝いています。)
- [ ] [ ] **start** 096[stáːrt]　〔動〕**始める**
  I **start** working early in the morning. (私は朝早く働き**始めます**。)
- [ ] [ ] **wash** 097[wáʃ]　〔動〕**洗う**
  Wash the dishes before you go out with your friends!
  (友達と出かける前にお皿を**洗いなさい**。)
- [ ] [ ] **mountain** 098[máuntn]　〔名〕**山**
  My hobby is climbing **mountains**. (私の趣味は**山**登りです。)
- [ ] [ ] **water** 099[wɔ́ːtər]　〔名〕**水**
  Hand me a glass of cold **water**, please. (冷たい**水**を1杯下さい。)
- [ ] [ ] **think** 100[θíŋk]　〔動〕**思う**
  I **think** you are right. (私はあなたが正しいと**思います**。)

☐☐ **new** 101[n(j)úː]	〔形〕新しい	

Emma started a **new** job in Florida.
(エマはフロリダで新しい仕事を始めました。)

☐☐ **early** 102[ə́ːrli]　　　　　　〔副〕早く

I get up **early** in the morning. (私は朝早く起きます。)

☐☐ **cake** 103[kéik]　　　　　　〔名〕ケーキ

Blow out the candles on the birthday **cake**!
(バースデイケーキのろうそくを吹き消してください。)

☐☐ **music** 104[mjúːzik]　　　　〔名〕音楽

What kind of **music** do you like? (どんな音楽が好きですか。)

☐☐ **small** 105[smɔ́ːl]　　　　　〔形〕小さな

The children are playing with **small** stones in the garden.
(庭で子供たちが小さな石で遊んでいます。)

☐☐ **fish** 106[fíʃ]　　　　　　　〔名〕魚　　　　　CD 2-48

I caught a small **fish** when I went fishing with my dad.
(父と魚釣りに行って小さな魚を捕まえました。)

☐☐ **station** 107[stéiʃən]　　　　〔名〕駅

The train **station** is crowded. (電車の駅は混んでいます。)

☐☐ **hear** 108[híər]　　　　　　〔動〕聞く

I don't **hear** any sound. (私には何の音も聞こえません。)

☐☐ **girl** 109[gə́ːrl]　　　　　　〔名〕女の子

The **girl** looks healthy. (その女の子は健康そうです。)

☐☐ **throw** 110[θróu]　　　　　〔動〕投げる

Kids often **throw** stones into the river.
(子供はしばしば川に石を投げます。)

☐☐ **rain** 111[réin]　　　　　　〔名〕雨

We had a lot of **rain** yesterday. (昨日はたくさんの雨が降りました。)

☐☐ **say** 112[séi]　　　　　　　〔動〕言う

They always **say** the same thing. (彼らはいつも同じことを言います。)

☐☐ **shirt** 113[ʃə́ːrt]　　　　　　〔名〕シャツ

Wear a blue **shirt** with this necktie!
(このネクタイには青いシャツを着てください。)

☐☐ **snow** 114[snóu]　　　　　〔名〕雪

We had a lot of **snow** yesterday. (昨年は雪がたくさん降りました。)

□□ **tall** 115[tɔ́:l] 〔形〕高い
There are many **tall** buildings in New York.
(ニューヨークには高いビルがたくさんあります。)

□□ **potato** 116[pətéitou] 〔名〕ポテト
I'll have a baked **potato** and green peas.
(私はベイクトポテトとグリーンピースを食べます。)

□□ **real** 117[rí:əl] 〔形〕本物の
Real pearls are expensive. (本物の真珠は高価です。)

□□ **buy** 118[bái] 〔動〕買う
I will **buy** chocolate at the supermarket.
(私はスーパーでチョコレートを買うでしょう。)

□□ **lunch** 119[lʌ́ntʃ] 〔名〕昼食
I had sandwiches for **lunch**. (私は昼食にサンドイッチを食べました。)

□□ **help** 120[hélp] 〔動〕助ける
He promised to **help** me. (彼は私を手助けすると約束しました。)

UNIT 5 121-150   CD 2-49

□□ **kitchen** 121[kítʃən] 〔名〕台所
All I need is a small **kitchen**. (小さな台所さえあればいいのです。)

□□ **school** 122[skú:l] 〔名〕学校
Some children do not go to **school**. (学校に行かない子供もいます。)

□□ **sea** 123[sí:] 〔名〕海
Let's stay at a hotel by the **sea**. (海のそばのホテルに泊まりましょう。)

□□ **spoon** 124[spú:n] 〔名〕スプーン
Silver **spoons** are on sale. (銀のスプーンがセールで売っています。)

□□ **lady** 125[léidi] 〔名〕婦人
An old **lady** is crossing the street. (年取った婦人が通りを渡っています。)

□□ **hill** 126[híl] 〔名〕丘
Cycling down a **hill** is dangerous. (丘を自転車で下るのは危険です。)

□□ **young** 127[jʌ́ŋ] 〔形〕若い
Young people easily give up. (若い人々は簡単に物事をあきらめます。)

□□ **see** 128[sí:] 〔動〕見る、会う
I need to **see** my lawyer. (弁護士に会う必要があります。)

□□ **nose** [129][nóuz]　　　　〔名〕鼻
　　She blows her **nose** every three minutes.
　　（彼女は3分ごとに鼻をかみます。）

□□ **cousin** [130][kʌ́zn]　　　〔名〕いとこ
　　I will visit my **cousin's** home.（私はいとこの家を訪問するでしょう。）

□□ **straight** [131][stréit]　　　〔形〕まっすぐな
　　Draw a **straight** line on the blackboard.
　　（まっすぐな線を黒板に引いてください。）

□□ **salad** [132][sǽləd]　　　〔名〕サラダ
　　I don't like vegetable **salad**.（野菜サラダは嫌いです。）

□□ **bed** [133][béd]　　　　〔名〕ベッド
　　I need a bigger **bed**.（もっと大きなベッドが必要です。）

□□ **shout** [134][ʃáut]　　　〔動〕叫ぶ
　　You don't have to **shout**.（叫ぶ必要はありません。）

□□ **body** [135][bádi]　　　〔名〕体
　　The human **body** is strong.（人の体というのは強いものです。）

□□ **come** [136][kʌ́m]　　　〔動〕来る　　　CD 2-50
　　You should **come** to see me.（私に会いに来るべきです。）

□□ **spring** [137][spríŋ]　　　〔名〕春
　　Early **spring** is my favorite time of the year.
　　（早春は1年のうち私の好きな時期です。）

□□ **flower** [138][fláuər]　　　〔名〕花
　　There are a lot of beautiful **flowers** in the garcen.
　　（花壇にはたくさんの美しい花があります。）

□□ **leg** [139][lég]　　　〔名〕足
　　The child broke his **leg** while roller-skating.
　　（その子供はローラースケートで足を折ってしまいました。）

□□ **sky** [140][skái]　　　〔名〕空
　　A clear **sky** always makes me happy.（晴れた空は私を幸せにします。）

□□ **same** [141][séim]　　　〔形〕同じ
　　You have the **same** CD as mine.
　　（あなたは私と同じCDを持っています。）

□□ **guitar** 142[gitɑ́ːr]　　　　　　　　〔名〕**ギター**
My dream is to be a professional **guitar** player.
（私の夢はプロの**ギター**奏者になることです。）

□□ **bag** 143[bǽg]　　　　　　　　〔名〕**カバン**
Somebody stole my **bag**.（誰かが私の**カバン**を盗みました。）

□□ **friend** 144[frénd]　　　　　　　　〔名〕**友**
I have a few close **friends**.（私には何人かの親**友**がいます。）

□□ **pull** 145[púl]　　　　　　　　〔動〕**引く**
Could you help me to **pull** this rope?
（ロープを**引く**のを手伝ってくれますか。）

□□ **zero** 146[zíərou]　　　　　　　　〔名〕**零**
The temperature fell below **zero**.（温度が**0**度以下になりました。）

□□ **son** 147[sʌ́n]　　　　　　　　〔名〕**息子**
My **son** is seventeen years old.（私の**息子**は17歳です。）

□□ **daughter** 148[dɔ́ːtər]　　　　　　　　〔名〕**娘**
I must buy a birthday present for my **daughter**.
（私は**娘**のために誕生日のプレゼントを買わなくてはなりません。）

□□ **street** 149[stríːt]　　　　　　　　〔名〕**通り**
I met Fred on the **street**.（**通り**でフレッドに会いました。）

□□ **fun** 150[fʌ́n]　　　　　　　　〔名〕**楽しみ**
It is **fun** to go skiing.（スキーをするのは**楽しい**。）

UNIT 6　151-180　　CD 2-51

□□ **egg** 151[ég]　　　　　　　　〔名〕**卵**
My mother serves boiled **eggs** almost everyday.
（母はほとんど毎日ゆで**卵**を出します。）

□□ **farm** 152[fɑ́ːrm]　　　　　　　　〔名〕**農場**
Working on a **farm** is very tiring.（**農場**で働くのはとても疲れます。）

□□ **window** 153[wíndou]　　　　　　　　〔名〕**窓**
Shut the **window**, please.（**窓**を閉めてください。）

□□ **moon** 154[múːn]　　　　　　　　〔名〕**月**
The **moon** looks beautiful tonight.（今夜は**月**がきれいです。）

☐☐ **river** 155[rívər]	〔名〕**川**	

Let's swim in the **river**. （**川**で泳ぎましょう。）

☐☐ **great** 156[gréit]　　　　〔形〕**偉大な**

I met a **great** artist in France.
（私はフランスで**偉大な**芸術家に会いました。）

☐☐ **lake** 157[léik]　　　　〔名〕**湖**

Rod and Mary bought a house by the **lake**.
（ロッドとメアリーは**湖**のそばに家を買いました。）

☐☐ **together** 158[təɡéðər]　　　　〔副〕**一緒に**

Why don't we walk to school **together**?
（**一緒に**学校まで歩きませんか。）

☐☐ **winter** 159[wíntər]　　　　〔名〕**冬**

I enjoy **winter** sports, particularly snowboarding.
（私は**冬**のスポーツ、特にスノーボードを楽しみます。）

☐☐ **tomorrow** 160[təmárou]　　　　〔名〕**明日**

I think it will rain **tomorrow**. （**明日**は雨だと思います。）

☐☐ **soon** 161[súːn]　　　　〔副〕**じきに**

She will come back **soon**. （彼女は**じきに**戻るでしょう。）

☐☐ **sorry** 162[sári]　　　　〔形〕**残念な**

I am **sorry** to hear that. （それを聞いて**残念です**。）

☐☐ **hope** 163[hóup]　　　　〔動〕**希望する**

I **hope** to see you again. （またお目にかかれることを**希望します**。）

☐☐ **month** 164[mʌ́nθ]　　　　〔名〕**月**

I visited Italy one **month** ago. （1ヶ**月**前にイタリアを訪れました。）

☐☐ **eye** 165[ái]　　　　〔名〕**目**

A girl with pretty **eyes** just walked by.
（美しい**目**をした女の子がちょうど通りかかりました。）

☐☐ **tonight** 166[tənáit]　　　　〔名〕**今夜**　　　**CD 2-52**

I will stay at the hotel **tonight**. （**今夜**私はホテルに泊まるでしょう。）

☐☐ **hit** 167[hít]　　　　〔動〕**打つ**

Martin failed to **hit** the ball. （マーチンはボールを**打ち**そこないました。）

☐☐ **ocean** 168[óuʃən]　　　　〔名〕**海**

We went fishing in the **ocean**. （私たちは**海**につりに行きました。）

□□ **woman** [169][wúmən] 〔名〕**女性**
The single **woman** has a successful career.
（その独身の**女性**はすばらしい職歴を持っています。）

□□ **candy** [170][kǽndi] 〔名〕**飴**
I received a box of **candy**. （私は**飴**を1箱もらいました。）

□□ **build** [171][bíld] 〔動〕**建てる**
John and Jane plan to **build** a house in five years.
（ジョーンとジェインは5年で家を**建てる**予定です。）

□□ **tree** [172][tríː] 〔名〕**木**
There are many **trees** in the park. （公園にはたくさんの**木**があります。）

□□ **o'clock** [173][əklák] 〔名〕**（何時の）時**
My class starts at eight **o'clock** in the morning.
（授業は朝8**時**に始まります。）

□□ **sing** [174][síŋ] 〔動〕**歌う**
Natasha cannot **sing** at all. （ナターシャは歌が全く**歌え**ません。）

□□ **put** [175][pút] 〔動〕**置く**
I **put** the key on the table. （テーブルの上に鍵を**置きました**。）

□□ **morning** [176][mɔ́ːrniŋ] 〔名〕**朝**
I drink coffee in the **morning**. （私は**朝**コーヒーを飲みます。）

□□ **word** [177][wə́ːrd] 〔名〕**単語**
You must memorize these English **words**.
（これらの英**単語**を覚えなくてはなりません。）

□□ **stone** [178][stóun] 〔名〕**石**
Big **stones** rolled down the mountain.
（大きな**石**が山をころがり落ちました。）

□□ **simple** [179][símpl] 〔形〕**簡単な**
My teacher hates answering **simple** questions.
（先生は**簡単な**質問に答えるのが嫌いです。）

□□ **ago** [180][əgóu] 〔副〕**前に**
He went to Hawaii two years **ago**. （彼は2年**前に**ハワイに行きました。）

UNIT 7 181-210

- [ ] [ ] **wind** [181][wínd] 〔名〕**風**
  The strong **wind** blew the roof off.(強**風**が屋根を吹き飛ばしました。)
- [ ] [ ] **sleep** [182][slíːp] 〔動〕**眠る**
  I went to **sleep** at ten.(私は10時に**眠りました**)
- [ ] [ ] **teacher** [183][tíːtʃər] 〔名〕**先生**
  The high school hired a young math **teacher**.
  (その高校は若い数学の**先生**を雇いました。)
- [ ] [ ] **twice** [184][twáis] 〔副〕**2度**
  I swim **twice** a week.(私は週に**2回**泳ぎます。)
- [ ] [ ] **world** [185][wɔ́ːrld] 〔名〕**世界**
  My goal is to travel all over the **world**.
  (私の目標は**世界**中を旅行することです。)
- [ ] [ ] **write** [186][ráit] 〔動〕**書く**
  I am **writing** a letter to my sister.(私は妹に手紙を**書いています**。)
- [ ] [ ] **parent** [187][péərənt] 〔名〕**親**
  My **parents** live in Tokyo.(私の**両親**は東京に住んでいます。)
- [ ] [ ] **large** [188][láːrdʒ] 〔形〕**大きな**
  A **large** house is difficult to clean.(**大きな**家は掃除が大変です。)
- [ ] [ ] **clock** [189][klάk] 〔名〕**掛け時計**
  We need a new **clock** on the wall.
  (私たちは壁に新しい**掛け時計**が必要です。)
- [ ] [ ] **summer** [190][sʌ́mər] 〔名〕**夏**
  Mat cannot wait for **summer** vacation to start.
  (マットは**夏**の休暇が始まるのを待てません。)
- [ ] [ ] **beautiful** [191][bjúːtəfl] 〔形〕**美しい**
  She has a **beautiful** voice.(彼女は**美しい**声をしています。)
- [ ] [ ] **pencil** [192][pénsl] 〔名〕**鉛筆**
  Use a **pencil** instead of a pen.(ペンの代わりに**鉛筆**を使ってください。)
- [ ] [ ] **hour** [193][áuər] 〔名〕**1時間**
  Most people work eight **hours** a day.(ほとんどの人は1日8**時間**働きます。)

- [ ] [ ] **cool** [194][kúːl] 〔形〕**冷たい**
  A **cool** breeze is blowing.（**冷たい**そよ風が吹いています。）

- [ ] [ ] **church** [195][tʃə́ːrtʃ] 〔名〕**教会**
  We go to **church** on Sundays.（私たちは日曜に**教会**に行きます。）

- [ ] [ ] **husband** [196][hʌ́zbənd] 〔名〕**夫** **CD 2-54**
  My **husband** is a businessman.（私の**夫**はビジネスマンです。）

- [ ] [ ] **dream** [197][dríːm] 〔名〕**夢**
  I do not remember my **dreams**.（私は自分の見た**夢**を覚えていません。）

- [ ] [ ] **sun** [198][sʌ́n] 〔名〕**太陽**
  The **sun** rises in the east.（**太陽**は東から昇ります。）

- [ ] [ ] **stop** [199][stáp] 〔動〕**止める**
  I **stopped** smoking last year.（私は昨年喫煙を**やめました**。）

- [ ] [ ] **wear** [200][wéər] 〔動〕**着る**
  You need to **wear** a good coat in winter.
  （冬には良いコートを**着なくては**なりません。）

- [ ] [ ] **camera** [201][kǽmərə] 〔名〕**カメラ**
  Did you already pay for the **camera**?（もう**カメラ**の代金を払いましたか。）

- [ ] [ ] **strong** [202][strɔ́(ː)ŋ] 〔形〕**強い**
  He was **strong** enough to carry the big rock.
  （彼は体が**強い**のでその大きな石を運ぶことができました。）

- [ ] [ ] **coin** [203][kɔ́in] 〔名〕**コイン**
  Kelly found this silver **coin** on her way home.
  （ケリーは家に帰る途中でこの銀**貨**を見つけました。）

- [ ] [ ] **late** [204][léit] 〔形〕**遅れる**
  He was fifteen minutes **late**.（彼は15分**遅れました**。）

- [ ] [ ] **sport** [205][spɔ́ːrt] 〔名〕**スポーツ**
  My favorite **sport** is tennis.（私の好きな**スポーツ**はテニスです。）

- [ ] [ ] **make** [206][méik] 〔動〕**作る**
  We **make** butter from milk.（私たちはミルクからバターを**作ります**。）

- [ ] [ ] **size** [207][sáiz] 〔名〕**大きさ・サイズ**
  What **size** do you wear?（**サイズ**はいくつですか。）

- [ ] [ ] **afternoon** [208][æftərnúːn] 〔名〕**午後**
  I read a magazine in the **afternoon**.（**午後**に雑誌を読みます。）

□□ **again** [əgén]　〔副〕**再び**
You should read the book **again**.（その本を**もう1度**読むべきです。）

□□ **alone** [əlóun]　〔副〕**1人で**
He lives **alone**.（彼は**1人で**住んでいます。）

UNIT 8　211-240

□□ **carry** [kǽri]　〔動〕**運ぶ**
A tanker **carries** oil.（タンカーは石油を**運びます**。）

□□ **fight** [fáit]　〔名〕**けんか**
I saw a **fight** on the street.（私は通りで**けんか**を見ました。）

□□ **half** [hǽːf, hάːf]　〔形〕**半分の**
The manager went on talking for **half** an hour.
（マネージャーは**半**時間話し続けました。）

□□ **toy** [tɔ́i]　〔名〕**おもちゃ**
Children enjoy playing with **toys**.（子供は**おもちゃ**で遊ぶのが好きです。）

□□ **waiter** [wéitər]　〔名〕**ウェイター**
Tom worked as a **waiter**.（トムは**ウェイター**として働きました。）

□□ **wood** [wúd]　〔名〕**木**
The desk is made of **wood**.（この机は**木**でできています。）

□□ **hole** [hóul]　〔名〕**穴**
There's a **hole** in my sweater.（セーターに**穴**があいています。）

□□ **restaurant** [réstərənt]　〔名〕**レストラン**
The **restaurant** will open in April.
（その**レストラン**は4月に開店するでしょう。）

□□ **movie** [múːvi]　〔名〕**映画**
This old **movie** theater is not clean.
（この古い**映画**館はきれいではありません。）

□□ **homework** [hóumwəːrk]　〔名〕**宿題**
He helped me with my **homework**.
（彼は私の**宿題**を手伝ってくれました。）

□□ **shut** [ʃʌ́t]　〔動〕**閉める**
Please **shut** the door.（どうかドアを**閉めて**ください。）

- ☐☐ **meter** 222[míːtər] 〔名〕メートル
  The pole is three **meters** long.（その棒は3メートルの長さです。）
- ☐☐ **dance** 223[dǽns] 〔動〕踊る
  Let's **dance** together.（一緒に踊りましょう。）
- ☐☐ **pie** 224[pái] 〔名〕パイ
  Valerie bakes a great-tasting apple **pie**.
  （バレリーはとても良い味のパイを焼きます。）
- ☐☐ **ink** 225[íŋk] 〔名〕インク
  Write in red **ink**, please.（赤インクで書いてください。）
- ☐☐ **bath** 226[bǽθ] 〔名〕お風呂
  I usually take a **bath** before going to bed.
  （私はいつも寝る前にお風呂に入ります。）
- ☐☐ **hall** 227[hɔ́ːl] 〔名〕会場
  The concert **hall** was crowded with people.
  （そのコンサートの会場は人でいっぱいでした。）
- ☐☐ **hospital** 228[háspitl] 〔名〕病院
  We need to take him to the **hospital** right away.
  （彼をすぐに病院に連れて行く必要があります。）
- ☐☐ **television** 229[téləvìʒən] 〔名〕テレビ
  I watched a new **television** program.（テレビで新しい番組を見ました。）
- ☐☐ **fruit** 230[frúːt] 〔名〕フルーツ
  Would you like some **fruit**?（フルーツはいかがですか。）
- ☐☐ **soup** 231[súːp] 〔名〕スープ
  Our **soup** of the day is clam chowder.
  （今日のスープはクラムチャウダーです。）
- ☐☐ **gun** 232[gʌ́n] 〔名〕ピストル
  Some people have a **gun**.（ピストルを所有している人もいます。）
- ☐☐ **thing** 233[θíŋ] 〔名〕事
  Don't say such a **thing**!（そんな事を言わないでください。）
- ☐☐ **notebook** 234[nóutbùk] 〔名〕ノート
  I have three **notebooks**.（私は3冊のノートを持っています。）
- ☐☐ **carrot** 235[kǽrət] 〔名〕にんじん
  I cut a **carrot** into small pieces.（私はにんじんを小さく切りました。）

CD 2-56

□□ **rich** 236[rítʃ]　　　　　〔形〕**お金持ちの**
The merchant looks **rich**.（その商人は**お金持ちに**見えます。）

□□ **kilogram** 237[kíləɡræm]　〔名〕**キログラム**
He weighs sixty **kilograms**.（彼は体重が60**キロ**です。）

□□ **locker** 238[lákər]　　　〔名〕**ロッカー**
My books are in the **locker**.（私の本は**ロッカー**の中です。）

□□ **soft** 239[sɔ́(ː)ft]　　　　〔形〕**柔らかい**
This bed is too **soft** for me.（このベッドは私には**柔らか**すぎます。）

□□ **hobby** 240[hɑ́bi]　　　　〔名〕**趣味**
My **hobby** is collecting stamps.（私の**趣味**は切手収集です。）

UNIT 9　241-270　CD 2-57

□□ **fill** 241[fíl]　　　　　〔動〕**埋める**
Fill in the blank.（空所を**埋めてください**。）

□□ **low** 242[lóu]　　　　　〔形〕**低い**
The old man speaks in a **low** voice.（その老人は**低い**声で話をします。）

□□ **drink** 243[dríŋk]　　　〔動〕**飲む**
Parents should make their kids **drink** milk everyday.
（親は子供に牛乳を毎日**飲ませる**べきです。）

□□ **radio** 244[réidiou]　　　〔名〕**ラジオ**
I listen to the **radio** every day.（私は毎日**ラジオ**を聞きます。）

□□ **bakery** 245[béikəri]　　〔名〕**パン屋**
My mother works at the **bakery**.（母は**パン屋**で働いています。）

□□ **hundred** 246[hʌ́ndrəd]　〔名〕〔形〕**百**
There are two **hundred** people here.（ここに2**百**人の人がいます。）

□□ **jeans** 247[dʒíːnz]　　　〔名〕**ジーンズ**
I always wear **jeans**.（私はいつも**ジーンズ**をはいています。）

□□ **towel** 248[táuəl]　　　〔名〕**タオル**
Fold the **towels** quickly.（急いで**タオル**をたたんでください。）

□□ **fall** 249[fɔ́ːl]　　　　　〔名〕**秋**
We enjoy various sports in **fall**.
（私たちは**秋**にいろいろなスポーツを楽しみます。）

- [ ] [ ] **cent** [250][sént] 〔名〕セント
  One dollar is equal to one hundred **cents**. （1ドルは100セントです。）
- [ ] [ ] **bridge** [251][brídʒ] 〔名〕橋
  They started building a concrete **bridge** over the river a year ago.
  （彼らは1年前に川にコンクリート製の橋を作り始めました。）
- [ ] [ ] **thousand** [252][θáuznd] 〔名〕〔形〕千
  There were more than two **thousand** people in the hall.
  （会場には2千人以上の人がいました。）
- [ ] [ ] **talent** [253][tǽlənt] 〔名〕〔形〕才能
  Mary has a **talent** for music. （メアリーは音楽の才能があります。）
- [ ] [ ] **easy** [254][íːzi] 〔形〕簡単な
  This book is **easy** to read. （この本は読むのが簡単です。）
- [ ] [ ] **road** [255][róud] 〔名〕道
  I am afraid you are on the wrong **road**.（道を間違えていると思いますが。）
- [ ] [ ] **chicken** [256][tʃíkin] 〔名〕鶏
  I prefer **chicken** to beef. （私は牛肉より鶏の肉を好みます。）　**CD 2-58**
- [ ] [ ] **coach** [257][kóutʃ] 〔名〕コーチ
  Tom is an excellent baseball **coach**. （トムは最高の野球コーチです。）
- [ ] [ ] **toast** [258][tóust] 〔名〕トースト
  I had two slices of **toast** this morning.
  （今朝2枚のトーストを食べました。）
- [ ] [ ] **beach** [259][bíːtʃ] 〔名〕海岸
  Nobody was at the **beach**. （海岸には誰もいませんでした。）
- [ ] [ ] **forest** [260][fɑ́rəst] 〔名〕森
  They walked through the **forest**. （彼らは森の中を歩きました。）
- [ ] [ ] **fence** [261][féns] 〔名〕柵（さく）
  I painted the **fence** green. （私は柵を緑に塗りました。）
- [ ] [ ] **wide** [262][wáid] 〔形〕広い
  I like driving in the U.S. because the roads are **wide**.
  （道路が広いのでアメリカで運転するのが好きです。）
- [ ] [ ] **sell** [263][sél] 〔動〕売る
  He is going to **sell** me his car. （彼は私に車を売る予定です。）
- [ ] [ ] **study** [264][stʌ́di] 〔動〕勉強する
  I **study** English every day. （私は英語を毎日勉強します。）

UNIT 9-10 250-278

- [ ] [ ] **shopping** 265[ʃápiŋ] 〔名〕買い物
  Let's go **shopping** together!（一緒に買い物に行きましょう。）
- [ ] [ ] **post office** 266[póust àfəs] 〔名〕郵便局
  The **post office** is located at the corner of Main Street.
  (郵便局はメインストリートの角にあります。)
- [ ] [ ] **dress** 267[drés] 〔名〕ドレス
  This **dress** is too small for me.（このドレスは私には小さすぎます。）
- [ ] [ ] **dryer** 268[dráiər] 〔名〕ドライヤー
  I need a hair **dryer** now.（私は今ヘアードライヤーが必要です。）
- [ ] [ ] **bad** 269[bǽd] 〔形〕悪い
  These cookies taste **bad**.（これらのクッキーは味が悪いです。）
- [ ] [ ] **building** 270[bíldiŋ] 〔名〕ビル
  This **building** is the tallest in the world.
  (このビルは世界で一番高いビルです。)

UNIT 10 271-300 CD 2-59

- [ ] [ ] **ship** 271[ʃíp] 〔名〕船
  The **ship** is ready to sail.（船は出港の準備ができています。）
- [ ] [ ] **bank** 272[bǽŋk] 〔名〕銀行
  I need to stop by the **bank**.（銀行に寄る必要があります。）
- [ ] [ ] **floor** 273[flɔ́ːr] 〔名〕階
  My room is on the second **floor**.（私の部屋は2階にあります。）
- [ ] [ ] **short** 274[ʃɔ́ːrt] 〔形〕短い
  A **short** vacation is not very relaxing.（短い休暇ではゆっくりできません。）
- [ ] [ ] **sit** 275[sít] 〔動〕座る
  We want to **sit** next to each other.（私たちは隣同士で座りたいです。）
- [ ] [ ] **steak** 276[stéik] 〔名〕ステーキ
  How would you like your **steak**?
  (ステーキの焼き方はどのようになさいますか。)
- [ ] [ ] **lock** 277[lák] 〔動〕鍵をかける
  We usually **lock** the door.（私たちは普段ドアに鍵をかけます。）
- [ ] [ ] **button** 278[bʌ́tn] 〔名〕ボタン
  Don't push the **button**.（そのボタンを押さないでください。）

□□ **office** 279[á(ː)fəs] 〔名〕**事務所**
My **office** is on the third floor.（私の**事務所**は3階にあります。）

□□ **long** 280[lɔ́(ː)ŋ] 〔形〕**長い**
The manager gave a **long** speech.
（マネージャーは**長い**スピーチをしました。）

□□ **smell** 281[smél] 〔動〕**におう**
The flower **smells** sweet.（その花は甘い**においがします**。）

□□ **bathroom** 282[bǽθrùːm] 〔名〕**風呂場**
I bought a house with two **bathrooms**.
（私は**風呂場**が2つある家を買いました。）

□□ **dry** 283[drái] 〔形〕**乾燥している**
The towel is **dry**.（このタオルは**乾いています**。）

□□ **textbook** 284[tékstbùk] 〔名〕**教科書**
I need an English **textbook**.（私は英語の**教科書**が必要です。）

□□ **curtain** 285[kə́ːrtn] 〔名〕**カーテン**
Please open the **curtains**.（**カーテン**を開けてください。）

□□ **talk** 286[tɔ́ːk] 〔動〕**話をする**　　**CD 2-60**
Alex has been **talking** on the phone for three hours now!
（アレックスはもう電話で3時間も**話をしています**。）

□□ **print** 287[prínt] 〔動〕**印刷する**
Print the document and place it in this file.
（書類を**印刷して**このファイルに入れてください。）

□□ **field** 288[fíːld] 〔名〕**分野**
Dr. White is an expert in this **field**.
（ホワイト博士はこの**分野**の専門家です。）

□□ **hotel** 289[houtél] 〔名〕**ホテル**
The **hotel** lobby is on the first floor.（**ホテル**のロビーは1階にあります。）

□□ **rush hour** 290[rʌ́ʃ àuər] 〔名〕**ラッシュアワー**
The morning **rush hour** begins at 7:30.
（朝の**ラッシュアワー**は7時半に始まります。）

□□ **haircut** 291[héərkʌ̀t] 〔名〕**散髪**
Most women get a **haircut** every two months.
（ほとんどの女性は2ヶ月おきに**髪を切り**ます。）

□□ **taxi** 292[tǽksi] 〔名〕**タクシー**
Taxi drivers in Egypt are very friendly.
(エジプトの**タクシー**の運転手はとても好意的です。)

□□ **magazine** 293[mǽgəzìːn] 〔名〕**雑誌**
I buy two **magazines** every week. (私は毎週**雑誌**を2冊買います。)

□□ **uniform** 294[júːnəfɔ̀ːrm] 〔名〕**制服**
You should wear a **uniform** in the office.
(あなたは事務所で**制服**を着るべきです。)

□□ **garden** 295[gáːrdn] 〔名〕**庭**
I have a small vegetable **garden**. (家には野菜用の小さな**庭**があります。)

□□ **farmer** 296[fáːrmər] 〔名〕**農夫**
My sister married a rich **farmer**.
(私の姉は裕福な**農場経営者**と結婚しました。)

□□ **seafood** 297[síːfùːd] 〔名〕**シーフード**
The **seafood** is fresh. (その**シーフード**は新鮮です。)

□□ **musician** 298[mjuːzíʃən] 〔名〕**音楽家**
My brother is a **musician**. (私の兄は**音楽家**です。)

□□ **round** 299[ráund] 〔形〕**丸い**
I want to put a **round** table in the living room.
(**丸い**テーブルを居間に置きたいのです。)

□□ **speaker** 300[spíːkər] 〔名〕**話し手**
The next **speaker** is Mr. Thomas. (次の**話し手**はトーマスさんです。)

UNIT 11 301-330 CD 2-61

□□ **newspaper** 301[njúːspèipər | n(j)úːzpèipər] 〔名〕**新聞**
We read a **newspaper** in the morning. (私たちは朝**新聞**を読みます。)

□□ **center** 302[séntər] 〔名〕**中心地・センター**
A shopping **center** was built next to the train station.
(ショッピング**センター**が駅の隣に建てられました。)

□□ **chair** 303[tʃéər] 〔名〕**椅子**
This **chair** is comfortable. (この**椅子**は快適です。)

□□ **gas** 304[gǽs] 〔名〕**ガソリン**
The car is out of **gas**. (その車には**ガソリン**が入っていません。)

- □ □ **doctor** 305[dáktər] 〔名〕医者
  We need to hire more **doctors**.（もっと医師を雇用する必要があります。）
- □ □ **keyboard** 306[kíːbɔːrd] 〔名〕キーボード
  My wrists hurt because I use a **keyboard** every day.
  （毎日キーボードを使うので手首が痛みます。）
- □ □ **policeman** 307[pəlíːsmən] 〔名〕警察官
  We should call a **policeman**.（警察官を呼ぶべきです。）
- □ □ **wonderful** 308[wʌ́ndərfl] 〔形〕すばらしい
  We had a **wonderful** dinner.（私たちはすばらしいディナーを食べました。）
- □ □ **ticket** 309[tíkət] 〔名〕切符
  I bought a one-way **ticket** to Tokyo.
  （私は東京行きの片道切符を買いました。）
- □ □ **drama** 310[dráːmə] 〔名〕ドラマ
  TV **dramas** are not very popular anymore.
  （テレビのドラマはもうあまり人気がありません。）
- □ □ **coat** 311[kóut] 〔名〕コート
  This white **coat** fits me.（この白いコートは私に合っています。）
- □ □ **comic book** 312[kámik bùk] 〔名〕漫画
  I read a **comic book** every day.（私は毎日漫画を読みます。）
- □ □ **umbrella** 313[ʌmbrélə] 〔名〕かさ
  Do you have an **umbrella** with you?（かさを持っていますか。）
- □ □ **corner** 314[kɔ́ːrnər] 〔名〕角
  I had dinner at the restaurant on the **corner**.
  （角のレストランで夕食を食べました。）
- □ □ **list** 315[líst] 〔名〕一覧表
  Your phone number is on the member **list**.
  （あなたの電話番号は会員一覧に載っています。）
- □ □ **train** 316[tréin] 〔名〕電車　　**CD 2-62**
  I was able to catch the last **train**.（最終電車に乗れました。）
- □ □ **jacket** 317[dʒǽkit] 〔名〕上着
  He bought a new **jacket**.（彼は新しい上着を買いました。）
- □ □ **true** 318[trúː] 〔形〕本当の
  I am not sure if that is a **true** story.
  （これが本当の話かどうか確かではありません。）

□□ **plane** 319[pléin] 〔名〕**飛行機**
We went to Hawaii by **plane**.（私たちは**飛行機**でハワイに行きました。）

□□ **seat** 320[síːt] 〔名〕**席**
There were some empty **seats** in the theater.
（劇場にはいくつかの空**席**がありました。）

□□ **weekend** 321[wíːkènd] 〔名〕**週末**
We will visit a friend over the **weekend**.
（私たちは**週末**に友人を訪問するでしょう）

□□ **stomach** 322[stʌ́mək] 〔名〕**胃**
Something is wrong with my **stomach**.（**胃**の調子がおかしいのです。）

□□ **die** 323[dái] 〔動〕**死ぬ**
My grandfather **died** yesterday.（祖父が昨日**亡くなりました。**）

□□ **full** 324[fúl] 〔形〕**いっぱいの**
The parking lot is almost **full**.（駐車場はほとんど**満車**です。）

□□ **heart** 325[háːrt] 〔名〕**心臓**
My **heart** is beating so fast.（**心臓**の鼓動が速くなっています。）

□□ **heat** 326[híːt] 〔名〕**熱気**
I don't like the summer **heat**.（私は夏の**熱気**が嫌いです。）

□□ **boil** 327[bɔ́il] 〔動〕**沸かす**
Can you **boil** water for me, please?（お湯を**沸かして**もらえませんか。）

□□ **lawn** 328[lɔ́ːn] 〔名〕**芝**
We need to buy a **lawn** mower.（私たちは**芝**刈り機を買う必要があります。）

□□ **heavy** 329[hévi] 〔形〕**重い**
I need your help to lift this **heavy** machine.
（私がこの**重い**機械を持ち上げるにはあなたの手助けが必要です。）

□□ **instructor** 330[instrʌ́ktər] 〔名〕**インストラクター**
There are many diving **instructors** in Hawaii.
（ハワイにはダイビングの**インストラクター**がたくさんいます。）

UNIT 12　331-360　CD 2-63

□□ **lead** 331[líːd] 〔動〕**導く**
This road **leads** to the city hall.（この道を行けば市役所に**着きます。**）

- [ ] **peace** [332][píːs] 〔名〕平和
  We should work for world **peace**.
  (私たちは世界の平和のために働くべきです。)

- [ ] **European** [333][jùərəpíːən] 〔形〕ヨーロッパの
  Germany is one of the **European** countries.
  (ドイツはヨーロッパの国の1つです。)

- [ ] **leader** [334][líːdər] 〔名〕リーダー
  The **leader** of a company must be smart.
  (会社のリーダーは頭が良くなければなりません。)

- [ ] **cereal** [335][síəriəl] 〔名〕シリアル
  I eat **cereals** in the morning. (朝はシリアルを食べます。)

- [ ] **booth** [336][búːθ] 〔名〕ブース
  There are many telephone **booths** in the lobby.
  (ロビーにはたくさんの電話ボックスがあります。)

- [ ] **gallery** [337][gǽləri] 〔名〕美術館
  The national art **gallery** is really interesting.
  (国立美術館はとても面白いです。)

- [ ] **theater** [338][θíːətər] 〔名〕劇場
  We went to the **theater** last weekend. (先週末に劇場に行きました。)

- [ ] **truck** [339][trʌ́k] 〔名〕トラック
  That **truck** driver is hardworking. (あのトラック運転手は働き者です。)

- [ ] **fax** [340][fǽks] 〔動〕ファックスする
  Fax this document to our client.
  (お客にこの書類をファックスしてください。)

- [ ] **holiday** [341][hálədèi] 〔名〕休み
  He took a **holiday** in May. (彼は5月に休暇をとりました。)

- [ ] **port** [342][pɔ́ːrt] 〔名〕港
  This city has a huge trading **port**. (その町には大きな貿易港があります。)

- [ ] **garage** [343][gərɑ́ːdʒ] 〔名〕ガレージ
  There are two cars in the **garage**. (ガレージには2台の車があります。)

- [ ] **ferry** [344][féri] 〔名〕フェリー
  We crossed the river by **ferry**. (私たちはフェリーで川を渡りました。)

- [ ] **boss** [345][bɔ́(ː)s] 〔名〕上司
  Fred is my **boss**. (フレッドは私の上司です。)

UNIT 12 332-360

- [ ] **partner** 346[páːrtnər] 〔名〕**仲間** CD 2-64
  Jeff is my business **partner**. (ジェフは**共同経営者**です。)

- [ ] **captain** 347[kǽptn] 〔名〕**主将**
  Bob is the **captain** of the team. (ボブはチームの**主将**です。)

- [ ] **dentist** 348[déntəst] 〔名〕**歯医者**
  There are four **dentist's** offices around here.
  (この周りには**歯科**診療所が4つあります。)

- [ ] **really** 349[ríːəli] 〔副〕**本当に**
  The movie was **really** interesting. (その映画は**本当に**面白かったです。)

- [ ] **gardener** 350[gáːrdnər] 〔名〕**庭師**
  We must hire a good **gardener**. (腕の良い**庭師**を雇う必要があります。)

- [ ] **part-time** 351[páːrttàim] 〔形〕**パートの**
  We need five **part-time** workers. (5人の**パート**が必要です。)

- [ ] **double** 352[dʌ́bl] 〔副〕**2倍の**
  We pay **double** the wage for the work.
  (その仕事に対しては賃金を**2倍**払います。)

- [ ] **host** 353[hóust] 〔名〕**主催者**
  I was the **host** at the party. (私はそのパーティーの**主催者**でした。)

- [ ] **news** 354[n(j)úːz] 〔名〕**ニュース**
  The **news** surprised everybody. (その**ニュース**は皆を驚かせました。)

- [ ] **pass** 355[pǽs] 〔名〕**許可証**
  I lost my boarding **pass**! (私は飛行機の**搭乗券**をなくしました。)

- [ ] **chance** 356[tʃǽns] 〔名〕**好機**
  I missed a good **chance**. (良い**機会**を逃してしまいました。)

- [ ] **gate** 357[géit] 〔名〕**門・ゲート**
  Gate Number 16 is over there. (16番**ゲート**は向こうです。)

- [ ] **counter** 358[káuntər] 〔名〕**カウンター**
  You can pay at the **counter**. (**カウンター**で支払いができます。)

- [ ] **toothache** 359[túːθèik] 〔名〕**歯痛**
  I have a **toothache**. (**歯が痛い**のです。)

- [ ] **million** 360[míljən] 〔名〕〔形〕**百万**
  You might win a **million** dollars. (**百万**ドルが当たるかも知れません。)

APPENDIX 2 基礎の基礎単語 480語

UNIT 13   361-390   CD 2-65

☐☐ **dictionary** 361[díkʃənèri]   〔名〕**辞書**
You should look up the word in a **dictionary**.
(**辞書**で単語を調べるべきです。)

☐☐ **bookshelf** 362[búkʃèlf]   〔名〕**本棚**
I put the CDs next to the **bookshelves**.
(**本棚**の隣にCDを置きました。)

☐☐ **suitcase** 363[súːtkèis]   〔名〕**スーツケース**
I will pack my **suitcase** tonight.(今晩**スーツケース**の荷造りをします。)

☐☐ **network** 364[nétwɚːrk]   〔名〕**網状組織(ネットワーク)**
A **network** of roads connect New Jersey and New York.
(ニュージャージーとニューヨークをつなぐ道路**網**があります。)

☐☐ **computer** 365[kəmpjúːtər]   〔名〕**コンピューター**
You should input data into the **computer**.
(データを**コンピューター**に入力すべきです。)

☐☐ **supermarket** 366[súːpərmàːrkət]   〔名〕**スーパー**
There is a huge **supermarket** in the town.
(町には大きな**スーパー**があります。)

☐☐ **use** 367[júːz]   〔動〕**使う**
May I **use** your telephone?(電話を**借りて(使って)**いいですか。)

☐☐ **passport** 368[pǽspɔ̀ːrt]   〔名〕**パスポート**
I have to apply for a **passport**.(**パスポート**を申請しなくてはなりません。)

☐☐ **work** 369[wɚ́ːrk]   〔動〕**働く**
Where do you **work** at?(どこで**働いて**いるのですか。)

☐☐ **spot** 370[spát]   〔名〕**場所**
This castle is a popular sightseeing **spot**.
(この城は人気の観光**スポット**です。)

☐☐ **member** 371[mémbər]   〔名〕**会員**
He is an important **member** of the club.(彼はクラブの主要な**会員**です。)

☐☐ **coupon** 372[kúːpɑn]   〔名〕**券**
I use discount **coupons** when I buy groceries.
(食料品を買うとき私は割引**券**を使います。)

UNIT 13 361-384

□□ **level** 373[lévl] 〔名〕水準
He has a high educational **level**. (彼の教育水準は高い。)

□□ **season** 374[síːzn] 〔名〕季節
There are four **seasons** in a year. (1年には4つの季節があります。)

□□ **orchestra** 375[ɔ́ːrkəstrə] 〔名〕オーケストラ
He wants to become a member of a famous **orchestra**.
(彼は有名なオーケストラのメンバーになりたいのです。)

□□ **note** 376[nóut] 〔名〕覚え書き、メモ　CD 2-66
The manager sent me a brief thank-you **note**.
(マネージャーは簡単に礼を述べたメモを私にくれました。)

□□ **poster** 377[póustər] 〔名〕ポスター
I will put up a **poster** on the board. (私がポスターを掲示板に貼ります。)

□□ **memo** 378[mémou] 〔名〕メモ
His address was on the **memo** pad.
(彼の住所はメモパッドに書いてあります。)

□□ **quick** 379[kwík] 〔形〕速い
She walks at a **quick** pace. (彼女は速いペースで歩きます。)

□□ **course** 380[kɔ́ːrs] 〔名〕講座
The college offers a two-month **course** in design.
(その大学は2ヶ月のデザイン科の講座を行っています。)

□□ **service** 381[sə́ːrvəs] 〔名〕サービス
The **service** at the restaurant is good.
(そのレストランのサービスは良い。)

□□ **finish** 382[fíniʃ] 〔動〕終わる
He **finished** his assignment on time.
(彼は時間通りにその課題を終えました。)

□□ **menu** 383[ménjuː] 〔名〕メニュー
Let's try today's special **menu**.
(今日のスペシャルメニューを試してみよう。)

□□ **stadium** 384[stéidiəm] 〔名〕スタジアム
There are two **stadiums** in our city.
(私たちの町にはスタジアムが2つあります。)

- - -
□□ **Internet** [385][intərnèt] 〔名〕**インターネット**
We use the **Internet** every day.
(私たちは毎日**インターネット**を使います。)

□□ **gesture** [386][dʒéstʃər] 〔名〕**身振り**
Mike makes a lot of funny **gestures**.
(マイクは奇妙な**身振り**をたくさんします。)

□□ **cover** [387][kávər] 〔動〕**(費用を)まかなう**
We must **cover** the loss at once.
(私たちは直ちに損失を**埋めなくては**なりません。)

□□ **tour** [388][túər] 〔名〕**旅**
I enjoy going on a **tour** of historical sites.
(私は史跡めぐりの**旅**が好きです。)

□□ **power** [389][páuər] 〔名〕**力**
My father works at an electric **power** company.
(私の父は電**力**会社で仕事をしています。)

□□ **library** [390][láibrèri] 〔名〕**図書館**
All towns have a public **library**.(すべての町に公立の**図書館**があります。)

UNIT 14 391-420 CD 2-67

□□ **chef** [391][ʃéf] 〔名〕**料理人**
Monica is the head **chef**.(モニカは**コック**長です。)

□□ **bride** [392][bráid] 〔名〕**花嫁**
The **bride** and groom look very happy.
(新郎**新婦**はとても幸せに見えます。)

□□ **stage** [393][stéidʒ] 〔名〕**段階**
The early **stage** of this illness can easily be cured.
(初期**段階**ならこの病気は簡単に治ります。)

□□ **animal** [394][ǽnəml] 〔名〕**動物**
Some **animals** are dangerous.(**動物**の中には危険な動物もいます。)

□□ **briefcase** [395][bríːfkèis] 〔名〕**書類カバン**
I left my **briefcase** in my office.(事務所に**カバン**を忘れてしまいました。)

□□ **drugstore** 396[drʌ́gstɔ̀ːr] 〔名〕**薬局**
My brother runs a small **drugstore**.
(私の兄は小さな**薬局**を経営しています。)

□□ **chief** 397[tʃíːf] 〔名〕**主任（課長）**
He is a section **chief** of the company. (彼は会社の**主任（課長）**です。)

□□ **shape** 398[ʃéip] 〔名〕**形**
The **shape** of the table is square. (このテーブルの**形**は四角です。)

□□ **life** 399[láif] 〔名〕**生命**
I purchased a **life** insurance policy. (**生命**保険に入りました。)

□□ **designer** 400[dizáinər] 〔名〕**デザイナー**
There are only a few interior **designers** in this area.
(この地域にはインテリア**デザイナー**は数人いるだけです。)

□□ **gift** 401[gíft] 〔名〕**贈り物**
Don't give me an expensive Christmas **gift**.
(高価なクリスマス**プレゼント**をくれる必要はありませんよ。)

□□ **ill** 402[íl] 〔形〕**病気の**
My daughter is **ill** in bed. (娘は**病気で**寝ています。)

□□ **sharp** 403[ʃɑ́ːrp] 〔形〕**鋭い**
There was a **sharp** increase in sales this summer.
(今年の夏は売り上げが**急に**増加しました。)

□□ **metal** 404[métl] 〔名〕**金属**
The **metal** is heavy. (この**金属**は重い。)

□□ **shelf** 405[ʃélf] 〔名〕**棚**
I put books on the **shelf**. (本を**棚**に置きました。)

□□ **goal** 406[góul] 〔名〕**目標**
You must set your **goal**. (自分の**目標**を定めなくてはなりません。)

□□ **shell** 407[ʃél] 〔名〕**貝殻**
My hobby is collecting pretty **shells**.
(私の趣味はきれいな**貝殻**を集めることです。)

□□ **brush** 408[brʌ́ʃ] 〔動〕**磨く**
Brush your teeth before going to bed. (寝る前に歯を**磨きなさい**。)

□□ **reach** 409[ríːtʃ] 〔動〕**到達する**
The mountain top is hard to **reach**. (山頂に**到達する**のは難しい。)

☐☐ **shift** [ʃíft] 〔名〕**交替**
I came home from the night **shift**.
(夜勤(夜の**シフト**)から家に帰ってきました。)

☐☐ **apartment** [əpá:rtmənt] 〔名〕**アパート**
I live in an **apartment**. (私は**アパート**に住んでいます。)

☐☐ **tourist** [túərist] 〔名〕**旅行者**
A **tourist** visa is necessary. (**旅行者**ビザが必要です。)

☐☐ **tractor** [trǽktər] 〔名〕**トラクター**
The farmer bought a new **tractor**.
(農夫は新しい**トラクター**を買いました。)

☐☐ **actor** [ǽktər] 〔名〕**男優**
He is a famous **actor**. (彼は有名な**俳優**です。)

☐☐ **actress** [ǽktrəs] 〔名〕**女優**
She is a popular **actress**. (彼女は人気のある**女優**です。)

☐☐ **florist** [fló(:)rist] 〔名〕**花屋さん**
The **florists** knows the name of every flower.
(**花屋さん**はすべての花の名前を知っています。)

☐☐ **lobby** [lábi] 〔名〕**ロビー**
It is impossible to find a quiet **lobby**.
(静かな**ロビー**を見つけるのは不可能です。)

☐☐ **trade** [tréid] 〔名〕**商売・貿易**
The **trade** between the two countries is increasing.
(2国間の**貿易**は増えています。)

☐☐ **businessman** [bíznəsmæn] 〔名〕**ビジネスマン**
The **businessman** always looks busy.
(その**ビジネスマン**はいつでも忙しそうです。)

☐☐ **clear** [klíər] 〔形〕**明確な**
What he said is **clear** and easy to understand.
(彼の述べたことは**明確で**理解しやすい。)

UNIT 15　421-450　CD 2-69

☐☐ **training** [tréiniŋ] 〔名〕**研修**
The company offers on-the-job **training**. (会社には実地**研修**があります。)

□□ **basic** 422[béisik]　　　　　〔形〕基本の
　　　His **basic** salary is low.（彼の基本給は安いです。）

□□ **signal** 423[sígnl]　　　　　〔名〕信号
　　　The guards received a warning **signal**.
　　　（守衛は警報（警告の信号）を受信しました。）

□□ **system** 424[sístəm]　　　　〔名〕システム・組織
　　　The computer **system** is not working.
　　　（コンピューターシステムが動いていません。）

□□ **mix** 425[míks]　　　　　　〔動〕混ぜる
　　　Mix the milk and eggs, please.（牛乳と卵を混ぜてください。）

□□ **battery** 426[bǽtəri]　　　　〔名〕電池
　　　Solar **batteries** are not commonly used.
　　　（太陽電池は広くは使われていません。）

□□ **clothes** 427[klóuz]　　　　〔名〕着る物
　　　I change my **clothes** every day.（私は毎日着る物を変えます。）

□□ **opera** 428[ɑ́:pərə]　　　　〔名〕オペラ
　　　I want to see an **opera** someday.（いつかオペラを見たいと思っています。）

□□ **tag** 429[tǽg]　　　　　　〔名〕札
　　　The sales price on the **tag** is missing.
　　　（値札のセール価格が見当たりません。）

□□ **lounge** 430[láundʒ]　　　　〔名〕ラウンジ
　　　There is a large **lounge** in our office.
　　　（事務所には大きなラウンジがあります。）

□□ **model** 431[mɑ́dl]　　　　　〔名〕型
　　　I want to buy the latest car **model**.
　　　（私は最新型の車を買いたいと思います。）

□□ **elevator** 432[éləvèitər]　　〔名〕エレベーター
　　　I took an **elevator** to the tenth floor.
　　　（10階までエレベーターに乗りました。）

□□ **coast** 433[kóust]　　　　　〔名〕海岸
　　　California is on the west **coast**.（カリフォルニアは西海岸にあります。）

□□ **travel** 434[trǽvl]　　　　　〔名〕旅行
　　　My **travel** agent makes a lot of mistakes.
　　　（旅行代理店はたくさんの間違いを犯します。）

- [ ] [ ] **business** 435[bíznəs] 〔名〕商売・業界
    My father is in the restaurant **business**.（父はレストラン業界にいます。）
- [ ] [ ] **extra** 436[ékstrə] 〔形〕追加の **CD 2-70**
    There is an **extra** charge for the drinks.
    （飲み物には追加料金がかかります。）
- [ ] [ ] **traveler** 437[trǽvələr] 〔名〕旅行者
    It is better to carry **traveler's** checks than cash.
    （現金より旅行者用小切手を持っていた方がよいと思います。）
- [ ] [ ] **record** 438[rékərd] 〔名〕記録
    Please send me my medical **records**.
    （私の病歴（病気の記録）を書いたものを送ってください。）
- [ ] [ ] **route** 439[rúːt] 〔名〕道筋
    This is the shortest **route** to New York.
    （これはニューヨークに行く最短のルートです。）
- [ ] [ ] **storm** 440[stɔ́ːrm] 〔名〕嵐
    A **storm** hit three states.（嵐が3つの州を襲いました。）
- [ ] [ ] **adult** 441[ədʌ́lt/ǽdʌlt] 〔名〕大人
    The university offers **adult** education.（大学は成人教育を行います。）
- [ ] [ ] **journalist** 442[dʒə́ːrnəlist] 〔名〕記者
    My sister is a newspaper **journalist**.（私の妹は新聞記者です。）
- [ ] [ ] **gym** 443[dʒím] 〔名〕体育館
    I often go to a **gym** for workouts.
    （私は運動するのによく体育館に行きます。）
- [ ] [ ] **senior** 444[síːnjər] 〔形〕年上の
    Senior citizens receive a lot of benefits from the government.
    （高齢者は政府から多くの手当てをもらっています。）
- [ ] [ ] **money** 445[mʌ́ni] 〔名〕金
    I need to save **money**.（私たちはお金を貯める必要があります。）
- [ ] [ ] **voice** 446[vɔ́is] 〔名〕声
    Teachers must speak in a gentle **voice**.（先生は優しい声で話すべきです。）
- [ ] [ ] **skin** 447[skín] 〔名〕肌
    My daughter has delicate **skin**.（娘は肌が弱い。）

□□ **junior** 448[dʒúːnjər] 〔形〕**年下の**
He is a **junior** member of the committee.
(彼は委員会の**若手の**メンバーです。)

□□ **guest** 449[gést] 〔名〕**客**
Linda invited over 50 **guests** to the party.
(リンダは50人を超える**客**をパーティーに招待しました。)

□□ **dear** 450[díər] 〔形〕**親愛なる**
Dear Mr. Thomas(**親愛なる**トーマス様)

UNIT 16 451-480 CD 2-71

□□ **team** 451[tíːm] 〔名〕**チーム**
Our **team** is one of the best in the company.
(私たちの**チーム**は会社のトップクラスです。)

□□ **try** 452[trái] 〔動〕**試みる**
The manager **tried** his best.(マネージャーは最善を**尽くしました**。)

□□ **artist** 453[áːrtist] 〔名〕**芸術家**
He is a well-known **artist**.(彼は有名な**芸術家**です。)

□□ **bicycle** 454[báisəkl] 〔名〕**自転車**
I go to my office by **bicycle**.(私は**自転車**で事務所に行きます。)

□□ **handbook** 455[hǽndbùk] 〔名〕**手帳**
You need to read the employee's **handbook**.
(従業員**手帳**を読む必要があります。)

□□ **sample** 456[sǽmpl] 〔名〕**見本**
I will send you a free **sample**.(無料の**見本**をお送りします。)

□□ **teenager** 457[tíːnèidʒər] 〔名〕**十代の人**
Most **teenagers** enjoy traveling.(**10代**のほとんどは旅行を楽しみます。)

□□ **age** 458[éidʒ] 〔名〕**年齢**
He retired at the **age** of 65.(彼は65**歳**で退職しました。)

□□ **cart** 459[káːrt] 〔名〕**荷車**
We need a **cart** to carry the boxes.(その箱を運ぶのに**荷車**が必要です。)

□□ **carton** 460[káːrtn] 〔名〕**箱**
Two **cartons** of goods were delivered this morning.
(2**箱**の商品が今朝配達されました。)

- □□ **engine** 461[éndʒən]　〔名〕**エンジン**
    The **engines** are being repaired.（**エンジン**は修理中です。）

- □□ **plastic** 462[plǽstik]　〔形〕**プラスチックの**
    It is dangerous for kids to play with **plastic** toys.
    （子供が**プラスチック製の**おもちゃで遊ぶのは危険です。）

- □□ **plate** 463[pléit]　〔名〕**皿**
    Pass me the **plate** of cookies, please.
    （クッキーののった**皿**を取ってくれますか。）

- □□ **land** 464[lǽnd]　〔名〕**土地**
    Land prices in the area are high.（この地域の**土地**の価格は高い。）

- □□ **know-how** 465[nóuhàu]　〔名〕**知識・技術**
    He has the technological **know-how**.（私は技術的な**知識**を持っています。）

- □□ **tell** 466[tél]　〔動〕**語る**　　**CD 2-72**
    My grandfather loves to **tell** a story.（祖父は**話をする**のが好きです。）

- □□ **fresh** 467[fréʃ]　〔形〕**新鮮な**
    Today's special is a **fresh** salmon dish.
    （今日の特別料理は**新鮮な**鮭料理です。）

- □□ **catalog** 468[kǽtəlɔ̀(:)g]　〔名〕**カタログ**
    We will send a new **catalog** to our customers.
    （私たちは顧客に新しい**カタログ**を送ります。）

- □□ **scissors** 469[sízərz]　〔名〕**はさみ**
    These **scissors** cut well.（この**はさみ**はよく切れます。）

- □□ **headache** 470[hédèik]　〔名〕**頭痛**
    The medicine is good for **headaches**.（この薬は**頭痛**に効きます。）

- □□ **fry** 471[frái]　〔動〕**油で揚げる**
    My mother is **frying** chicken.（母は鶏を**油で揚げています**。）

- □□ **assistant** 472[əsístənt]　〔名〕**助手**
    This is my **assistant**, Kate.（こちらは私の**助手**のケートです。）

- □□ **web site** 473[wéb sàit]　〔名〕**ウェブサイト**
    You should visit our **web site**.（私たちの**ウェブサイト**にどうぞ。）

- □□ **airline** 474[éərlàin]　〔名〕**飛行機**
    I bought these cheap **airline** tickets last week.
    （安い**航空**券を先週買いました。）

UNIT 16 461-480

- [ ] [ ] **museum** ⁴⁷⁵[mjuːzíəm] 〔名〕美術館
  We visited several art **museums**.
  (私たちはいくつかの美術館を訪ねました。)

- [ ] [ ] **toothpaste** ⁴⁷⁶[túːθpèist] 〔名〕歯磨き
  You can buy **toothpaste** at a drugstore.
  (あなたは薬屋で歯磨きを買うことができます。)

- [ ] [ ] **drawer** ⁴⁷⁷[drɔ́ːr] 〔名〕引き出し
  Place the calculator in the bottom **drawer** of the desk.
  (この計算機を机の一番下の引き出しに入れてください。)

- [ ] [ ] **stomachache** ⁴⁷⁸[stʌ́məkèik] 〔名〕胃痛
  I have a **stomachache**.(私は腹痛がします。)

- [ ] [ ] **birth** ⁴⁷⁹[bə́ːrθ] 〔名〕誕生
  This country has been experiencing a fall in the **birth** rate.
  (この国の出生率は低下しています。)

- [ ] [ ] **playground** ⁴⁸⁰[pléigràund] 〔名〕遊び場
  A lot of children are running on the **playground**.
  (たくさんの子供が遊び場で走っています。)

INDEX
索引

A

a business cycle 310
a business fluctuation 310
a business recession 310
a business recovery 310
a business trip 310
a computer addict 308
a computer vaccine 308
a computer virus 308
a direct tax 311
a fixed salary 308
a foreign exchange rate 308
a general meeting of stockholders 307
a gross margin 310
a letter of introduction 312
a letter of recommendation 312
a letter of reminder 312
a profit rate 308
a property tax 311
a regular meeting 307
a salary freeze 308
a salary review 308
a special delivery letter 312
a staff meeting 307
a starting salary 308
a tariff rate 308
a tax exemption for dependents 311
a thank-you letter 312
a weekly salary 308
a withholding tax 311
abandon 210
ability 66
abnormal 182
abolish 274
abroad 30
absent 45
absolutely 125
absurd 110
accelerate 130
accept 52
accident 52
accidentally 131
accommodate 138
accompany 138
accomplish 139
accountant 59
accounting department 312
accumulate 145
accurate 66
achieve 110
acquaintance 247
acquire 44
acquisition 254
action 17
active 67
activity 82
actor 352
actress 352
actual 72
adapt 174
add 73
additional 175
adequate 182
adjacent 268
adjustment 183
administration department 312
administrator 183
admirable 268
admire 72
admit 89
adopt 189
adult 354
advantage 88
adventure 189
advertise 96
advertisement 197
advice 31
affect 196
affection 275
affirmative 203
affluent 275
afternoon 336
again 337
age 355
agency 103
agenda 116
aggressive 282
ago 334
agree 83
agreement 216
aid 110
aim 217
air-conditioning and heating equipment 312
airline 356
alarm 31
album 325
alien 117
allergy 316
alleviate 232

INDEX

allocate	233	ancient	139	ask	326
allow	44	angry	30	aspect	161
almost	320	animal	350	assault	282
alone	337	anniversary	145	assessment	282
alter	124	announce	66	assignment	110
alternative	233	annoy	66	assist	31
altitude	233	anonymous	289	assistance	39
alumni	227	answer	10	assistant	356
always	320	anticipate	247	association	216
amateur	317	antique	254	assure	226
amazing	138	anxiety	155	astonish	227
ambassador	240	apartment	352	athlete	116
ambiguous	288	apologize	168	attain	189
ambition	241	apparel	72	attempt	124
ambulance	53	apparent	72	attend a meeting	307
an annual general meeting	307	appeal	72	attendance	124
an annual rate of 5%	308	appearance	304	attire	45
		appetite	175	attitude	125
an income tax deduction	311	applause	174	attorney	232
		appliance	261	attract	116
an income tax return	311	applicant	82	attractive	130
		apply	305	auction	131
an indirect tax	311	appoint	89	audience	53
an inheritance tax	311	appraisal	268	audiovisual equipment	312
an international airport	311	approach	88		
		appropriate	202	audit department	312
an international boundary	311	approve	88	auditor	233
		approximately	188	auditorium	53
an international conference	311	aptitude	183	aunt	325
		architecture	188	authentic	154
an international dispute	311	area	24	author	139
		argue	196	authority	144
an international problem	311	arrange a meeting	307	automobile	16
		arrest	96	available	59
an international treaty	311	arrival	73	average	59
		arrive	17	avoid	144
ancestor	144	artificial	275	award	154
		artist	355	awful	155

B

background	16
bad	341
bag	332
bakery	339
ban	240
bank	341
bankruptcy	255
banquet	169
barely	320
barrier	182
barter	261
basic	353
basis	83
bath	338
bathroom	342
battery	353
be able to do	315
be afraid of	315
be anxious to do	315
be aware of	314
be capable of	314
be conscious of	314
be content with	315
be likely to do	315
be proud of	314
beach	340
beautiful	335
because	321
bed	331
beforehand	88
begin	325
believe	89
belong	67
belongings	96
beneficial	274
besides	321
beverage	97
bias	274
bicycle	355
bid	260
big	323
bill	305
biography	103
bird	325
birth	357
birthday	324
bitter	216
blame	216
blood	111
board	303
body	331
boil	345
bold	111
book	297
bookshelf	348
boost	289
booth	346
border	125
boring	44
borrow	53
boss	346
bother	130
bottle	328
boycott	316
brand-new	16
break	299
breakfast	328
breakthrough	241
bribe	246
bride	350
bridge	340
brief	59
briefcase	350
broad	59
broadcast	66
brochure	66
brother	323
brush	351
budget	161
build	334
building	341
burden	169
burn	326
business	310, 354
business circles	310
business correspondence	310
business negotiations	310
businessman	352
busy	297
button	341
buy	330
by-product	175

C

cab	17
cake	329
calculate	261
call a meeting	307
camera	336
campaign	316
cancel	89
cancer	189
candidate	196
candy	334
capacity	197
capital	301
capitalism	261
captain	347
capture	202

INDEX

career	102	choice	66	comic book	344
careful	31	choose	16	command	203
careless	103	chore	161	comment	102
cargo	275	chronic	254	commercial	103
carriage	203	church	336	commodity	216
carrot	338	circumstance	255	common	216
carry	337	citizen	17	commonplace	283
cart	355	city	323	communication	316
carton	355	civil	255	community	317
cashier	110	civilization	169	commuter	111
catalog	356	clarify	174	companion	111
cautious	217	classify	175	compare	111
celebrate	116	clean	325	compensation	226
celebrity	227	clear	352	compete	96
censorship	226	client	82	competent	116
census	232	climate	83	complain	30
cent	340	climb	82	complete	124
center	343	clinic	17	compliance	283
cereal	346	clock	335	complicated	124
ceremony	44	clothes	353	comprehension	130
certainly	320	cloudy	30	compromise	240
certificate	125	club	325	compulsory	189
certify	240	coach	340	computer	308, 348
chair	343	coast	353	computer abuse	308
chairman	30	coat	344	computer breakdown	
challenge	52	coherent	274		308
chance	347	coin	336	computer literacy	308
change	299	coincidence	188	conceal	131
characteristic	241	cold	323	concentrate	138
charity	138	collaborate	274	concept	138
charming	111	collapse	274	concert	327
cheap	10	colleague	124	concession	241
cheerful	58	collect	11	concise	246
chef	350	collide	168	conclude	144
chemical	59	color	324	condominium	254
chicken	340	combine	197	conduct	145
chief	351	come	331	confident	160
child	323	comfortable	102	confidential	247

confirm	160	copyright	38	cute	325
conflict	247	cordial	116		
conform	254	corner	344	**D**	
confusion	161	corridor	39		
conglomerate	289	corruption	232	daily	319
congress	168	cost	307	damage	188
connection	168	costly	318	dance	338
consensus	255	council	125	danger	38
consequence	260	counter	347	dark	328
consequently	320	country	16	daughter	332
conservation	255	coupon	348	deadline	96
conservative	260	courageous	138	dear	355
consider	175	course	349	death	53
consistent	182	court	16	debate	183
constant	83	courtesy	144	decade	102
constitute	183	cousin	331	decay	274
construct	83	cover	350	deceive	275
constructive	268	cozy	246	decide	96
consult	88	creative	155	declare	210
consume	83	crew	155	decline	211
consumer	88	criminal	254	decorate	103
consumption	189	crisis	254	decrease	103
contact	96	critic	161	dedicate	211
contain	89	criticize	255	deed	282
contest	316	crop	168	defeat	217
continue	202	crucial	255	defective	283
contract	202	cry	327	defend	217
contradict	275	culture	174	defer	288
contrast	203	cure	73	deficit	283
contribute	210	curfew	260	define	111
controversy	275	curious	175	definite	226
convenience	210	currency	261	definitely	320
conventional	282	curriculum	316	deflation	316
conversation	110	curtail	289	delay	117
cook	322	curtain	342	delegation	226
cookie	323	customer	24	delete	117
cool	336	cut down one's salary		deliberately	282
cooperation	210		308	demand	39

democratic	233	discuss	102	dust	67
demonstration	130	disease	102	duty	302
dentist	347	dislike	73		
deny	130	dismiss	211		
department	312	dispatch	275	**E**	
departure	53	display	216		
depressed	189	disposable	283	ear	323
depression	246	disregard	288	early	329
describe	154	disrupt	283	earthquake	72
deserve	154	distance	111	easy	340
designer	351	distinct	217	eat	325
desperate	247	district	38	ecological	260
destination	160	disturbance	226	editorial department	312
destiny	254	diverse	227	education	174
destroy	161	divide	38	effective	260
detail	155	dividend	288	efficient	261
deterioration	288	division	39	effort	182
determine	161	divorce	117	egg	332
detour	255	doctor	344	elaborate	261
development	169	document	44	election	203
device	72	donate	130	electronic equipment	312
devotion	169	double	347	elementary	183
diabetes	260	doubtful	130	elevator	353
dictionary	348	drama	344	eligible	269
die	345	drastic	241	eliminate	269
different	17	drawer	357	embargo	288
difficult	30	dream	336	embarrass	269
digestion	261	dress	341	emergency	197
diligent	261	drink	339	emotional	197
diminish	261	drive	299	emphasize	227
diplomat	268	drug	59	empty	31
dirty	88	drugstore	351	enable	202
disappear	189	dry	342	enclose	102
disastrous	269	dryer	341	encourage	102
disclose	274	dubious	289	enforce	275
discourage	197	duplicate	160	engine	356
discover	97	durable	247	engineer	10
discrimination	275	duration	160		

English	323	executive	67	farmer	343
enhance	260	exhibit	67	fashionable	111
enjoy	25	exist	168	fast	327
enlarge	110	exit	67	fatal	226
enormous	289	expect	169	father	324
enough	10	expensive	72	fatigue	227
enrollment	202	experience	73	fault	116
enter	31	experiment	73	favor	39
entertainment	97	expert	17	favorite	25
enthusiastic	288	explain	72	fax	346
envelope	10	explicit	197	feast	226
equipment	312	explode	260	feat	226
era	233	explore	261	fee	44
erase	44	export	82	female	30
error	11	extinct	268	fence	340
especially	320	extinguish	188	ferry	346
essential	124	extra	354	fertile	240
establish	125	extraordinary	269	fertilizer	227
estimate	125	extremely	269	fiction	131
ethnic	240	eye	333	fictitious	241
European	346			field	342
evacuate	288	**F**		fight	337
evaluate	131			fill	339
evening	327	fabric	269	final	10
eventually	240	facilitate	274	find	10
evidence	131	facility	196	finish	349
evident	53	facsimile	316	fire	301
evolution	241	fact	96	fire prevention	
exaggeration	246	factor	202	equipment	312
example	44	factory	24	firsthand	154
exceed	246	failure	210	fish	329
excellent	144	faithful	210	flat	67
exception	145	fall	339	flaw	183
excessive	240	false	25	flexible	254
exciting	66	family	326	flood	67
exclude	155	famine	282	floor	341
exclusive	247	famous	25	florist	352
excursion	247	farm	332	flourish	174

flower	331	function	232	goods	301
fluent	260	fund	117	gourmet	317
fly	324	fundamental	232	government	168
focus	82	furious	232	graceful	169
fold	83	furnish	116	gradually	174
follow	88	furniture	11	graduation	175
food	323	furthermore	321	grain	73
forbid	274	future	11	grandfather	325
forecast	269			grandmother	325
foreign	88	**G**		grant	175
foreigner	24			great	333
forest	340	gain	45	greet	17
forever	25	gallery	346	greeting	83
forgery	288	gap	45	grocery	116
forget	30	garage	346	gross	310
forgive	268	garbage	111	gross asset	310
formal	89	garden	343	gross circulation	310
former	24	gardener	347	gross earnings	310
forthcoming	226	gas	343	gross expenditure	310
fortunately	197	gate	347	gross output	310
forward a letter	312	gather	131	gross weight	310
fragile	282	gene	241	grow	24
franchise	316	generally	320	guess	124
frank	188	generation	139	guest	355
fraud	289	generous	139	guilty	196
free	298	genetic	246	guitar	332
frequently	320	genius	145	gun	338
fresh	356	genuine	246	gym	354
friction	283	geographic	145		
friend	332	gesture	350	**H**	
friendly	318	get	324		
fruit	338	gift	351	habit	96
frustration	316	girl	329	habitat	274
fry	356	give	325	hair	326
fuel	110	glad	324	haircut	342
fulfill	283	global	111	half	337
full	345	go	328	hall	338
fun	332	goal	351	halt	227

hamburger	325	household	53	incentive	260
handbook	355	however	321	incident	188
handle	102	huge	53	include	188
happen	58	humanity	138	income tax	311
happy	322	humble	241	incompetent	189
harbor	53	humid	58	increase	24
hardly	320	humorous	58	independent	197
hardship	210	hundred	339	indicate	197
harmful	110	hungry	11	indispensable	227
harvest	283	hurt	58	individual	102
hazardous	283	husband	336	infant	210
headache	356			infectious	282
headquarters	217	**I**		inferior	211
health	25			infinite	275
hear	329	idea	59	inflation	316
heart	345	ideal	73	influence	211
heat	345	identical	154	informal	116
heavy	345	identification	154	information	110
height	38	ignorant	154	ingredient	282
heir	289	ill	351	inhabitant	116
help	330	illegal	160	injure	139
hesitate	232	illumination	247	ink	338
hide	39	illusion	254	innocence	232
hill	330	illustration	316	innovation	124
hire	44	image	317	innumerable	233
history	124	imagination	168	inquire	44
hit	333	immediately	168	insist	125
hobby	339	immigrant	169	inspection	125
hold a meeting	307	impact	72	inspiration	316
hole	337	imply	168	install	306
holiday	346	impolite	73	instinctive	241
homework	337	import	73	instruct	131
honest	45	important	66	instructor	345
hope	333	impose a tax	311	instrument	139
hospital	338	impossible	83	insurance	139
host	347	impressive	182	intelligent	139
hotel	342	improve	188	intensive	144
hour	335	impulse	183	intention	58

interest	300	join	24	lawn	345
interfere	144	journal	88	lawyer	25
intermediate	116	journalist	354	lazy	38
intermission	154	judgment	96	lead	345
international	311	juice	328	leader	346
international goodwill	311	junior	355	lean	45
		justice	197	lease	45
international relations	311	juvenile	288	lecture	44
				leg	331
international trade	311			legal	52
Internet	350			legendary	240
interpretation	247	keen	202	legitimate	241
interrupt	155	keyboard	344	leisure	316
intersection	161	kilogram	339	lend	53
interview	67	kilometer	327	letter	312
introduce	30	kind	298	level	349
invade	254	kitchen	330	library	350
invalid	233	know	326	life	351
invent	67	know-how	356	lifesaving equipment	312
inventory	289	knowledge	210		
investigation	255			likewise	321
investment	174			limit	11
invite	17			line	303
invoice	174	laboratory equipment	312	list	344
involve	174			listen	324
irregular	72	lack	130	literature	161
irrigation	289	lady	330	litter	255
isolation	182	lake	333	little	327
itinerary	188	land	356	live	326
		landmark	102	lively	318
		landscape	217	lobby	352
		language	24	local	31
		large	335	lock	341
jacket	344	last	302	locker	339
Japanese	327	late	336	logical	226
jazz	326	latest	117	lonely	318
jeans	339	laugh	325	long	342
jewel	88	law	11	look	322
job	24				

lose	10	maybe	320	mixture	183
loss	83	meal	10	mob	183
lot	304	mean	304	model	353
lottery	83	mechanic	52	moderate	188
loud	17	medical equipment	312	modern	24
lounge	353	medicine	16	modest	269
low	339	meet	301	modify	144
loyalty	188	meeting	307	moment	89
luck	25	member	348	monetary	269
luggage	89	memo	349	money	354
lunch	330	memorandum	316	monitor	196
luxury	197	memorize	58	monopoly	274
		memory	31	monotonous	274
		mention	59	month	333

M

		menu	349	monthly	319
machinery	97	merchandise	124	monument	202
magazine	343	merchant	10	moon	332
magnificent	274	merely	226	moral	227
main	24	merger	154	moreover	321
majestic	203	merit	155	morning	334
make	336	message	10	mother	324
male	31	messy	155	motivation	182
mandatory	282	metal	351	motive	203
manual	110	meter	338	mountain	328
manufacture	217	method	154	mouth	326
manuscript	216	metropolitan	161	movement	103
map	323	microscope	67	movie	337
market	11, 313	million	347	multinational	282
market analysis	313	mineral	67	muscle	97
market expansion	313	minimum	72	museum	357
market manipulation	313	minister	169	music	329
market mechanism	313	miracle	73	musician	343
marriage	17	mission	175	mutual	233
marry	11	mistake	82		

N

maxim	227	misuse	182	naked	38
maximum	45	mix	353	nature	303

INDEX

necessary	52	ocean	333	overdue	282
need	11	odor	260	overlook	216
neglect	124	offer	82	overwhelming	288
neighbor	45	office	309, 342	owner	30
nervous	125	office atmosphere	309		
network	348	office discipline	309		
neutral	125	office environment	309		
never	320			**P**	
new	329	office ethics	309	package	38
news	347	office expenses	309	paint	327
newspaper	343	office hours (=business hours)	309	pamphlet	317
night	326			panic	317
nominate	160	office regulation	309	parallel	117
noon	327	office rent	309	parcel	58
normal	53	office supplies	309	parent	335
nose	331	often	320	part-time	347
note	349	old	324	participant	145
notebook	338	omit	83	participate	125
novice	144	once	303	particularly	125
nuclear	145	opera	353	partition	317
nurse	326	opinion	188	partner	347
nutritious	155	opponent	269	party	300
		opportunity	89	pass	347
O		oppose	160	passenger	11
		opposite	196	passion	196
o'clock	334	optimistic	274	passport	348
obedience	203	option	196	paste	53
obey	161	orchestra	349	pastime	138
obligation	246	order	300	patent	139
obscure	254	ordinary	110	path	58
observe	305	organization	97	pause	59
obsolete	255	origin	202	pay	16, 309
obstacle	97	outcome	202	pay a fare	309
obstinate	255	outdoors	102	pay in advance	309
obtain	116	outline	316	pay in cash	309
obvious	169	outlook	210	pay one's bill	309
occasional	67	outstanding	211	pay one's debts	309
occur	97	overcome	211	pay the membership fees	309

pay upon delivery	309	
pay with a check	309	
payment	66	
peace	346	
pedestrian	160	
peer	203	
penalty	160	
pencil	335	
pension	161	
people	31	
perfect	73	
perform	174	
perhaps	320	
period	72	
permanent	73	
permission	82	
persist	260	
persistent	183	
personnel department	312	
persuade	269	
pessimistic	268	
petition	268	
petroleum	189	
pharmacy	89	
phase	189	
phenomenon	269	
photograph	24	
piano	324	
pie	338	
pill	202	
pioneer	202	
pity	160	
plan	327	
plane	345	
plant	298	
plastic	356	
plate	356	
platform	211	
play	299	
playground	357	
plumbing equipment	312	
poisonous	226	
policeman	344	
policy	38	
polish	39	
polite	39	
political	44	
politician	59	
pollution	124	
population	45	
port	346	
portion	240	
position	25	
possession	131	
possible	52	
post office	341	
poster	349	
postpone a meeting	307	
postscript	144	
posture	145	
potato	330	
potential	144	
poverty	145	
power	350	
practice	59	
praise	66	
precaution	145	
precede	154	
precious	247	
precise	155	
predict	160	
preface	160	
prefer	66	
prejudice	161	
preliminary	161	
premise	254	
prepare for a meeting	307	
prescription	174	
present	302	
press	300	
pressure	73	
prestige	260	
presume	182	
pretend	174	
pretty	299	
previous	188	
price	17	
pride	83	
primary	82	
print	342	
privilege	196	
prize	89	
probably	320	
procedure	197	
profession	110	
professional	317	
proficient	203	
profitable	210	
progress	210	
prohibit	168	
project	211	
promise	25	
promotion	217	
prompt	217	
proper	111	
proposal	217	
prosecute	283	
prospective	227	
prosperous	227	
protect	38	

protein	38	reach	351	removal	232
protest	130	reaction	168	remuneration	288
prove	39	read	327	renewal	45
provide	44	ready	327	renowned	233
publication	125	real	330	repeat	52
publish	45	real estate	169	replica	130
pull	332	really	347	reply	52
punctual	233	reason	17	report	11
punishment	232	reasonable	169	representative	131
purchase	52	recall	175	reputation	240
purpose	52	receipt	73	request	53
pursue	240	receive	82	requirement	138
put	334	recent	58	reservation	144
		receptionist	83	residence	144
		recipe	183	resignation	246
		reciprocal	289	resist	139

Q

		recognize	183	respect	305
qualification	131	recommend	88	respond	155
quality	138	reconsider	188	responsibility	160
quantity	138	record	354	restaurant	337
quarrel	138	reduce	196	restriction	254
quarterly	319	redundant	289	retire	67
questionnaire	139	reference	197	reveal	196
quick	349	reflect	197	revenue	169
quiet	58	reform	97	revise	155
quit	59	refund a tax	311	revolutionary	260
quota	246	refuse	203	reward	175
		region	102	rich	339
		regret	103	ride	17

R

		reimbursement	289	ridiculous	261
racial	154	reject	216	rise	16
radical	247	relevant	288	risk	83
radio	339	reliable	203	river	333
rain	329	relieve	175	road	340
raise one's salary	308	religious	217	room	303
rapid	16	reluctant	117	round	343
rarely	320	remarkable	117	route	354
rate	16, 308	remit	232	routine	196
raw	39				

rumor	196	secretary	30	shut	337
run	298	sector	117	sick	322
rural	189	see	330	sightseeing	82
rush hour	342	seldom	320	signal	353
		select	45	signature	182
		sell	340	significant	268
		semester	52	simple	334

S

sacrifice	269	seminar	317	simulation	317
sad	325	send	11	simultaneously	320
safe	297	senior	354	sing	334
safety	102	sentence	304	singer	323
salad	331	separate	52	sink	304
salary	308	sequence	233	sister	323
sales department	312	serious	16	sit	341
same	331	servant	31	situation	189
sample	355	serve	58	size	336
sandwich	327	service	349	ski	323
sanitary	275	session	58	skin	354
satellite	103	several	25	sky	331
satisfactory	210	severe	145	skyscraper	82
save	302	shallow	154	sleep	335
say	329	shape	351	slightly	97
scandal	316	share	66	slim	202
scarce	282	shareholder	155	slow	323
scenery	168	sharp	351	slowdown	31
school	330	shelf	351	small	329
science	11	shell	351	smart	324
scientific	110	shelter	255	smell	342
scissors	356	shift	352	smile	324
sculpture	217	ship	341	smuggler	275
sea	330	shipment	168	snow	329
seafood	343	shirt	329	soar	210
search	111	shopping	341	society	103
season	349	short	341	soft	339
seat	345	shortage	72	soil	211
secondary	38	shorthand	130	soldier	103
secondhand	116	shout	331	solution	211
secret	10	shrink	175	solve	25

sometimes	320	status	97	sufficient	117
son	332	stay	16	suggest	39
song	322	steak	341	suitable	117
soon	333	steal	82	suitcase	348
sophisticated	288	steep	175	sum	39
sorrow	217	stenographer	175	summary	45
sorry	333	stimulate	226	summer	335
soup	338	stipulate	261	sun	336
souvenir	111	stir	88	superb	240
space	25	stomach	345	superficial	233
spacious	227	stomachache	357	superfluous	288
speak	326	stone	334	supermarket	348
speaker	343	stop	336	supervisor	233
specific	117	storage	88	supplementary	241
spend	30	storm	354	support	44
spill	125	story	301	suppress	246
spirit	130	straight	331	supreme	139
splendid	246	strange	96	surgery	247
spoil	131	stranger	89	surpass	247
spoon	330	strategy	189	surround	161
sport	336	street	332	survey	66
spot	348	strength	96	suspend	139
spouse	138	stress	316	suspicious	240
spread	53	strict	202	sweat	72
spring	331	stringent	275	swim	326
stability	241	strong	336	sympathy	241
stable	139	structure	203	symposium	182
stadium	349	student	322	synthetic	268
stage	350	study	340	system	353
stair	30	subscription	211		
standard	39	subsequently	320	**T**	
star	328	substantial	289		
start	328	subtle	283	table	298
starvation	254	subtract	283	tackle	183
statesman	168	suburb	116	tactic	269
station	329	suddenly	38	tag	353
stationery	169	sue	232	talent	340
statistical	255	suffer	117	talented	89

talk	342	the cost of fuel	307	throw	329
tall	330	the cost of living	307	ticket	344
target	96	the cost of material		time	324
task	96		307	timely	319
tax	311	the cost of postage		tiny	145
tax avoidance	311		307	tired	325
tax delinquency	311	the cost of public		toast	340
taxi	343	utilities	307	today	322
tea	323	the cost of shipping		together	333
teacher	335		307	tolerate	247
team	355	the discount rate	308	tomorrow	333
technical	216	the domestic market		tonight	333
technician	203		313	tool	10
technology	203	the financial market		toothache	347
teenager	355		313	toothpaste	357
telegram	211	the gross national		topic	16
television	338	product (GNP)	310	touch	326
tell	356	the labor market	313	tour	350
temperature	96	the overseas market		tourist	352
temporary	216		313	towel	339
temptation	283	the real growth rate		town	323
tendency	216		308	toy	337
tennis	322	the tax rate	308	tractor	352
tension	216	the unemployment		trade	352
tentative	268	rate	308	trademark	316
term	306	the wholesale market		tradition	174
terminate	233		313	traffic	17
terrible	38	theater	346	train	344
territory	117	theft	154	training	352
terror	226	theme	124	transaction	261
textbook	342	theory	130	transfer	182
textile	124	thesis	240	translate	183
the computer skills		thief	52	transmit	138
seminar	308	thing	338	transportation	88
the cost of a journey		think	328	travel	353
	307	thirsty	52	traveler	354
the cost of equipment		thousand	340	tree	334
	307	threaten	227	trend	89

trial	189	valid	246	wash	328
trouble	97	value	16	waste	103
truck	346	vast	160	water	328
true	344	vegetarian	316	weak	11
trust	97	vehicle	67	wealthy	110
try	355	verify	255	weapon	216
tuition	275	vessel	169	wear	336
twice	335	victim	174	weather	25
typical	103	victory	82	weave	31
		view	302	web site	356
		viewpoint	182	wedding	30
		vigorous	261	week	324

U

ugly	211	violation	268	weekend	345
ultimate	282	violence	268	welcome	10
umbrella	344	virtually	268	welfare	217
unanimous	283	visa	316	wide	340
uncle	325	visit	24	wife	324
understand	38	visitor	31	wind	335
undertake	111	visual	89	window	332
undoubtedly	320	vocational	196	winner	30
uniform	343	voice	354	winter	333
unify	232	vote	97	wise	44
union	39	voyage	97	withdraw	130
unique	39			witness	144
universal	232			woman	334
unusual	45			wonderful	344

W

urban	131	wage	102	wood	337
urge	131	wait	10	word	334
urgent	241	waiter	337	work	348
use	348	waive	289	worker	327
useful	31	walk	326	world	335
usually	320	wallet	24	worldwide	58
utmost	246	want	327	worry	325
		war	25	worth	59

V

		warehouse	103	worthless	131
		warm	328	wound	145
vacation	58	warn	103	wrap	59
vague	145	warranty	211	write	335

377

Y

year	322
yearly	319
yesterday	322
young	330
youngster	66

Z

zero	332
zone	155
zoo	326

著者紹介

高木　義人（たかぎ　よしひと）

1950年横浜生まれ。横浜市立南高校から横浜市立大学商学部を卒業後、北アイオワ州立大学（U. of Northern Iowa）大学院へ留学。TEFL（Teaching English as a Foreign Language）を専攻、修士号（M.A.）を取得。大学受験英語からTOEFL、TOEIC、英文速記・タイプ、商業文まで幅広い英語知識を持つ。現在トフルゼミナール英語教育研究所主任研究員。気の入った授業には定評がある。柔道4段。

著書：　『TOEFL® TEST対策 iBT 英単語』
　　　　『受験の英単語・基礎編』
　　　　『英語テスト1000』（編著）
　　　　『テストに強くなる英単語』（すべてテイエス企画）

DTP：図書印刷（株）
CDナレーション：
マット・レーガン、
キンバリー・フォーサイス、
中村純子
CD制作：（株）アドエイ
編集・校正協力：飯塚香、出羽由紀
英文校閲：Catherine Arai

TOEIC®テスト英単語1語1秒

発行：2007年 3月30日 第1版第1刷
　　　2011年 3月30日 新装第1版第1刷

著者：高木義人©
　　　（トフルゼミナール英語教育研究所主任研究員）
発行者：山内哲夫
企画・編集：トフルゼミナール英語教育研究所
発行所：テイエス企画(株)
　　　〒169-0075　東京都新宿区高田馬場1-30-5　千寿ビル6F
　　　電話：(03)-3207-7581(代)
　　　E-mail：books@tsnet.co.jp
　　　URL：http://www.tofl.jp/books
印刷・製本：図書印刷(株)

ISBN978-4-88784-120-8 C0082
乱丁・落丁は弊社にてお取り替えいたします。